Lea Wedewardt
Kathrin Hohmann

Kinder achtsam und bedürfnisorientiert begleiten

in Krippe, Kita und Kindertagespflege

HERDER
FREIBURG · BASEL · WIEN

Die Reflexionskarten für die Teamarbeit

Lea Wedewardt
Kathrin Hohmann
Kinder achtsam und bedürfnisorientiert begleiten
40 Reflexionskarten für die Teamarbeit
ISBN 978-3-451-39930-5

Eine bedürfnisorientierte Grundhaltung sollte in Kitas inzwischen Voraussetzung sein. In der Realität sieht das allerdings meist ganz anders aus. Und wie kann das im oft hektischen und stressigen Kita-Alltag überhaupt gelingen? Mit diesen 40 Reflexionskarten für die Teamarbeit kommen pädagogische Fachkräfte einer wertschätzenden, achtsamen und gewaltfreien Haltung einen Schritt näher.

Überarbeitete Neuausgabe (2. Gesamtausgabe) 2024

Hermann-Herder-Str. 4, 79104 Freiburg

www.herder.de

Bei Fragen zur Produktsicherheit:
produktsicherheit@herder.de

Umschlagkonzeption und -gestaltung: Sabine Hanel, Gestaltungssaal
Umschlagmotiv: © rudchenko - iStock
Motive im Innenteil: © Alexander Ryabintsev - GettyImages,
© Charunee Yodbun - shutterstock, © Dar_ria - GettyImages,
© Stocknick - GettyImages, © Tetiana Garkusha - GettyImages
Satz: Sabine Hanel, Gestaltungssaal
Herstellung: Graspo CZ, Zlín

Printed in the Czech Republic

ISBN Print 978-3-451-39415-7
ISBN EBook (EPUB) 978-3-451-83313-7
ISBN EBook (PDF) 978-3-451-83352-6

Inhalt

Einleitung

Im Januar 2020 lernten wir, Lea Wedewardt und Kathrin Hohmann, uns online kennen. Wir wurden durch Social Media aufeinander aufmerksam, da wir sehr ähnliche Ziele mit unserer Präsenz als Kindheitspädagoginnen, Bloggerinnen, Autorinnen und Podcasterinnen verfolgen: Wir möchten ein Umdenken in der Kinderbetreuung anstreben. Auf Grund der erlebten praktischen Erfahrungen in pädagogischen Einrichtungen spürten wir, dass es dringend tiefgreifende Veränderung braucht, damit Kinder in Einrichtungen achtsam, gewaltfrei und bedürfnisorientiert aufwachsen können. Selbst mussten wir öfter schmerzlich feststellen, wie wir mit unserer bedürfnisorientierten Haltung in Einrichtungen gegen den Strom schwammen, besonders dort, wo es noch gang und gäbe ist, dass die Erwachsenen die Macht innehaben, um Kinder zu formen, gar zu brechen.

Wir wollten nicht mehr wegsehen, sondern aufstehen und Kindern eine Stimme geben, die sie so sehr brauchen. Neben den schmerzhaften Erfahrungen lernten wir im Laufe der Jahre gleichzeitig ganz wundervollen Einrichtungen und Fachkräfte kennen, die den Kindern auf Augenhöhe begegneten. Orte, die unsere Herzen höher schlagen ließen und uns zeigten: Es geht auch anders! Eine Bedürfnisorientierte Pädagogik (BoP) ist möglich und, so haben wir oft festgestellt, kaum eine Frage der Rahmenbedingungen als vielmehr der Haltung.

Recht schnell wurde uns klar, dass wir unsere Erfahrungen und unser Wissen in die Welt tragen möchten, um pädagogischen Fachkräften Anstöße zu geben, genauer hinzuschauen, sich zu sensibilisieren und einen neuen Blick auf die Begleitung von Kindern zu wagen. Und so entstand unser gemeinsames Buch. Wir möchten dazu anregen, eigene Sichtweisen zu reflektieren und Handlungsstrategien zu entwickeln, um auch schwierige Situationen ohne Manipulationen, Strafen und Belohnungen zu meistern. Dieses Buch ist eine Einladung, hinter das subjektiv wahrnehmbare Verhalten zu blicken und die Gefühle, Bedürfnisse und individuellen Grenzen aller Beteiligten – Kinder, Fachkräfte und Eltern – unter die Lupe zu nehmen.

Die Bedürfnisorientierte Pädagogik möchte den Erziehungs- und Bildungsauftrag neu definieren. Viele Menschen wünschen sich heute statt Erziehung ein soziales Miteinander geprägt durch eine Gesellschaft, die auf starken Beziehungen fußt. Eine Gesellschaft, die von Empathie und von einem respektvollen Miteinander geprägt ist. Eine Gesellschaft, in der Gewalt keinen Platz hat. Viele wünschen sich eine Gesellschaft, in der Menschen einerseits achtsam und friedvoll miteinander umgehen und sich gleichzeitig frei fühlen sowie ihre Potenziale entfalten können. Das bestätigt eine Studie des Meinungsforschungsinstituts G.I.M. (vgl. Fernow et al. 2017).

Die Kinderbetreuung ist eine Gesellschaft in Kleinform. Deshalb gibt es keinen besseren Ort, ein achtsames, friedvolles, glückliches und gesundes Miteinander zu üben. Und keine Entwicklungsphase prägt einen Menschen mehr als die frühe Kindheit. Kinder bauen in dieser Zeit ihren Selbstwert auf und verinnerlichen Botschaften, die sie ihr gesamtes Leben begleiten können, im Positiven wie im Negativen.

Es wird viel Zeit in Anspruch nehmen, bis in pädagogischen Einrichtungen die Bedürfnisorientierte Pädagogik gelebt wird. Wir sind überzeugt, dass im Sinne der kindlichen Entwicklung und aufgrund der wissenschaftlichen Erkenntnisse dies der einzig gesunde Weg ist. Dabei geht es nicht darum, dass alles perfekt läuft und jeder sich immer »richtig« verhält, vielmehr ist es wichtig, dass sich jeder Mensch auf den Weg macht. Schritt für Schritt kann jeder Einzelne dazu beitragen, dass Menschen sich respektvoll und umsichtig begegnen und so die Welt ein Stück bunter gestalten. Nach dem Satz von Mahatma Gandhi: »Es gibt keinen Weg zum Frieden, denn Frieden ist unser Weg« zeigen wir Kindern, wie wir gewaltfrei miteinander leben können – in Frieden mit uns und mit ihnen.

Wissend, dass sich Bedürfnisorientierte Pädagogik durch bestimmte Hürden wie die eigene Biografieerfahrung, eingebrannte Muster oder auch durch schwierige Rahmenbedingungen unmöglich anfühlen kann, wünschen wir uns, dass jedes dieser Hindernisse als Chance gesehen wird.

In diesem Buch wird deutlich werden, dass auch ein liebevolles, gleichwürdiges Miteinander gelingen kann, dass ein achtsames In-Beziehung-Sein notwendige Kompetenzen vermittelt, die die Kinder auf das Leben vorbereiten. Dieses Buch möchte dazu animieren, neue Wege einzuschlagen und mit Kindern, Kollegen und Kolleginnen und Familien ein Miteinander auf Augenhöhe zu erleben, in dem sich jeder mit all seinen Gefühlen, Bedürfnissen, Interessen und Fähigkeiten gesehen fühlt. Erste Krippen und Kitas mit Bedürfniskonzept zeigen, dass das möglich ist.

Die Bedürfnisorientierte Pädagogik verbreitet sich stetig. Fachkräfte fühlen sich in ihrem Handeln bestärkt und machen sich für eine gewaltfreie Begleitung von Kindern stark.

1.

Was ist Bedürfnisorientierte Pädagogik?

Die Themen in diesem Kapitel sind

→ was Bedürfnisorientierte Pädagogik (BoP) ist

→ welche theoretischen Einflüsse die Bedürfnisorientierte Pädagogik hat

→ welches Menschenbild und welche pädagogische Haltung hinter der BoP stehen

→ was die menschlichen Bedürfnisse sind

→ warum die BoP ein Umdenken von der Erziehung zur Beziehung anstrebt

1.1 Bedürfnisorientierte Pädagogik

Bedürfnisorientierte Pädagogik ist eine **Haltung**, kein Konzept. Sie ist **keine** zusätzliche **Bürde**, sondern vielmehr ein neuer Blick auf das SEIN, auf das ZusammenSEIN, das MiteinanderSEIN. Sie sieht einen jeden Menschen, ob groß oder klein, als einen Teil der (Kindergarten-)Gesellschaft. Jeder Mensch, sei es Fachkraft, Elternteil oder Kind, wird als gleichwürdiges Individuum betrachtet, das sich mit seinen ganz individuellen Erfahrungen, Bedürfnissen, Gefühlen, Grenzen und Interessen mit in die Gruppe einbringt und sie dadurch bereichert.

Es stehen also die **Bedürfnisse, Gefühle** und **Grenzen** eines jeden Mitglieds der Gemeinschaft gleichwürdig im Zentrum der Aufmerksamkeit. Jeder Erwachsene und jedes Kind wird mit seinen Bedürfnissen gesehen, wird mit seinen Gefühlen wahrgenommen und in seinen ganz individuellen Grenzen geachtet.

Die Bedürfnisorientierte Pädagogik lädt dazu ein, wegzukommen von dem, was sein muss, hin zu dem, was sein darf. Jeder Mensch der kleinen Gemeinschaft darf sein und muss nicht werden. Nicht Bildung und Erziehung der Kinder stehen im Vordergrund, sondern das **Miteinander-in-Beziehung-Sein** und das Aufeinander-bezogen-Sein. Jeder kann von jedem lernen, jeder kann sich von jedem in der Gruppe inspirieren lassen – auch die Großen von den Kleinen. Wir als Erwachsene begeben uns in den Einrichtungen tagtäglich in ein Treffen mit vielen anderen (kleinen) Menschen. Wir stellen uns nicht über sie, wir bestimmen nicht, was getan wird, wir meinen nicht genau zu wissen, was die Kinder brauchen, sondern wir freuen uns auf das ZusammenSEIN mit den Kindern, um zu staunen, wer sie SIND. Wir begleiten sie in ihrem Vorhaben. Gemeinsam verstehen wir uns als eine Lerngemeinschaft.

Die bedürfnisorientierte Begleitung von Kindern in der Familie ist längst in der Mitte der Gesellschaft angekommen. Bloggerinnen und Autorinnen wie Susanne Mierau von *Geborgen Wachsen*, Danielle Graf und Katia Seide von *Das gewünschteste Wunschkind*, Aida Rodriguez, Nicola Schmidt und viele mehr haben bereits den Weg geebnet, der uns zeigt, eine **Erziehung ohne Manipulationen, Strafen und Gewalt ist möglich!** Sie zeigen immer wieder auf, wie es geht, mit Kindern einen Weg einzuschlagen, der auf Augenhöhe, wertschätzend und achtsam ist.

In einer Studie der Erziehungswissenschaftlerin Helen Knauf (2019) wurden circa 100 Elternblogs, also ständig aktualisierte Internetseiten, die von mindestens einem Elternteil verfasst werden und über das Leben in der Familie berichten, analysiert. Diese Quelle der Information hat wachsenden Einfluss auf die Gesellschaft. So wurde die Seite babykindundmeer.de von Marisa Hart im Jahr 2018 monatlich 1,5 Millionen Mal aufgerufen und verzeichnet 350.000 Leser und Leserinnen. Bei Susanne Mierau waren es im Jahr 2018 500.000 Zugriffe und 135.000 Leser und Leserinnen (vgl. Knauf 2019). Die untersuchten Blogs haben alle eins gemeinsam: Die Kinder stehen mit ihren Bedürfnissen im Fokus und grenzen sich vom traditionellen Erziehungskonzept, welches durch konsequente Führung und Kontrolle geprägt ist, ab. Die Bedürfnisorientierung, auch intensive Elternschaft genannt, ist durch drei Elemente geprägt: Liebe, Nähe und eine sichere Bindung. Kinder sollen sich rundum geliebt fühlen und intensive Nähe durch ihre Hauptbezugspersonen spüren. Diese Liebe und Nähe sollen zu einer sicheren Bindung führen, »[...] die Grundlage für die Entwicklung starker, selbstbewusster und selbstständiger Kinder. Die Herstellung einer größtmöglichen Nähe wird als handlungsleitendes Erziehungsprinzip damit begründet, dass auf diese Weise die physiologischen Bedürfnisse besonders gut befriedigt werden können« (ebd., S. 181). Die intensive Elternschaft, so betont diese Studie, kann auch überaus herausfordernd und anstrengend sein. Sie steht im ständigen Ausloten der Bedürfnisse der Kinder und Eltern und muss an die Anforderungen und Möglichkeiten einer jeden Familie angepasst werden. Die Inhalte der Blogs sind nicht neu, sie gehen auf die Traditionen der Bindungstheorie (engl. »Attachment Theory«) von John Bowlby und der intensiven Elternschaft (engl. »Attachment Parenting«) nach William und Martha Sears zurück. Sie folgen den Prinzipien der »unmittelbaren Bedürfnisbefriedigung oder der ständigen Verfügbarkeit einer Bezugsperson« (ebd., S. 185). In der Studie wird ebenso deutlich, dass die Eltern nicht intuitiv, spontan und nur nach ihrem Bauchgefühl erziehen, sondern sich mit (populär)wissenschaftlichen Erkenntnissen kognitiv befassen und sich auf dieser Grundlage ganz bewusst für eine friedvolle Begleitung von Kindern entscheiden. Verständlicherweise wünschen sich diese Eltern für das Aufwachsen ihrer Kinder außerhalb der Familie eine bindungs- und bedürfnisorientierte Begleitung auch in den pädagogischen Einrichtungen (Kindertageseinrichtung und Schule). In vielen pädagogischen Einrichtungen herrscht bislang noch das Bild, ein Kind müsse erzogen werden und durch einen Erwachsenen manchmal schmerzlich erfahren, wie das harte Leben sei.

Bedürfnisorientiert heißt …

- sich ganz auf die Bedürfnisse der Kinder (Familien) einzustellen,
- die Grenzen der Kinder (Familien) zu wahren,
- die Bedürfnisse der Kinder (Familien) ernst zu nehmen,
- Kinder (Familien) in Entscheidungen mit einzubeziehen,
- feinfühlig »Beschwerden« von Kindern (Familien) wahrzunehmen,
- Vertrauen aufzubauen.

Bedürfnisorientiert heißt NICHT …

- Kindern (Familien) alle Wünsche zu erfüllen,
- Kindern (Familien) alle Wünsche sofort zu erfüllen,
- Kindern (Familien) alle Schwierigkeiten aus dem Weg zu räumen,
- Konflikte zu umgehen,
- Kindern (Familien) jeglichen Ärger und Frust zu ersparen,
- eigene Bedürfnisse als Fachkraft zu übergehen,
- eigene Bedürfnisse als Fachkraft zu leugnen,
- eigene Bedürfnisse als Fachkraft zu verdrängen,
- eigene Grenzen als Fachkraft zu übergehen, nie Nein zu sagen.

Bedürfnisorientiert bedeutet VIELMEHR …

- auch Nein zu sagen!
- Bedürfnisse von Kindern (Familien) UND Fachkräften wahrzunehmen,
- Grenzen von Kindern (Familien) UND Fachkräften wahrzunehmen,
- Bedürfnisse von Kindern (Familien) UND Fachkräften ernst zu nehmen,
- Grenzen von Kindern (Familien) UND Fachkräften ernst zu nehmen,
- Bedürfnisse von Kindern (Familien) UND Fachkräften zu verbalisieren,
- Grenzen von Kindern (Familien) UND Fachkräften zu verbalisieren,
- Kompromisse zwischen den verschiedenen Bedürfnissen ALLER (Kinder, Familien und Fachkräfte) zu finden und in Verbindung zu sein,
- Empathie für die eigenen und die Bedürfnisse anderer zu entwickeln,
- aus einer »erlernten Hilflosigkeit« in die Verantwortung zu kommen.

Die theoretischen Einflüsse der Bedürfnisorientierten Pädagogik

Die Bedürfnisorientierte Pädagogik entwickelte sich jedoch nicht nur auf der Grundlage der bindungs- und bedürfnisorientierten Elternbewegung, die sich bewusst vom traditionellen Erziehungskonzept abgrenzt, sondern ist auch eine pädagogische Strömung, die sich auf ein stabiles theoretisches Fundament stützt. Die BoP lässt sich aus vielfältigen theoretischen Konzepten und wissenschaftlichen Erkenntnissen erklären. Es gibt heute ein umfangreiches Wissen über kindliche Entwicklung und die menschliche Natur. Bereits die Reformpädagog:innen wussten viel über das kindliche Wesen. Die BoP versucht, diese Erkenntnisse nicht abzutun oder das Rad neu zu erfinden. Vielmehr ist es das Ziel der BoP, dieses Wissen zusammenzufassen, fachlich und wissenschaftlich zu begründen und es gleichzeitig für die Praxis zugänglich und anwendbar zu machen. Die BoP ist nichts Neues und doch ist sie neu in der Art und Weise, wie sie Wissen zusammen und umsetzbar macht. Es ist längst bekannt, was (kleinen) Menschen guttut, jedoch bleibt die Umsetzung an vielen Stellen eine große Herausforderung. Mit der BoP möchten wir komplexes Wissen für die pädagogische Praxis übersetzen, ohne dass pädagogische Fachkräfte neben der ohnehin schon sehr anspruchsvollen Arbeit komplexe Texte lesen müssen. Wir möchten einen wichtigen Beitrag leisten, indem wir die Theorie und Wissenschaft in die Praxis tragen. So entsteht die Möglichkeit, den pädagogischen Alltag und das eigene professionelle Handeln fortwährend zu reflektieren, in ihrer Qualität zu vertiefen und gleichzeitig mehr Leichtigkeit zu empfinden. Davon profitieren am Ende nicht nur die Kinder, sondern in erster Linie die Fachkräfte, die durch eine innere Stärkung die Begeisterung an der wichtigen Tätigkeit der Beziehungsgestaltung beibehalten und sich vor dem Ausbrennen schützen können.

Ein wesentliches theoretisches Fundament der BoP stellt die Gewaltfreie Kommunikation nach Marshall Rosenberg (vgl. Rosenberg 2016) dar. Eine weitere wissenschaftliche und theoretische Grundlage bildet die Bindungsforschung und das Feinfühligkeitskonzept (z.B. Grossmann & Grossmann 2004). Weitere wichtige wissenschaftliche Erkenntnisse liefern die Neurowissenschaft (z.B. Siegel & Bryson 2017), die Psychotraumatologie und die Achtsamkeitsforschung. Nicht zuletzt ist eine wichtige theoretische Grundlage der BoP die Entwicklungspsychologie, das Wissen über Kinderrechte, Kinderschutz und Gewaltprävention (z.B. Maywald 2019; Boll & Remsperger-Kehm 2021).

Abb. 1: Theoretische Einflüsse der BoP

Den Bildungsauftrag überdenken

Spätestens, wenn Kinder älter werden und die Einschulung in Aussicht steht, wird die Vorbereitung auf die Schule fokussiert. Fachkräfte möchten ihrem Bildungsauftrag nachkommen und Kinder in die Schule entlassen, die bestens vorbereitet sind, längere Zeit stillzusitzen, sich leise zu melden und die erwarteten Aufgaben und Anforderungen der Lehrkräfte zu erfüllen. Die pädagogischen Fachkräfte möchten ihren Arbeitsauftrag bestmöglich erfüllen. Aber ist das wirklich die Aufgabe der Kinderbetreuung? Die Kinder auf das **Schulsystem** vorzubereiten? Auf einen zukünftigen Arbeitsmarkt vorzubereiten, der eine wachsende Flexibilität erfordert und sich in den nächsten Jahrzehnten immens wandeln wird?

In erster Linie benötigen wir Heranwachsende, die sich ihrer selbst bewusst sind, mit **Interesse** und **Neugierde** die Welt erobern, ihre eigenen **Kompetenzen** erkennen, respektvoll und empathisch miteinander umgehen, Kinder, die sich in der schnelllebigen Zeit zurechtfinden lernen, für ihre eigenen Bedürfnisse einstehen und gleichzeitig lernen, wie sie in der Gruppe friedvoll kooperieren können. Die Zukunft braucht **umsichtige Persönlichkeiten**, die an sich selbst glauben und ihren Platz in dieser Welt sicher finden werden.

Werden Eltern beim Eintritt in die Kita gefragt, was sie sich für ihr Kind wünschen, so antworten die meisten, sie möchten ein glückliches Kind, welches soziale Kontakte knüpft. Sie möchten, dass es ihrem Kind gut geht, es sich verstanden fühlt und in ihrer Abwesenheit **emotionalen Halt** findet. Es reicht ihnen aus, wenn das Kind sich mit seinen Freunden treffen kann, Anregung hat, um zu lernen, und sich entwickeln kann.

Die Achtsamkeitsforschung zeigt, dass Menschen besonders glücklich sind, wenn sie die Fähigkeit besitzen, ganz bei sich zu sein. Wenn Menschen **auf sich selbst achten**, sich selbst bewusst sind, mit sich im Reinen und versunken den Moment genießen können, das, was sie fühlen, denken, tun (vgl. Killingsworth & Gilbert 2010). Kinder haben für gewöhnlich noch die Fähigkeit, im Moment zu sein. Erwachsene müssen diese Fähigkeit in ihrem späteren Leben häufig wieder mit Anstrengung erlernen, sie ist ihnen abhandengekommen. Um glücklich zu sein, braucht der Mensch also einen Zugang zu seinen inneren Gefühlen, Bedürfnissen, Wünschen, Träumen und Visionen. Die Gefühle sind die Triebfeder, um die eigenen Bedürfnisse zu erfüllen und die Grenzen zu wahren. Gleichzeitig möchte der Mensch als soziales Wesen mit anderen **in Verbindung sein** und den **Zusammenhalt einer Gruppe** spüren. So können bereits Kinder dabei unterstützt werden, ihre eigene Integrität zu wahren und gleichzeitig als Teil der Gemeinschaft zu kooperieren.

1.2 Das Menschenbild der BoP und die pädagogische Haltung

In der Bedürfnisorientierten Pädagogik wird jede:r als Individuum betrachtet, das darauf bedacht ist, sich seine Bedürfnisse zu erfüllen. Menschen stehen für sich und ihre Bedürfnisse ein, um **psychisch und physisch gesund zu bleiben**. Sie wenden die unterschiedlichsten Strategien an, um sich ihre Bedürfnisse zu erfüllen – manchmal sind Vorgehensweisen passend, manchmal weniger. Es wird jedoch davon ausgegangen, dass jeder Mensch zu jeder Zeit sein Bestes tut. Er möchte sowohl für sich selbst einstehen als auch zur sozialen Gruppe dazugehören. Er möchte kooperieren und gleichzeitig seine **Grenzen wahren**. Menschen handeln in der Regel für sich, nie gegen jemand anderen. Sie nutzen manchmal Strategien, die so scheinen, als wären sie gegen jemanden gerichtet, dabei versuchen sie händeringend, mit den ihnen zur Verfügung stehenden Strategien, sich eigene Bedürfnisse zu erfüllen. **Das Menschenbild der Bedürfnisorientierten Pädagogik** kann in wesentlichen Punkten mit den Werten der Gewaltfreien Kommunikation nach Marshall Rosenberg (vgl. Rosenberg 2016) verglichen werden, die besagen:

- Alles, was Menschen tun, ist ein Versuch, sich Bedürfnisse zu erfüllen.
- Menschen tragen gerne zum Wohle anderer Menschen bei; wenn sie es freiwillig tun, können sie darauf vertrauen, dass ihre Bedürfnisse ebenfalls berücksichtigt werden und keine wichtigen eigenen Bedürfnisse dagegen stehen.
- Menschen erfüllen sich Bedürfnisse bevorzugt in Kooperation anstatt durch Anwendung von Macht, Zwang oder Gewalt.
- Menschen wenden dann Gewalt an, wenn sie keine bessere Möglichkeit sehen, für die Berücksichtigung ihrer Bedürfnisse zu sorgen.

Jeder Mensch wird im Menschenbild der Bedürfnisorientierten Pädagogik von Grund auf als Individuum gesehen, welches begründet handelt und den ständigen Drang verfolgt, sich selbst zu verwirklichen, zu entfalten, zu entwickeln und persönlich zu wachsen. Gemäß dem humanistischen Menschenbild, wie es auch Marshall Rosenberg vertrat, ist jeder bestrebt, seine Probleme selbstbestimmt zu lösen. Deshalb brauchen Menschen keine Ratschläge, sondern einen Mentor oder eine Mentorin, der/die ihnen ihren Zustand in Sprache übersetzt, um ein Bewusstsein darüber zu erlangen und eigene Ideen zu entwickeln.

In der Bedürfnisorientierten Pädagogik gehen alle Beteiligten eine **gleichwürdige Beziehung** ein, in der jedes Mitglied, ob groß oder klein, als vollständige Persönlichkeit wahrgenommen wird. Fachkräfte, Eltern und Kinder begegnen sich **auf Augenhöhe** mit der Grundhaltung aus **Achtung, Respekt und Wertschätzung** (vgl. Juul 2013) ohne Gewalt, Macht oder Manipulation. Jedes Gefühl, jedes Bedürfnis und jede Grenze haben ihre Berechtigung und sollten wahrgenommen und respektiert werden. Der Familientherapeut Jesper Juul schreibt dazu: »Gleichwürdig bedeutet nach meinem Verständnis sowohl ›von gleichem Wert‹ (als Mensch) als auch ›mit demselben Respekt gegenüber der persönlichen Würde und Integrität des Partners‹. In einer gleichwürdigen Beziehung werden Wünsche, Anschauungen und Bedürfnisse beider Partner [der Erwachsenen und der Kinder] gleich ernst genommen und nicht mit dem Hinweis auf Geschlecht, Alter oder Behinderung abgetan oder ignoriert. Gleichwürdigkeit wird damit dem fundamentalen Bedürfnis aller Menschen gerecht, gesehen, gehört und als Individuum ernst genommen zu werden.« (ebd., S. 24) (vgl. Kapitel 3.6).

Das Kind wird nicht als tyrannisches, provokatives, unbändiges, unselbstständiges, unkontrollierbares Wesen wahrgenommen, das gestoppt, gehemmt und erzogen werden muss. Jedes Kind hat es verdient, dass Erwachsene sich ihm mit positiver Absicht und mit bedingungsloser Wertschätzung zuwenden. Unter dieser Form der Wertschätzung ist zu verstehen, dass der Erwachsene sich dem Kind gegenüber, unabhängig von seinem Verhalten, zugewandt, bestärkend und positiv verhält. Diese Zuwendung ist **nicht an Bedingungen oder Erwartungen** geknüpft (vgl. Kohn 2019, S. 18; Weltzien et al. 2016, S. 74f.).

Bereits Reformpädagog:innen wussten, dass Kinder keine Objekte sind, in die etwas wie mit einem Trichter eingeführt und denen etwas beigebracht wird, sondern, dass sie ihr Leben **selbst gestalten** wollen und am Lernen interessiert sind.

Welche Haltung Menschen einnehmen, wie sie andere Menschen sehen – ob als kompetent, selbstbestimmt oder als bedürftig und schwach –, bestimmt im Wesentlichen, wie sie mit ihnen in Interaktion treten. Gehen Fachkräfte beispielsweise davon aus, dass das Kind das Produkt eigener pädagogischer Bemühungen ist, gehen sie anders auf das Kind ein, als wenn sie davon überzeugt sind, dass Kinder intrinsisch und aus sich selbst heraus lernen (vgl. Kapitel 5). Fachkräfte können es lediglich darin unterstützen und eine anregende Umgebung schaffen. Wenn sie denken, Kinder sind kompetente Wesen, die in einem gewissen Rahmen Gefahren selbst abschätzen können (z. B. auf der Schaukel, auf dem Klettergerüst), gehen sie anders auf Kinder ein, als wenn sie die Haltung haben, auf Kinder muss man immer aufpassen, sie sind selbst nicht dazu in der Lage. Wenn Fachkräfte denken, sie können Kindern nicht vertrauen, sie werden sie hintergehen, werden sie ihnen auch kein Vertrauen schenken können. Wenn sie denken, Kinder werden als Egoisten oder Tyrannen geboren, werden sie ihr Leben lang Tyrannen sehen und versuchen, alles dagegen zu tun, damit sie zutage treten. Wenn Fachkräfte Angst davor haben, dass Kinder sich nicht an Regeln halten können, versuchen sie vielleicht mit machtvollen erzieherischen Methoden, ihnen Regeln beizubringen. Wenn Fachkräfte denken, Eltern wollen sie kontrollieren, gehen sie anders auf Eltern zu, als wenn sie davon ausgehen, sie bringen ihre eigenen Gefühle und Bedürfnisse mit in die Einrichtung, die gesehen werden wollen. Diese Beispiele ließen sich unendlich fortsetzen. Es kommt also auf die Haltung der Erwachsenen an, wie sie auf Situationen blicken und letztlich wie sie daran orientiert handeln. Jede Situation lässt sich in kürzester Zeit mit einer anderen Haltung auch anders eingeschätzt. Die Haltung ist ausschlaggebend dafür, wie Situationen bewertet werden, wie Fachkräfte handeln und ob etwas gedeihen oder nicht gedeihen kann.

Die **innere Haltung** gegenüber Kindern, Eltern oder den pädagogischen Fachkräften ist von individuellen Erlebnissen, Erfahrungen, der eigenen familiären Sozialisation, Betreuungsbiografie und vom gesellschaftlichen sowie persönlichen Bild vom Kind abhängig (vgl. Nentwig-Gesemann et al. 2012). Auch in welcher Form sich Fachkräfte um sich selbst kümmern, auf sich selbst Acht geben und sich selbst nähren, hat einen großen Einfluss auf eine einfühlsame Haltung gegenüber sich selbst, den Eltern und Kindern (vgl. Kapitel 4).

Der Kommunikationswissenschaftler Paul Watzlawick hat herausgefunden, dass nur 20 Prozent der Kommunikation tatsächlich verbal abläuft und 80 Prozent nonverbal über Gestik, Mimik und Körperhaltung. Das bedeutet, die Haltung gegenüber Kindern drückt sich in Windeseile über nonverbale Zeichen aus. Man kann sie nicht wirklich verstecken. Bereits die Gedanken der Fachkräfte teilen sich unmittelbar mit. Kinder und Eltern nehmen wahr, welche Einstellung Fachkräfte ihnen gegenüber haben, ob sie etwas sagen oder nicht. In der Psychologie wird auch von der vegetativen Resonanz gesprochen. »Kurz gesagt, niemand kann vor jemand anderem in Wirklichkeit verbergen, wie er über ihn denkt und wie er innerlich zu ihm steht. Das vegetative Nervensystem reagiert, wenn mich jemand mit verächtlichen Gedanken betrachtet, auch wenn er dabei grinst und versucht, seine Gedanken hinter einer Maske zu verbergen« (Köhler 2004, S. 1060).

DEFINITION

Die bedürfnisorientierte pädagogische Haltung

In der Bedürfnisorientierten Pädagogik verinnerlichen Erwachsene die Haltung der Achtsamkeit, Gleichwürdigkeit und des gegenseitigen Respekts. Sie leben durch ihren gesamten Körper ein friedvolles Miteinander, in dem Kinder, Eltern, Kolleginnen und Kollegen als eigenständige Wesen verstanden werden, die darum bemüht sind, sich mit bester Absicht ihre Bedürfnisse zu erfüllen.

Podcast »Auf die ersten Jahre kommt es an!« (Folge 18):

Pädagogik braucht Bindung - von der Erziehung zur Beziehung

Kathrin Hohmann im Expertinnengespräch mit Pädagogin, Kinder- und Jugendsozialtherapeutin und Fachberaterin Corinna Scherwath.

Der Kita-Podcast (Folge 40):

Bedürfnisorientierte Kinderbetreuung - was ist das genau? mit Kathrin Hohmann

1.3 Die Bedürfnisse des Menschen

Um in der außerfamiliären Begleitung von Kindern bedürfnisorientiert arbeiten zu können, ist es notwendig, sich die Bedürfnisse eines jeden Menschen vor Augen zu führen.

DEFINITION

Bedürfnisse

Alle Menschen haben die gleichen menschlichen Bedürfnisse - unabhängig von ihrer Herkunft, Religion, Kultur oder ihres Alters. Über die Bedürfnisse stehen Menschen miteinander in Verbindung, und sie bilden das Fundament, wie das Leben gestaltet wird. Die eigenen Bedürfnisse geben dem Menschen eine wichtige Kraft, insofern sich der Mensch mit ihr verbindet. Bedürfnisse können erfüllt werden oder bleiben unerfüllt. Über den Ausdruck von Gefühlen werden sie sichtbar. Vordergründig möchten Bedürfnisse gesehen und wahrgenommen werden, die Erfüllung ist nicht das primäre Ziel. Von Geburt an stehen Menschen mit ihren Bedürfnissen in einer natürlichen Verbindung, die von außen beispielsweise über Belohnung oder Bestrafung durch einen Erwachsenen gestört werden kann (vgl. Brazelton & Stanley 2008; Leitner 2020; Maslow 1962; Rosenberg 2016).

Ein Mensch ist dann glücklich und zufrieden, wenn seine Bedürfnisse gesehen werden und ausreichend Befriedigung finden. Menschen, bei denen mehrere wichtige körperliche oder psychische Bedürfnisse unbefriedigt bleiben, werden hingegen depressiv, unglücklich und verlieren die Freude am Leben. Werden Bedürfnisse jedoch ausreichend erfüllt, spiegelt sich das im Gehirn wider. Es werden körpereigene Stoffe wie Opioide, Dopamin, Serotonin und Oxytocin ausgeschüttet, also glücklich machende Hormone. Dadurch fühlt sich der Mensch wohl. Bei Missachtung von Bedürfnissen kann die Ausschüttung hingegen verhindert werden und der Mensch wird unglücklich (vgl. Hornung 2009).

Unterschiedliche Bedürfnismodelle

Mit der Frage, welche Bedürfnisse Menschen haben, setzten sich bereits viele Wissenschaftler auseinander. Auf dieser Grundlage wurden einige Bedürfnismodelle entwickelt. Am bekanntesten ist die Bedürfnispyramide von Abraham Maslow (vgl. 1987). Dieses Modell bewertet Bedürfnisse jedoch in ihrer Wichtigkeit und erlaubt »nur« den körperlichen Bedürfnissen als Grundbedürfnisse bezeichnet und priorisiert zu werden. Die Wichtigkeit der psychischen Bedürfnisse wird dabei nicht berücksichtigt. Weitere Bedürfnistheorien stammen von Deci und Ryan mit der Selbstbestimmungstheorie (vgl. 1993), von Brazelton und Stanley (vgl. 2008), die speziell auf die Bedürfnisse von Kindern schauten, von Young und seinem Team (vgl. 2005) aus der Perspektive der Schematherapie und von Marshall Rosenberg in der Gewaltfreien Kommunikation (vgl. Rosenberg 2016). In der Bindungstheorie wird bekannterweise von den beiden essenziellen Bedürfnissen nach Bindung und Autonomie gesprochen. Der Psychotherapeut Klaus Grawe trug die bisher entstandenen Theorien in seinem Werk »Neuropsychotherapie« zusammen und entwickelte daraus ein Konzept über die vier psychischen Bedürfnisse des Menschen (vgl. Grawe 2004). Er zählt darunter das Bedürfnis der Bindung, der Orientierung und Kontrolle, des Selbstwertschutzes sowie des Lustgewinns bzw. der Unlustvermeidung.

Bei der Analyse der erwähnten Theorien lassen sich wiederkehrende Muster erkennen, Verbindungen und Gemeinsamkeiten herstellen. Angelehnt an die Bindungstheorie und die Bedürfnistheorien von Klaus Grawe, Young, Brazelton&Stanley sowie Rosenberg, können nun die folgenden Bedürfnislisten als verlässliche Grundlage genutzt werden, um die menschlichen und kindlichen Bedürfnisse zu beschreiben. Manche Menschen haben bei einzelnen Bedürfnisse eventuell andere Bezeichnungen, inhaltlich sind die Darstellungen jedoch als vollständig anzusehen.

Es können zwei Bedürfnisbereiche unterschieden werden, die physischen und die psychischen Bedürfnisse.

1.3.1 Physische Bedürfnisse

Jeder Mensch hat die physischen, also körperlichen Grundbedürfnisse nach Schlaf, Essen, Trinken, auf Toilette gehen, nach Nähe, Distanz, Gesundheit, Luft, Licht, Sexualität und körperlicher Unversehrtheit. Zudem brauchen Menschen die Möglichkeit, sich körperlich zu betätigen, Bewegung, Spannung, aber auch Ruhe und Erholung sowie einen sicheren Rückzugsort (ein Dach über dem Kopf).

Physische Bedürfnisse	
Essen	Spannung
Trinken	körperliche Betätigung
Schlaf	Raum
Abstand/Distanz	Refugium
auf Toilette gehen	Physische Sicherheit
Luft	Sexualität
Entspannung	Licht
Ruhe	Gesundheit
Erholung	Rhythmus
	körperliche Unversehrtheit

Abb. 2: Physische Bedürfnisse

1.3.2 Psychische Bedürfnisse

Zu den psychischen, also seelischen Grundbedürfnisse zählen Bindung, Autonomie, Selbstwerterhaltung, Selbstwerterhöhung, Lustgewinn und Unlustvermeidung sowie Orientierung und Kontrolle (vgl. Grawe 2004). Das Fundament und das wichtigste psychische Grundbedürfnis ist das Bedürfnis nach **Bindung**, gefolgt vom Bedürfnis nach **Autonomie**, und nicht zuletzt ist das Bedürfnis nach **Selbstwerterhaltung** eines der wichtigsten seelischen Bedürfnisse für eine stabile, gesunde Psyche. Darauf soll in diesem Buch der Fokus gelegt werden (vgl. Abb. 3)

Psychische Bedürfnisse		
Bindung	**Autonomie**	**Selbstwert (erhaltung)**
Respekt	Erfahrung	Anerkennung
Beziehung	Selbstbestimmung	Bewunderung
Kooperation	Selbstbehauptung	Würde
Kontakt	Wachstum/	Integrität
Treue	Entwicklung	Sinn
Schutz	Individualität	Resonanz
Sicherheit	Kreativität	Empathie
Vertrauen	Inspiration	Verständnis
Nähe	Spiel	Wertschätzung
Fürsorge	Herausforderung	Akzeptanz
Kontakt	Freiheit	Toleranz
Zugehörigkeit	Unabhängigkeit	
Gemeinschaft	Erkundung	
Freundschaft	Wissen	
Körperkontakt	Lernen	
Trost	für sich sein	
	Privatsphäre	

Abb. 3: Psychische Bedürfnisse

1.3.3 Das Bedürfnis nach Bindung und Autonomie

In der Bindungstheorie, begründet durch den Psychoanalytiker John Bowlby, wird von dem grundlegenden psychischen Bedürfnis eines Menschen nach **Bindung** gesprochen. Jeder Mensch hat demzufolge ein angeborenes Bedürfnis nach Kontakt und emotionaler Sicherheit. Das Bindungsbedürfnis erfüllen sich Kinder, indem sie ein emotionales Band zu einer oder mehreren Bindungspersonen aufbauen, die ihnen Schutz, Wärme, Körperkontakt, Nahrung und Trost spenden. Dieses emotionale Band kann mit einem unsichtbaren Gummi verglichen werden, das Kindern eine spürbare Verbindung signalisiert. Je nach Temperament und je älter Kinder werden, umso länger wird dieses Gummiband. Das angeborene Bindungssystem sichert Kindern das Überleben. Besonders in emotional belastenden Situationen nutzen sie ihre Bindungsperson, ihren »sicheren Hafen«, um in stürmischen Zeiten emotional aufzutanken, Stress abzubauen und wieder in ihre emotionale Mitte zu finden. In ähnlicher Weise bauen Kinder auch zu pädagogischen Fachkräften eine Beziehung auf, die »bindungsähnlich« ist (Hörmann 2014, S. 6). Um ihre Bindungsbeziehung aufrechtzuerhalten, zeigen Kinder Bindungssignale, die darauf aufmerksam machen, welche Bedürfnisse gerade unerfüllt sind. Feinfühlige Bezugspersonen beantworten diese Signale zuverlässig und passend. Im **Feinfühligkeitskonzept** von Mary Ainsworth (vgl. Ainsworth et al. 1978) und im Konzept der **Sensitiven Responsivität** von Rempsberger (2011, S. 125) zeigt sich, dass eine Bindungsperson feinfühlig handelt, wenn sie in der Interaktion mit dem Kind:

1. die **Signale** des Kindes **bemerkt**,
2. sie richtig **interpretiert** und
3. angemessen (situationsangemessen und altersangemessen) und prompt auf die Signale des Kindes **reagiert**.

Auf der Grundlage responsiver, feinfühliger Interaktionen kann sich also zwischen Fachkraft und Kind eine sichere, verlässliche Beziehung entwickeln. Wenn hingegen Feinzeichen der Kinder fehlinterpretiert, unpassend oder gar gewaltvoll beantwortet werden, kann sich eine unsichere Bindung entwickeln.

Sichere Bindungen sorgen dafür, dass Stress reguliert und eine gesunde Entwicklung ermöglicht werden kann. Sicher gebunden kommen Kinder stressfreier durch den Alltag, sind »flexibler in ihrer Anpassung, ausdauernder, enthusiastischer und effektiver im Umgang mit Neuem« (Grossmann & Grossmann 2004, S. 200). Sie entwickeln insgesamt eine höhere Widerstandskraft (Resilienz) (vgl. Wustmann 2004). Dabei spielen die Bindungen der Kinder an ihre Eltern selbstverständlich eine herausragende Rolle. Allerdings können Fachkräfte als sekundäre oder tertiäre Bindungspersonen diese Kompetenzen bei Kindern ebenso mit beeinflussen, indem sie ihnen als wichtige Bindungsperson zur Verfügung stehen, ihre Bedürfnisse ausreichend gut wahrnehmen und erfüllen.

Ob Fachkräfte fähig sind, in Interaktionen feinfühlig zu handeln, hat viel mit ihrer **eigenen Biografie** zu tun, ihrem **eigenen Bindungsstatus** (sicher, unsicher, desorganisiert) und ihrer Reflexionskompetenz, sich mit diesen Erfahrungen auseinanderzusetzen. Wenn Fachkräfte beispielsweise selbst ein inneres Arbeitsmodell einer unsicher vermeidenden Bindung in sich tragen, fällt es ihnen schwerer, mit Gefühlen umzugehen und sie bei Kindern zu regulieren (vgl. Fonagy & Target 2003).

Neben der Bindung, und das wird häufig vergessen, ist die **Autonomie** der Kinder laut der Bindungstheorie als das zweite wesentliche Grundbedürfnis zu verstehen. Kinder streben zwar nach Bindung, aber ebenso nach Freiheit, Erfahrungen, Lernen, Abgrenzung, Erkundung und Exploration. Sie wollen die Welt kennenlernen, die sie umgibt. Neben einem **Bindungssystem** trägt jedes Kind also auch ein **Explorationssystem** in sich. Beide Pole sind gleichwertig zu betrachten und dürfen immer wieder wie auf einer Wippe austariert werden. Wenn einer der beiden Pole aktiv ist, kann der Gegenspieler nicht erfüllt werden.

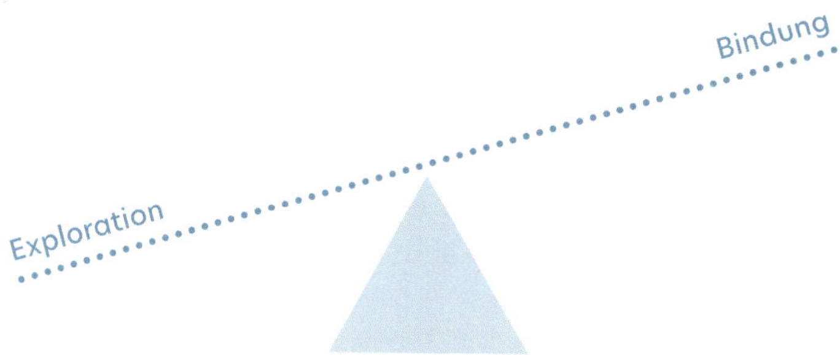

Abb. 4: Exploration und Bindung

Schwingt die Wippe des Bindungssystems beispielsweise nach oben, kann keine Exploration stattfinden und umgekehrt. So können Kinder erst dann ihrem Spieldrang folgen, wenn sie eine ausreichende **emotionale Sicherheit** in sich spüren. Das ist besonders gut in Eingewöhnungsprozessen zu beobachten. Solange Eltern als wichtige Bindungspersonen anwesend sind, spielen Kinder meist lieber, als wenn sie sich verabschieden. Sie brauchen dann manchmal mehrere Monate, bis eine solche verlässliche Beziehung zur Fachkraft und eine innere Sicherheit entstanden sind, auf deren Basis sie sich erneut ausgelassen und fröhlich ihrem Autonomiedrang widmen können. Das bedeutet, ein jedes Kind hat einen angeborenen Drang, in die Welt zu gehen, sie zu erfahren und zu erkunden. Dafür müssen Fachkräfte nicht sorgen. Kinder müssen nicht ins Spiel und in die Selbstständigkeit gedrängt werden, sie suchen sie sich selbstständig, wenn sie so weit sind. Als Grundlage dafür benötigen sie jedoch ein inneres Gefühl von Verlässlichkeit und Zuversicht, dass im Notfall jemand für sie da ist. Mit dieser inneren Sicherheit können sie sich nun selbstgesteuert ihr Bedürfnis nach Autonomie erfüllen. Was Fachkräfte tun können, ist, genauso wie sie die Zeichen nach Bindung wahrnehmen, auch die Zeichen der Autonomie zu verstehen und ihr Raum zu geben. Wenn ein Kind wegkrabbelt oder Nein sagt, gilt es, das als wichtigen Autonomieschritt wahrzunehmen und zu feiern. Fachkräfte sollten Abgrenzungen der Kinder also nicht als Provokation oder gar persönliche Verletzung verstehen, sondern als Teil des Autonomiedrangs, eines wichtigen Bedürfnisses. Wenn Kinder Dinge selbst entscheiden wollen, sollten Fachkräfte Kindern dabei so viel Freiraum wie möglich einräumen. Kinder und Eltern benötigen folglich sowohl das Gefühl der Verbundenheit und emotionalen Sicherheit als auch das Gefühl, autonom zu sein, Dinge selbst entscheiden zu dürfen und einbezogen zu werden.

BEISPIEL

Die Fachkraft Tim ist gerade dabei, die einjährige Emma einzugewöhnen. Er wendet sich ihr liebevoll zu, bietet viel Körperkontakt an, trägt sie in der Tragehilfe, achtet auf die Gefühle der Kleinen und gibt ihr und ihren Eltern viel Zeit. Er weiß, dass es für das Wohlbefinden des Kindes und der Eltern sehr wichtig ist, dass sie sich untereinander gut kennenlernen und er zu einer wichtigen Bindungsperson für Emma wird. Es ist für ihn selbstverständlich, dass er die Signale von Emma beobachtet, auf sie bestmöglich eingeht, sie tröstet und bei Bedarf trägt. Die Fachkraft Leonie beäugt die Eingewöhnungsform von Tim schon eine Weile mit Skepsis. »Tim bindet sich aber eng an Emma«, denkt Leonie, »das ist nicht gut! Ob das die Eltern so wollen? Er ist doch nicht ihr Papa. Sie gewöhnt sich möglicherweise an die Nähe und dass jemand ständig für sie da ist. Wir können das doch gar nicht leisten, ihr weiterhin das Pensum an Nähe zukommen zu lassen«, zweifelt sie. »Und wenn er sie die ganze Zeit trägt, gewöhnen wir sie nur daran, dann wird sie immer weinen, wenn wir sie absetzen und nie spielen.« Leonie macht sich viele Sorgen darum, dass Emma ein anhängliches, weinerliches und anstrengendes Kind in der Kinderbetreuung bleiben könnte.

In dem Beispiel tritt bei Leonie die Sorge auf, dass Tim eine zu enge Bindung an Emma entwickeln könnte. Sie will auf keinen Fall, dass Emma sich an die vielen Zuwendungen gewöhnt. Wenn man in die Bindungsforschung schaut und die Praxis beobachtet, wird schnell klar: Diese Sorge ist unbegründet. Jedes Kind sucht in unsicheren, stressigen Momenten Schutz, Wärme, Sicherheit, Nähe, Körperkontakt – also Bindung. Die Wippe steht auf der Seite der Bindung und das Bindungssystem ist hoch aktiv. Wenn sich nach einiger Zeit durch viel Nähe, Körperkontakt und das Tragen jedoch ein sicheres inneres Gefühl beim Kind eingestellt hat, kippt die Wippe automatisch auf die Seite der Exploration und das Kind wird sich selbstständig und ganz von allein seinem Bedürfnis nach Autonomie, Erkundung und Spiel zuwenden. Das geht aber nur, wenn ein stabiles Sicherheitsgefühl entstanden ist und der innere Stress nachlässt.

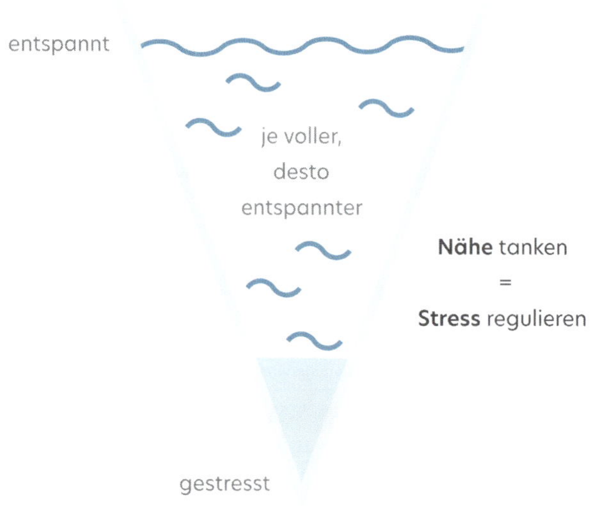

Abb. 5: Das Stress-Regulations-Behältnis

Emotionale und körperliche Nähe durch Fachkräfte trägt dazu bei, dass das innere Nähe-Behältnis des Kindes stets gut gefüllt ist und es somit entspannt durch den Tag kommt. Kinder können durch **Körperkontakt** und emotionale Nähe **Stress abbauen**.

Wenn kindlicher Nähebedarf hingegen verwehrt oder nicht bemerkt wird, kommt es dazu, dass Kinder nach und nach die Reserven ihres Nähehaushalts aus dem Behältnis aufbrauchen. Sie werden mit der Zeit immer gestresster und unglücklicher. Kinder benötigen also Fachkräfte, die ihr Nähebedürfnis feinfühlig wahrnehmen.

Wenn Fachkräfte versuchen, Kinder schneller in die Autonomie zu drängen, als ihr Bedürfnis es zulässt, entsteht **Bindungsstress**, der für die Eingewöhnung, das Sicherheitsempfinden und damit für die gesunde Entwicklung des Kindes nicht zuträglich ist. Die Kinderbetreuung wird für sie dann ein Ort der Unsicherheit und des Stresses bleiben. In den ersten Wochen der Betreuung zeigt sich bei Krippenkindern ein um 75 bis 100 Prozent höherer **Cortisolwert** im Blut als zu Hause. Und auch nach fünf Monaten in der Betreuung ist der Wert noch um ein Drittel erhöht (vgl. Vermeer & van Ijzendoorn 2006). Auch deshalb fordert die Neurobiologin und Autorin Nicole Strüber hinsichtlich der Kinderbetreuung zu Recht: »Bindung rein – Stress raus.« Bei viel Nähe und Getragenwerden schüttet der Körper das glücklich machende Bindungshormon Oxytocin aus, das dem Stresshormon Cortisol entgegenwirkt. Auch deshalb sind Tragen, Körperkontakt und Nähe für Eingewöhnungskinder und auch noch danach so unglaublich wichtig. Die Fachkraft Tim aus dem obigen Beispiel hat also alles richtig gemacht.

Die Studie von Vermeer und van Ijzendoorn (2006) ergab auch, dass »[...] das Stressniveau von Kindern mit der Gruppengröße (wenn die Gruppe mehr als 15 Kinder umfasste), dem Alter der Kinder (Kinder unter drei Jahren wiesen den höchsten Cortisolspiegel auf), mit dem Platz, der den Kindern verfügbar war (negativ mit weniger als 5 Quadratmeter pro Kind), und mit der Anzahl der Erwachsenen (Bei mehr als vier Erwachsenen in der Abteilung erhöhte sich das Stressniveau!) zusammenhing« (Helle & Fløgstad 2020, S. 84f.).

EXKURS

Ein Blick in die Geschichte

Ein Blick in die Geschichte zeigt, dass noch im Jahr 1888 Müttern in dem Buch »The Wife's Handbook« dazu geraten wurde, mit dem Kind auf Distanz zu gehen und es so wenig wie möglich zu berühren. In dieser Zeit starben in den Waisenhäusern unzählige Kinder an Infektionen und Krankheiten. Die Sorge war dementsprechend groß, dass der Kontakt und die Nähe die Säuglinge und Kleinkinder in den Tod treiben könnten. So wurden die Säuglinge förmlich steril abgegrenzt und aufbewahrt. Zu Beginn des 20. Jahrhunderts überließen einige Eltern ihre Säuglinge dem Arzt Couney, der diese in Brutkästen auf Weltausstellungen präsentierte. Dies wurde noch bis in die 30er Jahre durchgeführt. Es glich einem Wunder, dass diese Kinder überlebten. Krankheiten verschwanden langsam und die Impfungen setzten ein. Was aber blieb, war die Überzeugung, dass Säuglinge und Kinder durch die Mutterliebe in Gefahr seien. Im Buch »The Dangers of Too Much Mother Love« wird betont, dass Kinder, die Liebe und Zuneigung erhalten, zu weinerlichen und unselbstständigen Versagern heranwachsen würden (vgl. Blum 2010, S. 49ff.). Die Kindersterblichkeit in den Krankenhäusern ging allmählich zurück. 1931 beobachtete der Arzt Brennemann, dass Babys, die von Krankenschwestern gemocht und daher trotz Verbot gestreichelt wurden, besser heranwuchsen.

Ein weiterer Meilenstein in der Psychologie wurde durch Harry Harlow und seinem Doktoranden Abraham Maslow in den 30er Jahren gelegt. Anhand von Affen wurden Untersuchungen durchgeführt. Es konnte nachgewiesen werden, wie bedeutsam die soziale Bindung für die emotionale Entwicklung der Primaten ist. Auch John Bowlby bestärkte diese Erkenntnis. Er vertritt die Auffassung: »Ein

Baby braucht jemanden, der zuverlässig und liebevoll ist, damit die Welt stimmt. Das ist das, wovon die Beziehungstheorie letztlich handelt« (ebd., S. 260). Dieser kleine Rückblick zeigt, dass Bedürfnisorientierung lange Zeit völlig abgelehnt worden ist und sich erst in den letzten Jahren und Jahrzehnten als entwicklungsfördernd herausstellte. Viele Menschen der heutigen Erwachsenengenerationen wuchsen in autoritären Elternhäusern auf, wurden in Krippen und Kitas betreut, ohne dass je eine Eingewöhnung stattgefunden hat, und waren möglicherweise als Kleinkinder in Krankenhäusern längere Zeit von den Eltern isoliert. Heute sind viele von diesen Erwachsenen der Meinung, dass aus ihnen »doch auch etwas geworden sei«, und schlussfolgern somit leichtfertig, dass ihnen ihre Kindheit nicht geschadet habe. Die Wissenschaft zeigt jedoch, dass Kinder ohne eine sichere Bindung in ihrem weiteren Leben mit psychischen Leiden zu kämpfen haben (vgl. Grossmann & Grossmann 2004). Heutzutage wissen wir es besser und sollten die Fehler der Vergangenheit nicht wiederholen.

1.3.4 Das Bedürfnis nach Selbstwerterhaltung

Den Begriff des Selbst entwickelte der US-amerikanische Psychiater und Psychoanalytiker Daniel N. Stern. Die Entwicklung des Selbstbildes folgt seiner Ansicht nach einer Struktur von Erfahrungen, die mit emotionalen Bewertungen verknüpft und als Erinnerungen abgespeichert werden. Treten diese Erfahrungen immer wieder auf, werden sie als Struktur verinnerlicht und bilden das Selbstkonzept eines Menschen (vgl. Fröhlich-Gildhoff 2009). Erfährt ein Kind beispielsweise immer wieder: »Wenn ich traurig bin, hilft mir jemand«, bewertet es sich selbst als wirksam und fähig, sich zu helfen. Es speichert in seinem Konzept über sich selbst ab: »Ich bin fähig, ich bin gut, ich bin wirksam.« Erlebt ein Kind: »Wenn ich traurig bin, werde ich alleingelassen«, verinnerlicht es hingegen: »Wenn es mir nicht gut geht, ist niemand für mich da.« Ein solches Bild über sich selbst entwickeln Kinder bereits im Kindergartenalter. Das bedeutet, schon früh lernen Kinder, wer sie sind, was sie bewirken können, in welchen Momenten sie sich sicher fühlen können, in welchen sie ohnmächtig sind und nicht zuletzt, welchen Wert sie sich selbst geben. Frühe Interaktionen mit wichtigen Bezugspersonen prägen Kinder außerordentlich. Sie lernen dabei, ob sie sich später selbst als wertvoll betrachten können oder nicht. Neben den Eltern haben pädagogische Fachkräfte einen Einfluss auf den **Selbstwert** und das **Selbstbild** der Kinder.

Je nachdem, wie mit Kindern gesprochen wird, wie stark sie mit ihren Gefühlen gesehen werden, wie ihre Bedürfnisse erfüllt werden, bilden sie ein positives oder negatives Bild von sich selbst aus. Muss ein Kind sich dauerhaft unterwerfen, werden seine Bedürfnisse nicht erfüllt, seine Grenzen missachtet, lebt es in Angst, ist im Stress und muss immer wieder für sich kämpfen, entwickelt es eine innere Repräsentation über sich, die negativ ist. Es denkt von sich selbst: »Ich bin nichts wert, ich kann nichts erreichen, ich kann nichts bewirken, ich bin nicht liebenswert.« Wenn Menschen sich selbst als »schlecht« einschätzen, führt das nachweislich zu psychischem Leid (vgl. Borg-Laufs 2012, S. 8). Wenn psychische Grundbedürfnisse wie Bindung und die Erhaltung des Selbstwertes bei Kindern nicht ausreichend erfüllt sind, leidet ihre psychische Gesundheit. Das konnte in einer Vergleichsstudie zwischen gesunden und psychisch kranken Kindern festgestellt werden (vgl. Borg-Laufs & Spancken 2010). Erfährt ein Kind hingegen, dass es mit all seinen Gefühlen und Bedürfnissen angenommen ist, dass seine Grenzen geachtet werden und es etwas erreichen kann, entwickelt es ein positives Bild von sich selbst. Es denkt von sich: »Ich bin gut, ich kann etwas erreichen und bewirken. Ich werde geliebt!« Und nicht zuletzt: »Ich bin wertvoll, nur weil ich so bin, wie ich bin!« Fühlen Kinder diese beständige Akzeptanz und Geborgenheit, können sie auf dieser Basis ein positives Selbstbild entwickeln und ihren Selbstwert stärken. Dadurch können Kinder eine stabile und gesunde Psyche aufbauen, die sie ein Leben lang trägt. Ein positiver Selbstwert wird neben sicheren Bindungsbeziehungen sowie Selbstwirksamkeitsüberzeugungen als einer der wichtigsten Schutzfaktoren benannt, der Kinder vor Entwicklungsrisiken schützt (vgl. Weltzien et al. 2016, S. 74f.; Wustmann 2004, S.18).

Es ist noch nicht geklärt, welchen Einfluss Gene auf Persönlichkeitseigenschaften wie den Selbstwert haben. Bis heute ist jedoch klar, dass die Umwelt, also Familie und Kinderbetreuung, einen hohen Anteil auf die Ausprägung von Persönlichkeitseigenschaften wie Optimismus und einen ausgeprägten Selbstwert der Kinder haben. Pädagogische Fachkräfte können neben den Eltern also mit dafür Sorge tragen, dass Kinder ein positives Bild von sich selbst entwickeln. Sie können diesen Selbstwert der Kinder durch die Art der Kommunikation, den Umgang mit ihren Gefühlen, durch ihre zugewandte, unterstützende und achtsame Haltung maßgeblich mitbeeinflussen.

1.3.5 Im Gleichgewicht zwischen Integrität und Kooperation

Integrität und Kooperation

DEFINITION

Kooperation bedeutet, dass ein Mensch bereit ist, mit anderen zusammenzuarbeiten, auf der Grundlage des Bedürfnisses nach Gemeinschaft und Verbindung. Ein jeder Mensch strebt nach Kooperation, aber nur solange die eigene Integrität nicht darunter leidet. Unter Integrität ist das gesamte Wertesystem, die eigenen Grenzen und Bedürfnisse, also die Gesamtheit der persönlichen Identität zu verstehen. Es ist daher wichtig, dass ein jeder Mensch lernt, sich in der Gemeinschaft zurechtzufinden, indem er die eigene Integrität zurückstellen kann, ohne sie zu gefährden (vgl. Hohmann 2020; Juul 2013; Kolbe & Bergmann 2016).

Klar ist: Kinder sind soziale Wesen, die zur sozialen Gemeinschaft dazugehören möchten, dadurch spüren sie Sicherheit und Verlässlichkeit. Gleichzeitig streben sie danach, autonom zu sein, individuell, für sich und ihre eigenen Bedürfnisse einzustehen und ihre Grenzen, also ihre Integrität zu wahren. Der dänische Familientherapeut Jesper Juul (2013, S.77ff.) konstatiert, dass wir Menschen uns in einem ständigen **Balanceakt** zwischen **Kooperation** und **Integrität** befinden. So auch Kinder. Vielleicht taucht nun die Frage in Ihnen auf: Wollen Kinder wirklich immer kooperieren? Schließlich gibt es im Alltag unzählige Momente, in denen Kinder das Gegenteil von dem tun, was ihnen gesagt wird. Hierbei ist es wichtig zu unterscheiden, dass Kinder nicht kooperieren, indem sie die Wünsche der Erwachsenen erfüllen und sich gehorsam zeigen. Vielmehr geschieht Kooperation unbewusst nach einer für Erwachsene manchmal kaum nachvollziehbaren Logik. Kinder handeln schlüssig in Bezug auf das gesamte System und die unbewussten, unausgesprochenen Erwartungen, die an sie gestellt werden. Nur etwa 10 Prozent der relevanten Botschaften transportieren sich über das gesprochene Wort, alles andere passiert durch Mimik, Gestik, Haltung, Ausstrahlung, ein Schnaufen oder beispielsweise ein Wegdrehen, also durch nonverbale Kommunikation (vgl. Kapitel 1.2). Kinder nehmen diese Feinzeichen wahr und setzen sie um. Manchmal kooperieren sie auch **konträr** zum erwünschten Verhalten. Wenn die gesamte Gruppe im Stress ist, sorgen manche Kinder vielleicht für Entschleunigung. Sie führen ihre Handlungen also bedächtig und langsam aus, um eine Balance in das System zu bringen.

Dass Kinder kooperieren, indem sie unausgesprochene Erwartungen der Erwachsenen erfüllen, zeigt auch der sogenannte **Rosenthal-Effekt**. In mehreren Experimenten wies der amerikanische Psychologe Robert Rosenthal bei Grundschülern nach, dass die Schüler entsprechend den Erwartungen des Lehrers Aufgaben gut oder weniger gut erfüllen konnten. Obwohl Schüler nach einem Intelligenztest als gleich intelligent eingestuft wurden, waren sie im Endeffekt erfolgreicher beim Lösen von Aufgaben, wenn dem Lehrer vorab gesagt wurde, dass dieser Schüler ein schlauer, guter Schüler sei. Sagte man dem Lehrer, dass Kinder sich wenig konzentrieren könnten oder etwas dumm seien, konnten sie die Aufgaben tatsächlich weniger gut erfüllen, weil der Lehrer keine positive Einstellung zu ihnen hatte. Was zeigt dieses Experiment nun? Dass die Einstellung von Erwachsenen zu Kindern sich als selbsterfüllende Prophezeiung im Verhalten des Kindes zeigen wird. Die Kinder kooperieren also, indem sie die Erwartung von Erwachsenen erfüllen. Wenn Fachkräfte bereits abgespeichert haben, Lukas ist immer der Störenfried, der Zappelphilipp, die Heulsuse, wird Lukas kooperieren, indem er diese Erwartung erfüllt und immer stört, zappelt oder weint. Schließlich sind es die Verhaltensweisen, die die Erwachsenen erwarten.

Grundsätzlich lässt sich also sagen, dass Kinder von Natur aus darauf ausgerichtet sind, zu kooperieren. Ein Ausschluss aus der sozialen Gruppe wäre – zum Vergleich – in der Steinzeit womöglich tödlich gewesen. Diese Lebensnotwendigkeit zu kooperieren steckt also tief verankert in den ältesten Gehirnstrukturen der Menschen. Das Stammhirn gibt demzufolge immer wieder den Impuls: Tue alles, um nicht aus der Bezugsgruppe ausgeschlossen zu werden, denn das könnte dein Tod sein!

Auch die Experimente des Verhaltensforschers Michael Tomasello zeigen, dass bereits einjährige Kinder einen natürlichen Drang in sich spüren, zu helfen und zu kooperieren. Wenn einem Erwachsenen etwas runterfällt, heben sie die Objekte überdurchschnittlich oft wieder auf und geben sie ihm zurück. Oder wenn ein Erwachsener versucht, Bücher in einen geschlossenen Schrank zu legen, helfen ihm bereits Kleinkinder, den Schrank zu öffnen. Ein ähnlich kooperatives Verhalten konnte Tomasello auch bei Schimpansen beobachten. Das lässt den Schluss zu, dass die kooperativen Triebe evolutionär betrachtet in uns stecken (vgl. Warneken & Tomasello 2006). In einem anderen Experiment der Yale Universität konnte bei wenige Monate alten Babys festgestellt werden, dass sie kooperatives Verhalten bevorzugen. Sie präferieren nach einem Theaterstück mit Kuscheltieren überdurchschnittlich häufig das Tier, welches hilft. Das wenig kooperative Kuscheltier verschmähen sie hingegen fast immer.

Kinder sind also kooperative Wesen. Es gibt allerdings ein paar Gründe, die erklären, wann und warum ein Kind in bestimmten Situationen einfach nicht kooperieren (hören) kann:

- **das Kind ist überfordert** (müde, gestresst, die Kooperationsbereitschaft ist überstrapaziert),
- es fühlt sich unverstanden oder ihm droht der **Kontaktverlust**,
- **die Integrität des Kindes ist verletzt** (gekränkt, wütend, im Selbstwert verletzt),
- **ein oder mehrere Bedürfnisse sind unerfüllt** oder ein anderes Bedürfnis (Spiel statt Ordnung) hat Vorrang,
- durch **missverständliche Botschaften** der Erwachsenen (missverständliche Aufträge, zu hohe Erwartungen).

Aus den beschriebenen evolutionären Gründen zeigen Kinder eher die Tendenz, zu häufig zu kooperieren als ihnen guttut. Sie entscheiden sich meist eher für die Kooperation als für die Wahrung ihrer Integrität, also den Schutz ihrer Bedürfnisse und Grenzen (vgl. Juul 2013, S. 77ff.). Insbesondere, wenn es zum Konflikt mit Bezugspersonen kommt und diese die Integrität der Kinder missachten, entscheiden sie sich sicherheitshalber für die Kooperation. Sie verletzen ihre eigene Integrität zugunsten der Beziehung zur Fachkraft. Aus Selbstschutz missachtet ein Kind lieber seine eigenen Grenzen, nimmt beispielsweise Schuld, Scham und eine Minderung seines Selbstwertes in Kauf, als die Sicherheit der Beziehung zur erwachsenen Person oder zur Kindergruppe aufs Spiel zu setzen. Indem Kinder in der Kinderbetreuung so sehr auf ihre Bezugspersonen angewiesen sind und sie nicht einfach aus der Einrichtung abhauen können, wird diese Abhängigkeit noch deutlicher. Lieber erträgt ein Kind, dass die Fachkraft beispielsweise schlecht über seine Eltern spricht, als die Grenze der Herabwürdigung lautstark deutlich zu machen und seine Integrität zu wahren. Sonst bestünde die Gefahr des Kontaktabbruchs zur Fachkraft.

Um zu verhindern, dass Kinder lernen, eher zu kooperieren als ihre **Integrität** zu wahren, sollten die Erwachsenen die Integrität der Kinder aktiv stärken. Das gelingt, indem sie Kinder in ihren Bedürfnissen ernst nehmen und ihre Grenzen achten. Das ist nicht immer angenehm für Fachkräfte und erfordert eine starke Persönlichkeit. Wenn Kinder ihre Integrität wahren, bedeutet das unter Umständen, dass sie Nein sagen, die Wünsche der Fachkräfte nicht erfüllen, intensive Gefühle zeigen, sich zurückziehen oder die Fachkräfte kritisiert werden. Sie stehen für sich ein. Wenn alle Kinder aufräumen sollen und ein Kind nicht mithelfen möchte, könnten Fachkräfte es beispielsweise mit Macht (Belohnung, Manipulation, Bestrafung) dazu bringen und dabei die Integrität des Kindes verletzen oder sie erkennen das Nein des Kindes an, schauen hinter das Verhalten, finden Kompromisse und erlauben eine Abgrenzung des Kindes.

BEISPIEL

Beim Wegbringen ihres Tellers nach dem Essen kippt Zoe ein bisschen Essensreste auf den Boden. Die Fachkraft Marina ruft durch den gesamten Raum: »Och Zoe, nicht schon wieder.« Zoe ärgert sich innerlich sehr, hat sie doch ihr Bestes gegeben und extra doll aufgepasst. Marina hat ihre psychische Grenze verletzt und das Mädchen beschämt. Marina gibt Zoe einen Lappen in die Hand und fordert sie mit genervtem Tonfall auf, das sauber zu machen. Zoe ist gekränkt, sie schämt sich und würde am liebsten im Boden versinken. Neben der Scham spürt sie Wut und würde am liebsten sagen: »Nein, ich wische das nicht auf!« Nach außen zeigt sie das nicht. Sie weiß, dass das bei Marina nicht gut ankommt. Sie entscheidet sich, den Anweisungen von Marina Folge zu leisten, zu kooperieren, denn wenn sie Nein sagt, hat das für sie unangenehme Auswirkungen, das weiß sie. Als beim Händewaschen im trubeligen Waschraum Thomas plötzlich auf ihr T-Shirt tropft, reagiert Zoe lautstark und schreit Thomas an. Ihre Integrität ist zu sehr ins Wanken gekommen, dass ein Kooperieren schlichtweg nicht mehr möglich war. Für Außenstehende vielleicht eine völlig grundlose Reaktion, für Zoe hingegen eine wichtige Funktion zum Selbstschutz. Sie drückt ihren Ärger in einem anderen Setting aus, um den emotionalen Druck loszuwerden, der ihr zeigte: Eine Grenze ist verletzt.

Fachkräfte übernehmen im Prozess der Stärkung von Integrität eine wichtige Vorbildfunktion. Wenn auch sie selbst integer handeln, also ihre Bedürfnisse und Gefühle kommunizieren sowie ihre Grenzen wahren, zeigen sie den Kindern, dass es gut und richtig ist, seine Grenzen zu kommunizieren. Auch Fachkräfte sollten authentisch ihre Integrität und somit ihre Würde wahren (vgl. Kapitel 4.2).

Zoe kooperiert mit der Fachkraft, obwohl sie innerlich das starke Bedürfnis verspürt, ihre Integrität und ihre Würde zu wahren, sich ihr Bedürfnis nach Selbstwerterhaltung zu erfüllen. Das stellt für sie jedoch eine Gefahr dar. Auf längere Zeit betrachtet, kann das dazu führen, dass Zoe ihre Grenzen immer wieder missachtet und beschließt, dass mit ihr selbst etwas nicht stimmt. Das ist für sie sicherer, hat jedoch negative Auswirkungen auf ihren Selbstwert und somit auf ihr gesamtes Leben. Abhängig davon, wie sie zu Hause aufwächst, kann es passieren, dass sie für sich und ihr Leben die Glaubenssätze mitnimmt: »Ich bin nicht gut genug!«, »Ich darf mich nicht schützen«, »Meine Integrität zu wahren ist gefährlich«. Sie verliert auf diese Weise den Kontakt zu sich selbst, legt den Fokus auf Bedürfnisse wie Kontakt und Beziehung und verliert dabei den Bezug zu psychischen Bedürfnissen wie Selbstwerterhaltung, Autonomie und Selbstbestimmung. Zoe bräuchte in dieser Situation eine Begleitung, die sie gleichwürdig behandelt und sie in ihrem Selbstwert stärkt, auch wenn ein Fehler passiert. Wenn sie die Option hätte, ihre Integrität zu wahren und Nein zu sagen, könnte sie hingegen positive Glaubenssätze mit in ihr Leben nehmen: »Auch wenn mir ein Fehler passiert, bin ich gut und richtig«, »Auch wenn nicht alles sofort klappt, stehen wichtige Menschen hinter mir«, »Ich bin wichtig und wertvoll«, »Ich darf Nein sagen«. Wenn Fachkräfte die Integrität der Kinder wahren, fühlen diese sich wertvoll und angenommen.

1.4 Von der Erziehung zur Beziehung

»Das Gras wächst nicht schneller, wenn man daran zieht«, sagt ein afrikanisches Sprichwort. Der Erziehungsbegriff geht hingegen noch davon aus, dass eine pädagogische Fachkraft ein Kind erziehen müsse. Lange Zeit wurde ein gemeinsames Wachsen ausgeschlossen, es ging vorrangig darum, dass die Fachkraft – häufig noch Erzieher:in genannt – als Subjekt das Kind als Objekt formt. Diese Erziehungsvorstellung weicht in den letzten Jahrzehnten schrittweise auf, hin zu einer Gleichberechtigung der Generationen. Gleichzeitig ist ein starker innerer Konflikt, der mit dem Autoritätsverlust einhergeht, den einige Erwachsene fürchten, spürbar. Die Sorge, dass Kinder, die unerzogen aufwachsen, nicht gesellschaftsfähig sein könnten, ist groß. Fragen wie »Was soll aus den Kindern werden?«, »Wie sollen sie Regeln lernen und sich anpassen üben?« werden laut.

Es besteht häufig die große Angst, wenn ich als Erwachsener die Erziehung aufgebe, läuft alles aus dem Ruder. Kinder würden ungezogen und unkontrollierbar. Darin liegt bereits ein wichtiges Missverständnis der Bedürfnisorientierten Pädagogik, das einer Aufklärung bedarf. Beziehung bedeutet nicht, dass alle machen können, was sie wollen, sondern, dass Menschen (auch die Fachkraft) in einen Dialog treten, in dem einzelne Grenzen und Erwartungen persönlich kommuniziert werden. Von der Erziehung zur Beziehung beschreibt eine haltgebende Führung durch den Erwachsenen auf Augenhöhe. Dieser lebt vor, geht mit gutem Beispiel voran, ohne das Kind nach seinen Wünschen zu maßregeln. Die pädagogische Fachkraft lässt die Kinder an den eigenen Erfahrungs- und Wissensvorsprüngen teilhaben, ohne sie dem Kind aufzudrängen. Befürchtungen, die Begleitung der Kinder wäre laissez-faire oder antiautoritär, sind unbegründet. Vielmehr fußt diese Form der bedürfnisorientierten Führung auf Augenhöhe auf wissenschaftlichen Erkenntnissen. Den Kindern soll ein angstfreies Aufwachsen ermöglicht werden, indem sie sich in bindungsstarken Beziehungen frei entfalten können und »unverbogen« (Mierau 2021) sein dürfen.

BEISPIEL

Die pädagogische Fachkraft Marina ist zur Vertretung in einer anderen Gruppe, ihre Kollegin Pina ist erkrankt. Marina empfindet die Kinder in der anderen Gruppe als besonders laut und wild. Nach Pinas Rückkehr konfrontiert Marina sie mit ihrer Beobachtung. Marina findet, Pina müsse viel strenger sein und den Kindern sagen, »wo der Hase langläuft«. Pina hat in ihrem Team schon länger das Gefühl, sie werde in ihrer Arbeit sehr beobachtet. Sie fühlt sich, als würde sie mit ihrer Pädagogik aus der Reihe tanzen. Sie ist immer wieder bemüht, ihren Kolleginnen ihre Sichtweise nahezulegen, fühlt sich damit oft aber wie beim »Treten gegen Windmühlen«. Sie weiß, dass in ihrer Kindergruppe viele herausfordernde Kinder sind, und sie ist froh über jeden kleinen Freigeist. Sie möchte keines der Kinder verbiegen und zur Anpassung zwingen. Sie schätzt das lebendige Miteinander und lebt mit den Kindern eine wertschätzende Gemeinschaft. Das ist auch für sie nicht immer leicht, denn die Bedürfnisse der Einzelnen zu erkennen, entstehende Konflikte auszuhalten und im Miteinander zu lösen, benötigt professionelles Handeln und eine gute Reflexion. Durch die Kritik ihrer Kolleginnen, die eher autoritär arbeiten und auf Strafen zurückgreifen, damit die Gruppe »spurt«, fühlt sie sich regelmäßig ausgebremst.

Vermutlich erziehen noch viele Erwachsene klassisch, da sie Angst vor dem Verlust ihrer Autorität haben. Zu viel Freiheit, Beteiligung und eine Beziehung mit den Kindern auf Augenhöhe empfinden sie als Kontrollverlust, der verunsichert. Um die Kontrolle zu behalten, wenden Erwachsene oft Erziehungsmaßnahmen an, die sie selbst als Kind erlebt haben, wie Belohnen, Strafen oder Manipulation, also Mittel der klassischen Konditionierung.

Was Erziehung im Sinne des behavioristischen Gedankens jedoch bewirkt, sind eine Anpassung und ein Gehorsam der Kinder, eine Folgsamkeit, die ihnen beibringt, nur wenn du dich am Außen orientierst, an dem, was andere von dir wollen, bist du gut. Nur wenn du dich und deine Bedürfnisse zurückstellst, kannst du negativen Konsequenzen entgehen. Erwachsene rutschen immer dann in die Erziehungsfalle, wenn sie ohnmächtig sind, nicht mehr weiter wissen oder gestresst sind. Sie orientieren sich an dem, was tief in ihrem Gehirn als verlässliche Netze aus ihrer eigenen Kindheit zur Verfügung steht (vgl. Kapitel 4.5).

Die folgende Übersicht liefert eine Gegenüberstellung der klassischen Erziehung und dem bindungs- und bedürfnisorientierten Ansatz:

klassische Erziehung	bindungs- und bedürfnisorientierte Begleitung
Erziehungsebene/Trennung	Beziehungsebene/Verbindung
theoretische Grundlage: klassische Konditionierung mit Lob und Bestrafung (Behaviorismus)	theoretische Grundlage: Bindungstheorie, Emotionsforschung, Neurowissenschaft, Achtsamkeitsforschung
Blick auf das Verhalten	Blick auf die Bedürfnisse
Folgsamkeit, Gehorsam	Kooperation, Wahrung der Integrität
Gegeneinander	Miteinander
Machtverhältnis	Gleichwürdigkeit
basiert auf Anpassungsfähigkeit	basiert auf Entwicklungsschritten und (neuronalen) Reifungsprozessen
kurzfristige Verhaltensänderung (vgl. Posth 2016, S. 22)	langfristige Ziele (vgl. ebd.)
Motivation von außen (extrinsisch)	Motivation von innen (intrinsisch)
regel- und normkonform	Authentizität, Echtheit
an Bedingungen geknüpft (vgl. Kohn 2019)	die Bedürfniserfüllung ist bedingungslos
Bewertung	ohne Bewertung
Kind als Objekt	Kind als Subjekt

Abb. 6: Klassische Erziehung vs. bindungs- und bedürfnisorientierte Begleitung

Was es bedeutet, in Beziehung zu gehen und auch in herausfordernden Situationen in Verbindung zu bleiben, üben selbst erfahrene Pädagog:innen. Erwachsene haben jedoch immer die Wahl: Will ich Erziehungsmaßnahmen ergreifen und eine Trennung bewirken oder möchte ich in Verbindung gehen? So ist es möglich, ein hauendes Kind zu bestrafen oder sich ihm wohlwollend zuzuwenden, um seine Bedürfnisse hinter dem Verhalten zu verstehen. Im Zusammensein mit Kindern hat jede:r die Wahl, ob er erziehen oder in Beziehung gehen möchte, eine gewaltfreie Pädagogik ist eine Entscheidung.

1.5 Die Gehirn- und Entwicklungsreife von Kindern

Möchten pädagogische Fachkräfte Kinder achtsam begleiten, setzt dies vielerlei **Kenntnisse über die Entwicklung** eines Kindes voraus. Zu verstehen, warum ein Kind in einer bestimmten Situation zu einer Handlung greift oder diese gegebenenfalls verweigert, verhilft Fachkräften zu mehr Empathieund Verständnis und lässt sie handlungsfähiger werden. Es ist unbedingt notwendig, dass Fachkräfte ihr entwicklungspsychologisches Wissen regelmäßig auffrischen. Ähnlich wie beim verpflichtenden Erste-Hilfe-Kurs sind Kenntnisse über die Hirnfunktionen und die Entwicklung der Kinder für eine gewaltfreie Pädagogik unabdingbar. Jede:r Mediziner:in muss auf dem aktuellen Stand der Forschung sein, um den Beruf ausüben zu können. In der Pädagogik ist es nicht anders, nur dass es meist seltener auffällt und weniger konsequent mit einem mangelnden Fachwissen umgegangen wird.

Ein wichtiger Baustein, um Kinder in ihrem Verhalten wirklich verstehen zu können, liegt in der Gehirnentwicklung begründet. Auch wenn wir mit der bedürfnisorientierten Begleitung von Kindern ein gleichwürdiges Miteinander fordern, so sind Kinder im Hinblick auf ihre Gehirnentwicklung im Vergleich zu den Erwachsenen im Nachteil. Kinder werden in ihren Fähigkeiten in vielerlei Hinsicht unterschätzt (z. B. Höhe einschätzen, eigenständig essen); was jedoch die neuronale Regulationsleistung angeht, **werden sie oft überschätzt.** Es geht hier nicht darum, die neurowissenschaftlichen Feinheiten zu studieren, sondern vielmehr um die Auffrischung wichtiger Kenntnisse, die die pädagogischen Fachkräfte daran erinnern sollen, warum ein Kind auf ihr Verständnis, ihre Begleitung, eine klare Führung und ihr professionelles Handeln angewiesen ist. Ein Kind, das frustriert oder sehr wütend ist, ist ein Kind in Not. Aufgrund seiner neuronalen Voraussetzungen kann es sich noch nicht selbst beruhigen. Es ist auf die haltgebende Ko-Regulation durch die Fachkraft angewiesen. Das Stresssystem des Kindes benötigt Entspannung, Verständnis und Sicherheit.

1.5.1 Mangelnde Empathiefähigkeit: »Du weißt doch, das tut weh?!«

Wiederholt ein Kind eine unerwünschte Handlung immer und immer wieder, fällt es Erwachsenen ab einem gewissen Punkt schwer, zu glauben, das Kind mache das *nicht* mit Absicht. »Tom haut Kristof nun zum zehnten Mal, und immer wieder sage ich, er möchte woanders spielen. Gerade entfernt sich Kristof von ihm, doch läuft Tom ihm nach und haut wieder! Ich glaube, er möchte Kristof bewusst ärgern!«

In solchen Momenten fällt es den Erwachsenen schwer, sich in das Kind einzufühlen und zu verstehen, warum es etwas tut. Insbesondere in den ersten drei Lebensjahren denken und fühlen Kinder egozentrisch. Sie sehen sich als Nabel der Welt und nehmen an, dass das, was sie selbst sehen und fühlen, auch andere wahrnehmen. Kinder werden nicht mit Empathiefähigkeit geboren, diese baut sich erst langsam auf. Um Empathie fühlen zu können, muss ein Kind sich in eine andere Person hineinversetzen können. In der Psychologie wird dies als Mentalisierungsfähigkeit oder als **Theory of Mind** (Theorie des Denkens) bezeichnet (vgl. Fonagy et al. 2004; Haug-Schnabel 2020, S. 84). Kinder bilden mit der Zeit die Fähigkeit aus, Wünsche, Gedanken oder Gefühle des Gegenübers zu erkennen. Zur echten Empathie kommt es, wenn ein Kind ein Gefühl eines anderen nachempfinden kann, ohne sich in der gleichen Gefühlslage zu befinden. Es macht zudem einen entscheidenden Unterschied, ob die Fachkraft das kindliche Verhalten als Provokation deutet und sich herausfordern lässt, einen Machtkampf einzugehen, oder ob sie das kindliche Verhalten nach dem **Leitsatz des guten Grundes** für sich übersetzt und dem Kind begleitend zur Seite steht.

Zur Empathiefähigkeit von Kindern lässt sich der **Test-Klassiker »Sally und Anne«** anführen. In diesem Experiment sollen Kinder darüber nachdenken, ob Sally Murmeln finden wird, die Anne unter einem anderen Becher versteckt hat, als Sally nicht im Raum war. Die Kinder werden dann gefragt, wo Sally suchen wird. Die richtige Antwort ist, nicht da, wo die Murmeln tatsächlich sind, sondern da, wo die Murmeln waren, als Sally den Raum verließ. Nur wenn Kinder sich in andere hineinversetzen können (mentalisierungsfähig sind), haben sie die Möglichkeit, die Handlung von Sally vorherzusagen. Sie wissen, dass sie selbst über ein anderes Wissen verfügen als Sally. Durchschnittlich können Kinder diese Aufgabe erst ab einem Alter von vier bis fünf Jahren lösen. Das bedeutet, erst dann haben sie die Möglichkeit, die Absichten anderer Menschen nachzuvollziehen. Eine absichtliche Provokation oder ein absichtliches Ärgern wäre deshalb rein kognitiv betrachtet erst dann überhaupt möglich.

Die vierjährige Charlie sieht, wie Kristof ängstlich vor Tom zur Seite zuckt und geht schützend zu Kristof hinüber. Sie streichelt sanft seine Hand und sagt: »Hast du Angst? Ich pass auf, dass Tom woanders spielt, ok?« Es wäre hingegen zu viel erwartet, dass Tom Kristofs Angst und Schmerz, den er ihm durch das Hauen zufügt, verstehen soll. Tom nimmt durchaus wahr, dass Kristof zur Seite zuckt und zu weinen beginnt, er kann dies aber vermutlich noch nicht auf sich selbst zurückführen (vgl. Largo 2010; Haug-Schnabel 2020; Renz-Polster 2013). Haug-Schnabel (2020) merkt diesbezüglich an, dass es unprofessionell wäre, einem Kleinkind eine Boshaftigkeit zu unterstellen, und weist darauf hin, wie wichtig es sei, den Entwicklungs- und Kenntnisstand des Kindes zu berücksichtigen. Nur ein Grund, warum Fachkräfte von der automatisierten Entschuldigung Abstand nehmen sollten (vgl. Kapitel 7.5). Erwartet die Fachkraft, dass Tom sich bei Kristof für sein Hauen entschuldigt, wird er dies womöglich der Fachkraft zuliebe tun und auf Knopfdruck wiederholen. Der echte Lerneffekt im Sinne der Empathie bleibt vermutlich aber aus. Die Empathie lässt sich durchaus fördern, indem mit Tom über Kristofs Befinden und seine Gefühle gesprochen wird. Ebenso sollte geschaut werden, welches unerfüllte Bedürfnis Tom antreibt.

1.5.2 Impulskontrolle: »Jetzt mach nicht so ein Theater!«

Beginnt ein Kind aus dem Nichts wild zu schreien und um sich zu treten, wirkt das für außenstehende Menschen tatsächlich manchmal etwas filmreif – als wolle es möglichst viel Aufmerksamkeit erhaschen. Dem ist in der Regel aber nicht so, das Kind steckt tatsächlich in Not. Verantwortlich dafür ist die **Amygdala**, ein kleiner Teilbereich im emotionalen Gehirn. Dieses kleine mandelförmige Gehirnareal ist dafür zuständig, Situationen schnell als gefährlich oder ungefährlich einzuschätzen. Für ein Kleinkind kann eine Situation bereits als bedrohlich empfunden werden, wenn ihm ein Spielzeug entwendet wird oder es etwas tun soll, was es nicht möchte. Der Körper wird blitzschnell auf diese »Gefahr« vorbereitet: Das Herz schlägt heftiger und pumpt das Blut schneller durch den Körper, Muskeln werden angespannt und **Adrenalin** freigesetzt. Man kann sich das vorstellen, als würde jemand kräftig auf das **Gaspedal** treten und ungebremst allen Gefühlen freien Lauf lassen. Tatsächlich spricht man davon, dass die Amygdala das Denkhirn »kidnappt«. Als **Bremse** hilft dem Menschen der **Hippocampus**, der Gehirnteil am vorderen Stirnlappen, der sich erst nach und nach entwickelt. Dort werden die Erfahrungen wie in einer Bibliothek gespeichert und in gefährlich oder ungefährlich archiviert. Der Hippocampus trägt mit Unterstützung der Frontallappen zur Stressregulation bei. Glücklicherweise hat jeder Mensch beides, ein Gas- und ein Bremspedal (Amygdala und Hippocampus). So werden wir vor Gefahren geschützt und lernen mit der Zeit, uns wieder zu regulieren, **Stress abzubauen** und damit den **Cortisolwert** im Blut zu **senken**. Wichtig ist nur, dass der Stress nicht länger anhält, da dies für den Körper schädlich ist. Besteht hingegen lang anhaltender Stress, so wird durch die Aktivierung des Gaspedals (Amygdala) das Bremspedal abgenutzt und schrumpft (Hippocampus) (vgl. Helle & Fløgstad 2020, S. 76ff.).

BEISPIEL

Die dreijährige Ilse steht mit den anderen Kindern ihrer Gruppe in einer Schlange an der Gruppentür. Heute ist sie besonders glücklich, denn sie ist die Erste. Die pädagogische Fachkraft Pina hat darum gebeten, dass die Kinder kurz warten, sie müsse noch das Gruppenbuch holen, bevor es in die Turnhalle geht. Kaum hat Pina sich umgedreht, schubst die fünfjährige Begoña Ilse beiseite und drängelt sich vor. Ilse klappt wie ein Taschenmesser zusammen und beginnt fürchterlich zu weinen. Als Pina sie wenige Sekunden später sieht und fragt, was mit ihr passiert sei, kann Ilse vor lauter Weinen nicht auf sie reagieren. Sie schaut sie nicht an, reagiert nicht auf ihre Frage, beantwortet kein Trostangebot.

Solche Situationen können besonders bei jüngeren Kindern häufig beobachtet werden. Ohne wichtige Kenntnisse über die kindliche Entwicklung könnte Pina meinen, dass Ilse total übertreibt und nun dieses »Theater« veranstaltet, um ihren Willen durchzusetzen. Vielleicht verstärkt sich diese Sicht, wenn sie denkt: »Ilse ist das Nesthäkchen zu Hause und immer, wenn sie nicht bekommt, was sie will, macht sie ein Drama und bockt rum. Bestimmt klappt dieses Verhalten bei ihrem Vater jedes Mal. Aber hier funktioniert das nicht, hier weht ein anderer Wind, hier muss mal konsequent gehandelt werden.«

Pina hingegen schätzt die Situation ganz anders ein, sie kennt Ilse und weiß, dass ihr Verhalten einen Grund hat. Durch ihre eigene Einschätzung und Bewertung der Situation kann sie selbst Ruhe bewahren und sich in Ilse einfühlen (vgl. Kapitel 2.1.4).

In solch hitzigen Situationen wie bei dem Konflikt, den Ilse erlebt, entsteht Stress und es wird Cortisol ausgeschüttet. Aus der Wissenschaft ist bekannt, dass das **Bindungshormon Oxytocin** dabei hilft, das **Stresshormon Cortisol** zu hemmen und/oder wieder abzubauen (vgl. Helle & Fløgstad 2020, S. 78ff.). Die pädagogische Fachkraft Pina weiß das und ist daher ununterbrochen bestrebt, ihren Bezugskindern als feinfühlige Bindungsperson zur Seite zu stehen. Dadurch kann sie ihren Stresshaushalt bestmöglich ausbalancieren. So beobachtet sie die Situation, tröstet, bietet Körperkontakt an, strahlt Sicherheit aus und schaut, welche unerfüllten Bedürfnisse bei den Kindern zu diesem Konflikt geführt haben. Sie weiß auch, dass Ärger oder eine Bestrafung nicht dazu beitragen können, sich empathisch in das Gegenüber einzufühlen. Sie möchte den Kindern ein gutes Vorbild sein und schlüsselt die Situation achtsam auf.

Daniel Siegel begründet diese starken Gefühlsmomente, die Ilse erlebt, mit der Darstellung über das »gekidnappte« denkende Gehirn. Vereinfacht dargestellt ist das **denkende Gehirn** überwiegend für **Kognition, Sprache und Ordnung** zuständig, während das **emotionale Gehirn** für **Emotionen, nonverbale Kommunikation und Intuition** verantwortlich ist. Insbesondere in den ersten drei Lebensjahren werden Kinder überwiegend vom emotionalen Gehirn geleitet. Kinder leben im Moment und geben sich ihren Gefühlen grenzenlos hin, ohne dabei ihren Verstand und die Logik zu gebrauchen (vgl. Siegel & Bryson 2017, S. 31ff.) – etwas, was insbesondere Erwachsene in stressigen Situationen rasend machen kann. Viel daran ändern lässt sich jedoch nicht. Da hilft nur atmen, annehmen, die Gefühle nicht abwerten und da sein.

Wie es Kindern in Stressmomenten ergeht, lässt sich auch eindrücklich mithilfe des **vergleichenden Handmodells** von Siegel beschreiben. Ist die Hand zu einer Faust geschlossen und liegt der Daumen innen, sind die Fingerspitzen zu sehen. Das Gehirn ist geschützt und entspannt. In diesem Modus sind die Gehirnhälften integriert und das Kind kann in Ruhe denken, planen und sich selbst steuern. Es hat Zugriff auf sein denkendes Gehirn. Kommt es zu einem Alarmzustand, klappen die Finger nach oben. Der Verstand löst sich vom emotionalen Gehirn und legt die Amygdala, den Daumen, komplett frei. Der Verstand schaltet sich aus, die Amygdala übernimmt die Führung und das Kind kann sein Verhalten nicht mehr planen, steuern oder auf Sprache reagieren. Es gerät in einen Notzustand (vgl. Helle & Fløgstad 2020, S. 45f.).

Abb. 7: Handmodell nach Daniel Siegel

Pina weiß das und nimmt daher auch in der Entwicklung der Kinder Unterschiede wahr und geht mit Begoña nach dem Konflikt anders in Austausch, als sie es mit Ilse tut. Sie weiß, dass bei Eintreten der »Warum-Phase« bei Kindern ein wichtiger Entwicklungsschritt geschieht und die denkende Gehirnhälfte ihre Funktionen ausbaut. Sie weiß auch, dass insbesondere in Stresssituationen, wie sie Ilse erlebte, der denkende Gehirnbereich sich nahezu ausschaltet und der emotionale Bereich die Führung gänzlich übernimmt. Das kann auch bei älteren Kindern oder bei Erwachsenen vorkommen (z.B. schreien, Türen knallen, der Impuls, Strafen anzudrohen). Ilse scheint in ihren starken Gefühlen für einen Moment gefangen und ist, bis sie sich beruhigen kann, für Pinas Ansprachen kaum empfänglich. Pina schaut, dass sie sie mit ihrer Mimik und Gestik erreicht, denn dafür ist der Gehirnbereich für Emotionen zugänglich, nicht aber für Worte. Pina verbindet sich mit dem Mädchen, schenkt ihr Sicherheit, damit sie sich langsam beruhigen kann. Nun ist Ilse auch wieder für ihre Sprache zugänglich und hört, wie sie sagt: »Ilse, möchtest du mit mir gemeinsam vorne laufen und die Turnhallentür aufschließen?« Das Mädchen nickt und wischt sich ihre Tränen aus dem Gesicht. Ihr Bedürfnis, für das sich ihr Gehirn blitzschnell einsetzte, konnte beantwortet werden. Das Gehirn hat seinen Schutzauftrag erfüllt und kann sich nun erlauben, wieder in seinen Entspannungsmodus (Kohärenzzustand) zurückzukehren. Die Arbeit, für das Überleben des Kindes zu sorgen, ist getan.

EXKURS

Ein Einblick in das Gehirn und seine Funktionen:

Vereinfacht dargestellt besteht das Gehirn aus **drei Ebenen**:

Das **sensorische Gehirn, auch Reptiliengehirn** genannt, befindet sich ganz unten und ist wiederum in den Hirnstamm und das Kleinhirn geteilt. Dieser Teil »steuert die vitalen Funktionen des Körpers wie Herzschlag, Atmung und Gleichgewicht« (Helle & Fløgstad 2020, S. 43f.).

Die zweite Ebene ist das **emotionale Gehirn, auch als limbisches System** bekannt. Dieser Bereich entwickelte sich erst bei den Säugetieren. Limbisch bedeutet so viel wie Grenze (lateinisch), und beschreibt die Grenze zwischen dem Reptiliengehirn und der äußeren Schicht, der Hirnrinde.
Das emotionale Gehirn ist wiederum in verschiedene Ebenen unterteilt.

- Die ***untere limbische Ebene*** arbeitet unbewusst, sichert das Überleben, schützt vor Gefahren und löst Gefühle wie Aggression oder auch Angst aus. Diese Ebene ist als die Basis zu verstehen, sie widmet sich aber nicht den komplexen sozialen Fähigkeiten wie Empathie. Sie ist festgelegt, von Mensch zu Mensch verschieden und kennzeichnet das Temperament und den Charakter. Dieser Bereich ist bei der Geburt nahezu fertig ausgebildet und eine Veränderung kaum mehr möglich.
- Auf der ***mittleren limbischen Ebene*** werden emotionale Erfahrungen - vor allem in der frühen Kindheit - gespeichert. Beispielsweise werden Gewalt-

erfahrungen mit Gerüchen und Gefühlen verknüpft. Auch die Kenntnis, was ein Mensch tun muss, um sich geborgen und glücklich zu fühlen, ist hier angesiedelt (vgl. Strüber 2019, S. 25ff.).

- Die ***obere limbische Ebene*** ist im Unterschied zu den anderen beiden »für die bewusste und reflektierte emotionale Verarbeitung zuständig« (ebd., S. 28).

Passiert nun etwas Wichtiges mit dem Menschen selbst oder etwas in der Umwelt, so arbeiten die untere und mittlere limbische Ebene blitzschnell und setzen unbewusste Gefühle frei. Die obere limbische Ebene prüft diese und drückt mithilfe der ***Amygdala*** bei Gefahr den Alarmknopf. Die obere limbische Ebene hat die wichtige Aufgabe, das Geschehen zu prüfen und sich für Gefahr oder Entwarnung zu entscheiden. In der oberen limbischen Hirnstruktur wird zudem geprüft, ob »das eigene soziale Verhalten mit den Bedürfnissen und Gefühlen anderer vereinbar ist. Unangemessene Impulse werden gegebenenfalls gezügelt« (ebd., S. 29). Die vollständige Ausbildung dieser Prozesse dauert aber Jahre und der Bereich entwickelt sich bis in das Jugendalter hinein.

Im limbischen System ist auch der ***Hippocampus*** angesiedelt. Umgangssprachlich wird dieser auch als Bibliothek oder Bremspedal bezeichnet, da er Erfahrungen speichert und zur Stressregulation beiträgt. Die Amygdala ist im Gegenzug das Gaspedal und befindet sich auch im limbischen System (vgl. ebd., S. 78).

Die dritte Ebene, das **denkende Gehirn, auch Großhirnrinde, Neokortex oder präfrontaler Cortex** genannt, ist bei den Menschen im Gegensatz zu Tieren am besten entwickelt. Es ist unter anderem für die Sprache, Planung, Impulskontrolle und das Denken zuständig, kann Gedanken ordnen, Handlungen planen und sie strukturiert durchführen. Deshalb wird sie umgangssprachlich auch gerne »das denkende Gehirn« genannt (vgl. ebd., S. 44). Ein Manko dieser Ebene ist, dass sie bei großen Emotionen nicht aktiviert werden kann, weil sämtliche Energie auf die untere limbische Ebene verwandt wird, die sich um das Überleben kümmert.

Die zentrale Verantwortung der pädagogischen Fachkraft besteht darin, den Kindern zu helfen, ihre Fähigkeiten zur Emotionsregulation und Körperwahrnehmung zu entwickeln, damit sie diese allmählich als Teil ihres eigenen Repertoires annehmen. Das bedeutet, dass wir ihnen durch unser eigenes Verhalten demonstrieren und zeigen, wie sie mit ihren emotionalen Reaktionen umgehen können. Wir ermutigen sie, den Hippocampus als eine Art Bremse zu nutzen und ihn mit positiven Erinnerungen zu füllen. Selbst wenn wir annehmen, dass die Kinder bereits über eine ausgereifte Hirnentwicklung verfügen und mit Herausforderungen umgehen können, ist es unsere Aufgabe, ihnen weiterhin unterstützende Lernmomente zu bieten. Unabhängig von ihrem Alter und Verhalten verdienen sie unsere aufmerksame Begleitung, immer und immer wieder (vgl. Helle & Fløgstad 2020, S. 79f.).

Werden pädagogische Fachkräfte sich dieser Hirn- und Entwicklungsreife bewusst und verstehen, in welchen Momenten sie Kindern bei der Regulation ihrer Gefühle als sicherer Hafen zur Seite stehen müssen, verändert sich ihr Blick auf das Kind. Kinder möchten nicht tyrannisieren und brauchen keine strenge Erziehung, sie benötigen hingegen liebevolle Führung und verantwortungsvolle Erwachsene – feinfühlige Menschen mit eigenen Grenzen, die sie so, wie sie sind, wahrnehmen und zu ihrem bestmöglichen Verhalten befähigen. Und machen wir uns noch einmal bewusst, dass unser erwachsenes Gehirn ausgereift ist und wir selbst hin und wieder Probleme dabei haben, unsere Impulse zu kontrollieren. Da das kindliche Gehirn sich viele Jahre entwickelt, dürfen wir es Kindern nicht verübeln, wenn sie sich ihren tiefen Gefühlen und Impulsen oft noch ausgeliefert fühlen. Unsere Aufgabe besteht darin, sie in diesen Entwicklungsschritten gewaltfrei zu begleiten, auch dann, wenn es manchmal sehr anstrengend ist.

Klar ist in jedem Fall, dass hartes Durchgreifen, strafendes Handeln und Schimpfen nicht hilfreich sind, um die Impulskontrolle von Kindern zu fördern. Von ähnlich aggressiven Handlungen der Erwachsenen lernen Kinder nur, wie es nicht gut gelingt, die eigenen Impulse zu steuern. Wenn Erwachsene selbst kein gutes Vorbild sind und auf ein aggressives, frustriertes oder wütendes Kind ebenso wütend, frustriert oder ärgerlich reagieren, so lernen Kinder nachweislich schlechter, zu warten, sich selbst zu beruhigen und Enttäuschungen zu bewältigen (vgl. Rubin et al. 2003). In der Studie von Rubin et al. erhoben die Forscher nicht nur eindeutige Zeichen von Aggression wie am Arm zerren, sondern auch Feinzeichen der Erwachsenen wie Stirnrunzeln, die Zähne aufeinanderbeißen, finster schauen, verbale Kritik, Kindern etwas befehlen oder ihnen Spielzeug wegnehmen.

Vielleicht hilft es zu wissen, dass die Aggression und mangelnde Impulskontrolle im zweiten Lebensjahr stark ansteigen und im vierten Lebensjahr wieder abnehmen. Das hat mit der **Gehirnreife** der Kinder zu tun. Deshalb kann eine Fachkraft rein physiologisch betrachtet von Kindern zwischen zwei und vier Jahren nicht erwarten, dass sie ihre Impulse ausnahmslos steuern können. »Jetzt reiß dich mal zusammen!« hilft da wenig. Erst wenn Kinder im Grundschulalter noch ein stark erhöhtes Maß an körperlicher Aggression zeigen, sollten Pädagoginnen und Pädagogen beginnen, sich Sorgen zu machen (vgl. Tremblay 2002). Aber auch nach dem vierten Lebensjahr zeigen sich einige Kinder viel emotionaler und willensstärker als andere. Das ist völlig normal, denn jedes Kind ist hoch individuell und kommt mit einem eigenen Temperament, Charakter, einer eigenen Gefühlsstärke, unterschiedlichen Prägungen und Erfahrungen zur Welt. Beginnen Fachkräfte mit dem Vergleichen der Kinder untereinander, ist es wichtig, dies zu reflektieren und sich vielmehr die Frage zu stellen: Was braucht das Kind in seinen gelebten Gefühlen?

1.5.3 Das Ja-Gehirn: »Nein, nicht da hochgehen!«

Kinder reagieren auf Verneinungen und Negationen von Erwachsenen häufig nicht oder tun genau das Gegenteil von dem, was diese sich wünschen. Das hängt damit zusammen, dass das Gehirn immer genau dort seine Aufmerksamkeit hinlenkt und dort seine Energie verwendet, wo die entscheidenden Informationen gesendet werden. Man kann sich das vorstellen wie eine Taschenlampe im Kopf, die genau die synaptischen Verbindungen stärkt, auf denen der Hauptfokus liegt. Zwischeninformationen werden hingegen gelöscht. Sagt eine Fachkraft zum Kind: »Nicht auf den Tisch klettern!«, so verarbeitet das Gehirn: »Auf den Tisch klettern«. Möchte sie, dass Kinder »keine Nudeln auf den Boden werfen«, kommt bei den Kindern an: »Nudeln auf den Boden werfen«. Das Gehirn kann **positive Botschaften besser verarbeiten** als negative (vgl. Siegel & Bryson 2018). Aus diesem Grund wird aus entwicklungspsychologischer Sicht auch immer wieder empfohlen, für Kinder eine **Ja-Umgebung** zu schaffen und darauf zu achten, Neins auf ein Minimum zu beschränken. Das erspart allen Beteiligten viel Frust und Ärger.

2.

Die drei Grundpfeiler der Bedürfnisorientierten Pädagogik

Die Themen in diesem Kapitel sind

→ welche drei Grundpfeiler die BoP ausmachen

→ welche Gefühle es gibt und wie wir sie verstehen können

→ welche Bedürfnisse es gibt und wie wir sie erfüllen können

→ warum es wichtig ist, Grenzen wahrzunehmen und zu achten

Im Kindergartenalltag gibt es immer wieder Situationen, in denen Eltern und Kinder ein Verhalten zeigen, das Fachkräfte nur oberflächlich wahrnehmen und deshalb fehlinterpretieren: Ein Kind schlägt, schmeißt Bauklötze durch die Gegend, Eltern holen ihr Kind zu spät ab, sie rufen nicht zurück, kommen nicht zum Elternabend. Die Wahrnehmung solcher Momente liegt dabei ausschließlich auf dem Verhalten. Das ist nur zu gut verständlich, denn das Verhalten ist schließlich das, was man sehen kann. Um Kinder und Eltern jedoch in ihrem ganzen Sein anzunehmen, sollten Fachkräfte sie mit einem ganzheitlichen Blick wahrnehmen lernen. Bereits Sigmund Freud stellte fest, dass nur etwa 10 Prozent des Handelns und Denkens bewusst und sichtbar ablaufen. Alles andere bleibt im Unbewussten und ist damit nicht sichtbar. Pädagogische Fachkräfte haben die Möglichkeit, zwischen zwei Brillen der Wahrnehmung zu wählen: Entweder blicken sie nur auf das Verhalten des Gegenübers oder sie schauen etwas **tiefer** auf das, was das Verhalten beeinflusst, und stellen sich die Fragen: Wie kommt es zu der Handlung des Kindes oder der Eltern? Warum zeigt sich dieses Verhalten, was hat es zum Zweck? Fachkräfte dürfen eine neue Brille aufsetzen, mit der sie einen Blick **unter die »Wasseroberfläche«** wagen können, mit der sie nicht nur die Spitze des Eisbergs sehen: das Verhalten. Sie können in psychische Ebenen eintauchen, in denen sie **Gefühle, unerfüllte Bedürfnisse, Grenzen und unbewusste Erinnerungen** wahrnehmen können, die das Verhalten an der Oberfläche maßgeblich beeinflussen.

Diese »**Bedürfnisbrille**« können und sollten Fachkräfte in der Kinderbetreuung in mehreren Bereichen aufsetzen: in der Interaktion mit den Kindern, mit den Eltern, aber insbesondere – und das wird häufig vergessen – beim Blick auf sich selbst. Was fühle ich in diesem Moment? Warum spüre ich eine so außerordentliche Wut, wenn das Kind nicht das tut, was ich möchte? Was verbirgt sich dahinter? Was fühle ich? Was denke ich? Warum denke ich so? Und wie wirkt sich das alles auf mein Verhalten gegenüber den Eltern und Kindern aus?

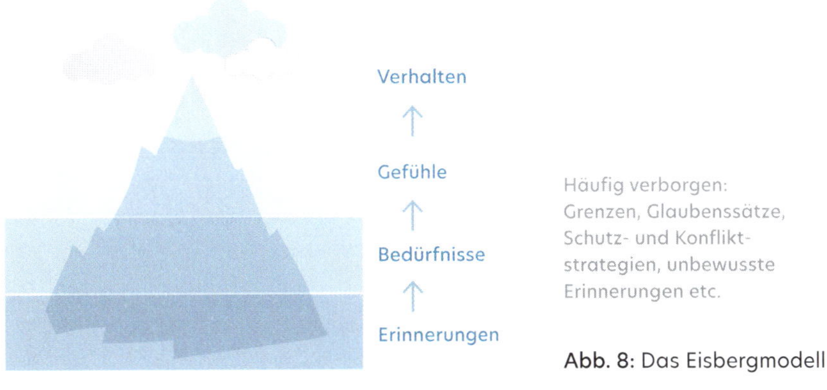

Abb. 8: Das Eisbergmodell

Viele Erwachsene haben den Kontakt zu sich und ihren innersten Impulsen verloren. Sie sind sich häufig selbst nicht bewusst, aus welchen Gefühlen, unerfüllten Bedürfnissen, inneren Glaubenssätzen und bereits überschrittenen Grenzen heraus sie handeln. Viele Erwachsene haben verlernt, achtsam mit sich zu sein, sich selbst mit **Empathie** zu begegnen und **hinter den Antrieb ihrer Handlungen zu blicken.** Deshalb kommt es auch in der Interaktion mit Kindern und Eltern immer wieder zu Beurteilungen von Situation ausschließlich auf Basis der Verhaltensebene. Die Gefühle, Bedürfnisse und Grenzen sind schließlich nicht auf den ersten Blick zu sehen. So liegt es nahe, dass Fachkräfte Veränderungen am Verhalten vornehmen wollen. Um in einen beziehungsstarken Austausch zu kommen, ist es jedoch notwendig, die Gefühle, Bedürfnisse, Grenzen und unbewussten Erinnerungen aller an der Kinderbetreuung Beteiligten, also der Kinder, Eltern und Fachkräfte, mit einzubeziehen.

2.1 Grundpfeiler: Gefühle

2.1.1 Gefühle verstehen

BEISPIEL

Die zweijährige Frauke kommt zu Gabi, ihrer Bezugsfachkraft, und erzählt ihr ganz aufgebracht davon, dass Laura sie geschubst hat. Gabi nimmt Frauke an die Hand und sagt: »Komm, da gehen wir mal hin.« Sie kommen zu Laura und Gabi sagt: »Frauke hat erzählt, dass du sie geschubst hast. Geschubst wird nicht, das weißt du doch!« Laura holt Luft und möchte sich verteidigen, auch sie wirkt angespannt und aufgebracht: »Aber ...« »Schubsen ist nicht schön, hör bitte auf damit!«, unterbricht sie Gabi und geht wieder weg. Sie meint, ihre Aufgabe als pädagogische Fachkraft ausreichend erfüllt zu haben. Die beiden Mädchen fühlen sich mit der Situation jedoch nicht besser als zuvor. Frauke geht zu Pina, einer anderen Fachkraft, weil es ihr noch immer schlecht geht. Warum, das weiß sie nicht genau. Sie erzählt ihr die Geschichte mit Laura und Pina greift ihre Gefühlslage in Mimik, Tonlage und Körpersprache auf: Sie wendet sich ihr zu, hockt sich vor sie hin, schaut sie an, zieht ihre Mundwinkel etwas nach unten und sagt: »Och, das ist ja wirklich ärgerlich, du scheinst richtig wütend auf Laura zu sein. Oder?« Frauke ist erleichtert, ihre Anspannung löst sich, sie fällt Pina in die Arme und weint ein kleines bisschen. Sie sagt: »Ja, genau, ich ärgere mich schrecklich doll über sie.« Pina nimmt sie in den Arm und tröstet sie: »Das ist wirklich ärgerlich, wenn man geschubst wird. Ich mag das auch nicht. Wo spürst du denn deine Wut im Körper? Im Bauch? In der Brust?« Pina geht mit Frauke in ein Gespräch über ihre Gefühle und wo sie sich im Körper zeigen. Frauke ist nun viel fröhlicher, sie verliert ihre Anspannung. Pina geht mit Frauke und Laura ins Gespräch und ergründet, warum sie sich so sehr übereinander geärgert haben (vgl. Kapitel 7.3).

Fachkraft Gabi bleibt mit der Klärung der Situation auf der oberflächlichen Verhaltensebene. Laura hat geschubst und Gabi hat ihr gesagt, dass sie das nicht machen soll. Fachkraft Pina betrachtet Fraukes Situation hingegen unter der Wasseroberfläche und greift ihre Gefühlslage auf. Sie nimmt Frauke mit ihren Gefühlen wahr und hilft ihr, sie zu verstehen. Sie hat ihr einen Namen dafür gegeben, was sie empfindet, was das ungute Gefühl im Bauch auslöst. Pina hat Frauke mit ihrem Gefühl angenommen, sie durfte sich mit ihrem Ärger und ihrer Wut zeigen. Genauso wird Laura in ihren Gefühlen gesehen und begleitet. Auf diese Weise können Kinder nach und nach lernen, welche Gefühle sie in sich tragen, welche Situationen welche Gefühle auslösen und wie sie damit umgehen können. Sie werden nicht verdrängt oder als bedrohlich empfunden, sondern als normal und sinnvoll.

Gefühle versus Emotionen

Was sind eigentlich Gefühle und Emotionen? Jeder weiß so ungefähr, was damit gemeint ist, und doch fällt es schwer, sie genau zu definieren und auseinanderzuhalten. Jeder Mensch empfindet Gefühle unterschiedlich, nimmt sie in ihrer Qualität und Intensität subjektiv verschieden wahr. Gefühle werden begleitet von physiologischen Veränderungen, gedanklichen Prozessen, Mimik und bestimmten Handlungsimpulsen. Unter Emotionen hingegen verstehen wir angestaute und ungelöste Gefühle. »Emotionen sind Gefühle, die nicht gefühlt und daher auch nicht als Kräfte eingesetzt wurden« (Dittmar 2017, S. 17). Häufig werden die Begriffe Emotionen und Gefühle ohne inhaltliche Unterscheidung gebraucht. Emotionen setzen starke Impulse frei und sind deshalb schwerer zu kontrollieren. Weil manche Gefühle wie beispielsweise Wut sich in ihrer Intensität von anderen unterscheiden, sind sie eher als Emotionen zu verstehen. Deshalb spricht man manchmal auch davon, dass wir Emotionen haben, während wir Gefühle fühlen (vgl. Mahr 2018, S. 299). Emotionen brechen aus einer unbewussten Empfindung hervor, angetrieben von einer früheren Erfahrung, geknüpft an ein früheres negatives Erlebnis (implizite Erinnerung) (vgl. Siegel & Bryson 2017, S. 93ff.). Gefühle können also als die bewusste Komponente von Emotionen verstanden werden.

Gefühle als Reaktionen des Körpers

Gefühle sind Empfindungen, die der Mensch wahrnimmt. Jede Erfahrung, die ein Mensch sammelt, wird mit einem Gefühl verknüpft und dadurch als positiv oder negativ eingestuft. Die Situation wird entweder vom Verstand oder vom Unbewussten eingeschätzt. Der Verstand benötigt dafür zwischen 900 Millisekunden bis zu mehreren Tagen. Der Verstand kategorisiert in richtig oder falsch, wobei die Erziehung und gesellschaftliche Normen eine wichtige Rolle spielen. Der Verstand ist dann in der Lage, die verarbeitete Information sprachlich zu kommunizieren. Anders sieht es hingegen aus, wenn das Unbewusste bewertet und über die Handlung entscheidet. Das Unbewusste benötigt circa 200 Millisekunden und kommuniziert über die »**somatischen Marker**« (nach dem Hirnforscher Damásio). Somatische Marker sind durch Gefühle und/oder Empfindungen im Körper (Kribbeln im Bauch, Ziehen in der Brust, vgl. Körperreaktionen in Kapitel 2.1.5) wahrnehmbar. Je nachdem, welches Gefühl mit der Erfahrung in unserem **Unbewussten** verknüpft wurde, nehmen wir die Situation entweder mit Vorsicht wahr – erhalten beispielsweise ein Gefühl von Enge in der Brust – oder fühlen uns in Sicherheit und verspüren Leichtigkeit. Somatische Marker verfolgen die wichtige Aufgabe, Situationen im Hinblick auf das eigene Wohlergehen zu bewerten. Sind Gabis Hände schwitzig, weiß sie, sie ist aufgeregt. Beginnt Pina eine innere Wärme und einen schnelleren Herzschlag zu spüren, während Pauls Vater nach Kita-Schließung noch lange in der Garderobe den Socken sucht, kündigt dies ihre Ungeduld an. Während es einigen Menschen leicht fällt, Gefühle wahrzunehmen und zu übersetzen, gibt es andere, die damit deutliche Probleme haben. Sie werden als gefühlsblind (alexithym) bezeichnet (vgl. Weber 2017, S. 20f.; Weber 2018): »Alexithymen Menschen fällt es schwer, Gefühle zu identifizieren und/oder diese mit Worten zu beschreiben. Sie erleben die Gefühle meist undifferenziert. Beispielsweise können sie Schwierigkeiten haben, zu unterscheiden, ob sie müde, traurig, wütend oder hungrig sind. Daher neigen gefühlsblinde Menschen oftmals dazu, Details eines Ereignisses anstelle von Gefühlen zu beschreiben« (Weber 2018, S. 173).

Gefühle sind allgegenwärtig, jeder Mensch hat sie, auch wenn sie bei manchen Menschen im Unbewussten verharren. Sie beeinflussen das Denken, Handeln, die Ziele und das soziale Miteinander von Menschen, so auch bei Kindern. Im Zusammenhang mit einem Gefühl wird eine Reaktionskette aktiviert. Das Gefühl hat einen Auslöser, es folgt eine Körperreaktion, es macht auf ein oder mehrere Bedürfnisse aufmerksam, verfolgt also ein bestimmtes Ziel und ist von einem

Handlungsimpuls gefolgt. All diese Reaktionen geschehen blitzschnell und meist unbewusst.

Lisa ärgert sich (**Gefühl**) beispielsweise darüber, dass Paul ihr ein Spielzeug weggenommen hat (**Auslöser**). Ihr Bauch spannt sich an, sie fängt an zu schwitzen und ballt ihre Fäuste (**Körperreaktion**). Paul ist über ihre Grenze gegangen (Bedürfnis nach Abgrenzung). Ihr Gefühl signalisiert ihr, dass ein Bedürfnis unerfüllt ist. Deshalb hatte sie ihn angeschrien und gehauen (Handlungsimpuls), um ihre Wut auszudrücken (**Ziel**). Die große Herausforderung besteht darin, die eigenen Gefühle und Gedanken zu erkennen und zu kontrollieren, um das Verhalten den Anforderungen der Umgebung entsprechend anzupassen. Dieses große Lerngebiet nennt man Selbstregulation (vgl. Duckworth 2011). Auf jedes dieser Elemente wird im Folgenden vertiefend eingegangen.

Welche Gefühle gibt es?

Bis heute diskutieren Forscher darüber, welche Gefühle zu den Grundgefühlen eines Menschen gehören. Hauptsächlich werden jedoch die folgenden Gefühle als Grundgefühle benannt: **Ärger/Wut, Traurigkeit, Angst, Freude/Neugierde, Ekel und Scham.**

Ein Bezug zur Natur

EXKURS

Die Grundgefühle lassen sich mit den tiefen Urkräften vergleichen. Sie haben eine evolutionsbiologische Aufgabe und das Wohlbefinden eines jeden Menschen im Blick (vgl. Weber 2017, S. 28). Gefühle geben dem Menschen die Kraft, Handlungen durchzuführen, um sich selbst zu schützen.

Die **Wut** erinnert an die Urkraft eines Feuers oder Gewitters und gibt dem Menschen Kraft, zu handeln und etwas zu verändern. Werden die eigenen Grenzen überschritten, gibt sie eine wichtige Energie, eigene Bedürfnisse zu verteidigen (vgl. Dittmar 2017, S. 34f.).

Die **Traurigkeit** ähnelt dem Element des Wassers und hat eine reinigende Wirkung. Sie zeigt sich meist dann, wenn die Realität von dem eigenen Verlangen oder Bedürfnis abweicht. Ähnlich wie die Wut ist die Trauer grundsätzlich neutral und es geht darum, mit der Kraft der Trauer umgehen zu lernen (vgl. ebd., S. 39ff.).

Die **Angst** wird häufig als Gefühlskraft abgelehnt. Sie ist mit dem Element der Erde vergleichbar und wird vom Menschen schnell als mächtig und unüberwindbar beschrieben. Durch die Kraft der Angst werden dem Menschen seine Grenzen bewusst, aber mit dieser Kraft können auch Hindernisse überwunden und Herausforderungen angegangen werden (vgl. ebd., S. 45ff.).

Die **Freude** als Kraft erinnert an das Element der Luft und schenkt dem Menschen Leichtigkeit. Durch das Gefühl der Freude wird sichtbar, dass die Bedürfnisse befriedigt sind und der Mensch das Leben genießt. Freude ist eine Form der Wertschätzung.

Die **Scham** ordnet Dittmar dem Äther zu, eine nicht messbare Luft (vgl. ebd., S. 63). Auch wenn die Existenz dieses Stoffes widerlegt wurde, so ist der Vergleich treffend, denn empfindet der Mensch Scham, möchte er sich sprichwörtlich in Luft auflösen. Während die Wut, Trauer, Angst und Freude sich überwiegend ins Außen richten, geht die Scham eher nach innen. Scham lässt den Menschen über die eigenen Handlungen und Reaktionen nachdenken, sie regt den Menschen zur Reflexion an (vgl. ebd., S. 63ff.).

Jedes dieser Gefühle kann dem Menschen helfen, das eigene Wohlbefinden zu stärken, und kann gleichzeitig auch hinderlich wirken.

2.1.2 Gefühle haben immer einen Grund

Gefühle haben immer eine Ursache, einen guten Grund und eine wichtige Funktion. Gefühle sichern das körperliche, seelische und soziale Überleben (vgl. Fritsch 2012, S. 17). Sie sorgen für eine Entlastung und senden ein wichtiges Signal, wenn Bedürfnisse unerfüllt sind. Sie machen deutlich: Bitte **sieh hin**, kümmere dich um mich, sorge dafür, dass meine Bedürfnisse erfüllt werden, damit ich gesund und lebensfähig bleibe. Es handelt sich also um einen evolutionsbedingten Mechanismus.

Auslöser versus Ursache

Es ist wichtig zwischen den Auslösern und den Ursachen von Gefühlen zu unterscheiden. Auslöser können äußere Ereignisse sein sowie Impulse aus dem Umfeld. Ursache für einen starken Gefühlszustand sind jedoch (unerfüllte) Bedürfnisse (vgl. ebd.). Das bedeutet: Kinder sind nur Auslöser von Gefühlen der Erwachsenen, nicht jedoch die Ursache! Wenn Fachkräfte wütend werden, weil ein Kind sich nicht an eine Regel hält, liegt der Auslöser möglicherweise im Kind, aber die Ursache liegt im Gefühls- und Bedürfnishaushalt der Fachkraft selbst. Sie hat beispielsweise das Bedürfnis nach Respekt, Orientierung, Ruhe, Entspannung (vgl. Kapitel 2.2).

2.1.3 Es gibt keine guten und schlechten Gefühle

Alle Gefühle machen gleichermaßen darauf aufmerksam, was bereits da ist oder was noch gebraucht wird, um gesund zu sein. Auch Wut oder Freude ist weder gut noch schlecht.

Alle Gefühle dürfen also sein, sie müssen gesehen und wertgeschätzt werden. Sie dienen der Orientierung und dem Schutz. Als solche beschützenden und animierenden Triebe dürfen sie auch gesehen werden. Angenehme Gefühle machen darauf aufmerksam, dass wichtige Bedürfnisse erfüllt sind, und unangenehme Gefühle zeigen uns, dass wichtige Bedürfnisse nicht erfüllt sind.

Eine differenzierte Sprache für viele Gefühlszustände

Um sich selbst und den Kindern eine möglichst differenzierte Sprache für die eigenen und die Gefühle der Kinder an die Hand zu geben, ist es sinnvoll, im Betreuungsalltag eine möglichst abwechslungsreiche Gefühlssprache anzuwenden. Eigentlich lassen sich alle Gefühlszustände den oben beschriebenen Grundgefühlen zuordnen, allerdings sind feinere Abstimmungen unterstützend für eine sensible Wahrnehmung der eigenen Empfindungen. Für das Einüben einer abwechslungsreichen Gefühlssprache kann zu Beginn eine Gefühlsliste helfen. Sie liegt immer zum Nachschauen bereit oder hängt vielleicht im Gruppenraum der Einrichtung. Mithilfe dieser Liste kann nun immer wieder der Frage nachgegangen werden, welches Gefühl habe ich gerade und welches das Kind? Was empfindet jetzt gerade diese Mutter und was mein Kollege? Viele Erwachsene haben nicht gelernt, ihre Gefühle zu spüren und mit ihnen umzugehen. Deshalb ist es auch für Erwachsene eine wirkliche Bereicherung, sich ihren Gefühlen zuzuwenden. Für eine erste Reflexion können Fachkräfte also ganz bewusst durch den Tag gehen und den Fokus zunächst auf eines oder mehrere Grundgefühle wie Freude, Interesse, Trauer, Wut, Ärger, Angst, Ekel, Schuld oder Scham legen. Nach und nach können dann die anderen ausdifferenzierteren Gefühlszustände mit einbezogen werden, um die Aufmerksamkeit nach innen zu lenken und Achtsamkeit zu üben.

Kindheit erleben Podcast (Folge 4):
Ich respektiere dich mit all deinen Gefühlen

Gefühle, wenn Bedürfnisse erfüllt sind		Gefühle, wenn Bedürfnisse nicht erfüllt sind	
angeregt	kraftvoll	ängstlich	kalt
aufgedreht	klar	ärgerlich	leblos
ausgeglichen	lebendig	alarmiert	miserabel
befreit	leicht	angeekelt	müde
begeistert	liebevoll	angespannt	mutlos
belebt	motiviert	voller Angst	nervös
berührt	munter	apathisch	niedergeschlagen
beruhigt	mutig	ausgelaugt	perplex
bewegt	neugierig	bedrückt	traurig
energiegeladen	optimistisch	beklommen	sauer
engagiert	ruhig	besorgt	schlapp
enthusiastisch	satt	bestürzt	schockiert
entschlossen	selbstsicher	betroffen	sorgenvoll
entspannt	selbstzufrieden	bitter	streitlustig
entzückt	sicher	deprimiert	teilnahmslos
erfreut	sich freuen	dumpf	todtraurig
erfüllt	still	durcheinander	tot
erleichtert	überglücklich	einsam	überwältigt
fasziniert	unbekümmert	elend	voller Sorgen
friedlich	unbeschwert	empört	unglücklich
fröhlich	vergnügt	enttäuscht	unter Druck
gelassen	verliebt	erschöpft	unbehaglich
gerührt	wach	erschüttert	ungeduldig
glücklich	weit	frustriert	unruhig
gut gelaunt	zärtlich	gelähmt	unwohl
heiter	zufrieden	gelangweilt	unzufrieden
hoffnungsvoll	zuversichtlich	genervt	verärgert
inspiriert		getrieben	verzweifelt
		hasserfüllt	wütend
		hilflos	zitternd
		in Panik	zögerlich
		irritiert	zornig

Abb. 9: Gefühle, wenn Bedürfnisse erfüllt oder unerfüllt sind (vgl. Rosenberg 2016, S. 54–56)

REFLEXION

Übung 1: Beobachten Sie einen Tag lang ein bestimmtes Kind und fragen Sie sich, welches Gefühl hat es in welchem Moment? Nutzen Sie gerne die Gefühlsliste als Unterstützung und führen Sie Tagebuch darüber.

Übung 2: Beobachten Sie sich ganz genau im Alltag. Wann haben Sie welches Gefühl? Schreiben Sie sich diese Gefühle auf. Nutzen Sie gerne die Gefühlstabelle als Unterstützung.

2.1.4 Der Einfluss der Bewertung von Gefühlen

Das menschliche Gehirn ist, wie bereits erläutert, zum Schutz so programmiert, dass es eine Situation in Windeseile erkennt, verarbeitet und kategorisiert. Je nachdem, ob sie als gut oder schlecht, als gefährlich oder ungefährlich eingestuft wird, werden im Körper Reaktionen ausgelöst. Entweder bleibt der Mensch entspannt oder er schüttet ein Stresshormon (Cortisol) aus und wird in Alarmzustand versetzt. Ist das Stresssystem erst einmal aktiviert, fällt es allen Menschen schwer, den Verstand zu nutzen. Kinder haben es an dieser Stelle aufgrund ihrer Gehirnreife noch deutlich schwerer, die Impulse zu kontrollieren (siehe Kapitel 1.5). Ist das Stresssystem aktiviert, verfällt der Mensch in den typischen Kampf-Flucht-Erstarrungs-Modus. Erwachsene Menschen können sich aber davor schützen und üben, sich bei einem aufkommenden Gefühl diesem nicht ausgeliefert zu fühlen. Die eigene Bewertung einer Situation lässt erst den Ärger oder die Wut so richtig hochkochen – oder eben auch nicht. Achtsamkeit, also die Fähigkeit, ein Gefühl zu erkennen, ohne sich davon wegspülen zu lassen, eine Situation zu beobachten, ohne sie vorschnell zu bewerten, ist für diesen Schutz von zentraler Bedeutung.

Der Neurowissenschaftler Daniel Siegel erklärt, dass Gefühle im Durchschnitt alle 90 Sekunden kommen und wieder gehen. Das bedeutet, sie sind nicht von Dauer und nehmen einen nicht in Gänze ein, solange man ihnen keine übermäßige Bedeutung zuspricht oder sie in negativer Weise bewertet. »Wir müssen unseren Kindern helfen zu verstehen, dass die Wolken ihrer Emotionen vorbeigehen können (und werden)« (Siegel & Bryson 2017, S. 138).

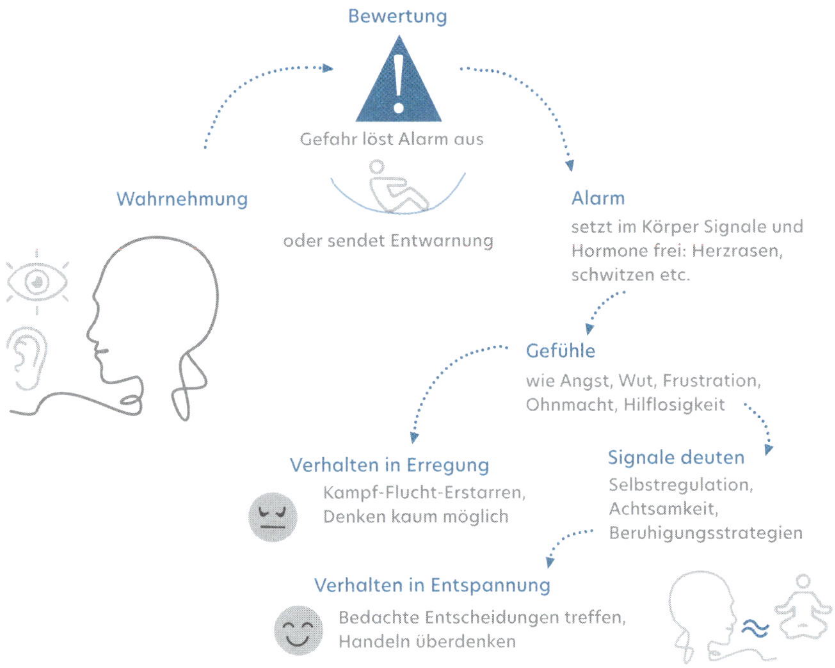

Abb. 10: Bewertung erzeugt Verhalten

BEISPIEL

Vor dem Mittagessen ist Gabi mit der Kindergruppe im Waschraum. Es ist eng und laut. Sie freut sich auf ihren Feierabend, denn ihr Akku ist leer von der Woche. Sie bittet die Kinder, sich in eine Reihe zu stellen, und ruft ein Kind nach dem anderen auf. Clara ist sehr ungeduldig, und als sie auch beim fünften Namen nicht genannt wird, boxt sie Elias mit dem Ellenbogen in die Rippe. Elias beginnt zu weinen. Gabi sieht diesen kleinen Ausschnitt und sagt mit lauter Stimme, dass Clara nun als letztes drankommt. Sie solle lernen zu warten. »Wer boxt, wird nicht belohnt!«, denkt sie. Clara sackt innerlich zusammen und sagt keinen Mucks mehr. Gabi spürt, wie sie sich über diese »grundlose Aggression« von Clara ärgert und möchte, dass sie damit nicht durchkommt. Gabis Wunsch nach Ruhe wird durch diesen Moment gestört. Sie bewertet das Verhalten von Clara als boshaft und berechnend, was ihren Ärger noch verstärkt und sie, ohne darüber nachzudenken, dazu veranlasst, ihrem Kollegen Tim bei der Gruppenübergabe die Situation mitzuteilen und ihn aufzufordern, mit ihr darüber zu sprechen. Das wird ein Nachspiel haben, denkt sie.

Tim ist ebenso am Ende der Woche sehr erschöpft. In der Ausruhzeit sucht er das Gespräch mit Clara. Er wählt einen ruhigen Moment, während sie gemeinsam puzzeln. Clara erzählt Tim, dass sie heute nie dran gekommen ist. Immer, wenn sie etwas machen wollte, sollte sie warten. Im Morgenkreis hat Gabi sie nicht drangenommen, obwohl sie sich leise meldete, in der Bauecke war kein Platz für sie und später wartete sie ewig an der Schaukel und dann sollte sie schon reinkommen zum Mittagessen. Im Waschraum, so sagt Clara, brach dann so eine große Wut aus ihr heraus und plötzlich war da Elias. Sie wollte ihm nicht wehtun, nur hat Gabi immer wieder gesagt, Clara ist später dran. Tim drückt sein Verständnis aus: »Das ist wirklich frustrierend, wenn man so oft warten soll!« Und er überlegt gemeinsam mit Clara, was sie das nächste Mal machen könnte, wenn sie so ein großes Gefühl überkommt. Dann puzzeln sie in Ruhe weiter.

Ein neuer Blick auf die gleiche Situation im Waschraum: Die pädagogische Fachkraft fühlt sich nun in Clara ein und sieht ihre Last. Sie weiß, dass Clara nicht aus böser Absicht handelt, sondern vermutlich eine ähnliche Erschöpfung in sich trägt wie sie selbst. Höchstwahrscheinlich würde Gabi ganz anders reagieren, wenn sie das Verhalten von Clara nicht als Angriff bewertet, sondern ihre Not bemerkt. Sobald Gabi erkennt, dass ihr Verhalten durch ihre Einschätzung und Bewertung der Situation maßgeblich beeinflusst wird, kann sie eine große Veränderung bewirken. Erkennt sie nun noch ihr eigenes unerfülltes Bedürfnis nach Ruhe und Entspannung, verfliegt der Ärger in kurzer Zeit. Sie könnte dann zu sich sagen: »Ich bin so erschöpft und sehne mich nach Ruhe, daher überfordert mich der Konflikt gerade.« Diese Erkenntnis lässt sie ruhiger werden und schützt sie vor einer Überreaktion. Sie ist dadurch mit sich und ihrem Verstand in Verbindung und schaut sich nach einer Lösung um. Denn für ihre Gefühle und die Erfüllung ihrer Bedürfnisse ist sie allein verantwortlich, nicht Clara oder ein anderes Kind.

Die drei Bewältigungsstile

Ist es dem Menschen hingegen nicht möglich, sich selbst zu beruhigen, oder wird eine Situation als Gefahr eingeschätzt, so entwickelt er eine Strategie, um mit dieser Gefahr umzugehen. Ähnlich wie bei einem Unfall: Es bleibt keine Zeit abzuwägen, schnelles Handeln ist überlebenswichtig. Das menschliche Gehirn kann im ersten Moment nicht differenzieren, ob es ums Überleben geht oder »nur« ein Glas zu kippen droht. Das entsprechende neuronale Zentrum wird sicherheitshalber aktiviert. Es handelt sich um den bekannten **Kampf-Flucht-Erstarren-Modus**, der noch aus der Steinzeit im menschlichen Stammhirn abgespeichert ist. Mit einer dieser drei Bewältigungsstile schützt der Mensch sich vor einer Verletzung. Entscheidet das Gehirn sich für den **Kampf**, so verdeckt er die empfundenen Gefühle und die unerfüllten Bedürfnisse. Es wird gekämpft und angegriffen, um der Demütigung zu entgehen. Hierbei wird dem Menschen die Möglichkeit genommen, aus einer Situation etwas für sich selbst zu lernen, da die eigene Verantwortung nicht wahrgenommen, sondern abgegeben wird. Menschen, die schnell auf Abwehr gehen, sind in der Regel empfindsam und haben einen »weichen Kern« (Roediger 2009, S. 42; vgl. Young & Klosko 2010, S. 62).

Bei der **Flucht** versucht der Mensch, bestimmten Situationen zu entgehen, um die mit ihnen verknüpften Gefühle nicht fühlen zu müssen. Dadurch verpasst er viele wichtige Lern- und Erfahrungschancen. Setz der Bewältigungsstil der **Erstarrung** ein, so wird die Situation erduldet und ertragen. Meist geht diese Erstarrung auf die Erfahrung zurück, dass Veränderung aussichtslos ist. Der Mensch kann zwischen den einzelnen Stilen je nach Situation hin- und herwechseln. Grundsätzlich werden durch das Kämpfen, Fliehen oder Erdulden die Grundbedürfnisse befriedigt, leider aber viel zu einseitig. Einige finden so ein Übermaß an Befriedigung, während andere schlichtweg auf der Strecke bleiben (vgl. ebd.).

BEISPIEL

Carla ist gerade drei Jahre alt geworden und möchte unbedingt bei den größeren Mädchen mitspielen. Zusätzlich kämpft sie um die Freundschaft von Lucia. Lucia ist bereits vier und sehr beliebt. Immer wieder gesellt sich Carla zu Lucia und beobachtet ihr Spiel. Lucia lässt Carla nur mitspielen, wenn sie im Rollenspiel das Baby spielt. Sie soll dann immer auf allen Vieren krabbeln und wird gefüttert. Carla fühlt sich nicht wohl in dieser Rolle, sagt aber nichts. Sie stellt ihr Bedürfnis nach Autonomie und Partizipation deutlich zurück, um sich ihr Bedürfnis nach Zugehörigkeit und Bindung zu erfüllen. Sie erduldet diese Situation. Im Zusammenspiel mit ihrem jüngeren Geschwister kämpft sie hingegen sehr deutlich für ihre Rolle, haut ab und zu auch oder nimmt etwas weg und spielt nur die Dinge, die sie auch wirklich mag.

2.1.5 Wie drücken sich Gefühle im Körper aus?

Mit Gefühlen gehen immer Körperreaktionen einher. Das Gehirn sendet die Gefühlsregung blitzschnell an den Körper und dieser reagiert darauf mit einem Impuls. Wir nehmen diese blitzschnellen Regungen in den seltensten Fällen wahr, sie passieren einfach so. Bevor die Gefühle ins Bewusstsein gelangen, sind sie meist schon körperlich spürbar. Die achtsame Wahrnehmung dieser Reaktionen kann eine gute Hilfestellung sein, um die eigene Gefühlslage zu verstehen, Lösungen zu finden und die Gefühle zufriedenstellend zu regulieren. Bei Wut steigt beispielsweise Hitze in uns auf, wir spüren eine Anspannung im Körper. Bei Trauer spüren wir »einen Kloß im Hals«, sprechen leiser, wirken müde und beginnen zu weinen. Angst sorgt dafür, dass wir einen trockenen Mund bekommen, unser Herz stark zu klopfen beginnt, sich »unsere Kehle zuschnürt« und wir leiser sprechen.

Gefühl	Körperreaktion
Wut / Ärger	Hitze, Röte im Gesicht oder Erbleichen, zusammengezogene Augenbrauen, harte Augenregion, Anspannung im Kiefer, Zähne zusammenbeißen, Zähne fletschen, vertiefte Atmung, schnelleres Atmen, laute Stimme, innere Hitze (das Blut »kocht«), Anspannung in Körper und Muskulatur, Kraftschub, geballte Fäuste
Traurigkeit	Tränen, weinen, schluchzen, Kloß im Hals, tiefes Atmen, seufzen, leise, belegte, tonlose Stimme, verlangsamter Sprachfluss, Herzschmerz, Schweregefühl im Herzen, Druck auf der Brust, Müdigkeit, Mattigkeit, Erschöpfung, Kraftlosigkeit, Schwäche, Schwere, schlaffe, zusammengesunkene Körperhaltung (Kopf, Schultern hängen), gebeugter Gang, langsame Bewegungen
Angst	Kloß im Hals, zugeschnürte Kehle, Mundtrockenheit, leise, belegte oder bebende Stimme, stammeln, schnelles, hastiges Sprechen, starkes Herzklopfen, erhöhter Puls, Beklemmung, Enge in der Brust, kalter Körperschweiß (Stirn, Achseln, Hände), Druck, Krämpfe, flaues Gefühl im Magen, Harndrang, Durchfall, Erbrechen, zittern, zusammenzucken, Anspannung, Erstarrung, Lähmung, Kraftlosigkeit, Schwäche, weiche Knie

Gefühl	Körperreaktion
Neugierde / Freude	Wärme in Gesicht und Körper, Lachen, lächeln, begeisterte Stimme, Augenfunkeln, wache, offene Augen, lebhafte Mimik und Gestik, »gespitzte« Ohren, gerötetes Gesicht, aufrechte, gespannte oder nach vorne gerichtete Körperhaltung, erhöhter Muskeltonus, Kraft, Schwung, Energie, Leichtigkeit, inneres Vibrieren
Scham	Vermeiden von Blickkontakt, niedergeschlagene Augen, flacher, stockender Atem, erröten, Magendruck, Schweregefühl im Körper, Lähmung, Bewegungslosigkeit, Zusammensinken des Körpers, sich klein machen, lachen, grinsen
Ekel	Naserümpfen, nach unten gezogene Mundwinkel, herausgestreckte Zunge, sich schütteln, Kopf wegwenden, sich abwenden, Speichelfluss, Übelkeit, Würgereiz, Brechreiz, Hitze, Schweißausbrüche, körperliche Erstarrung, Regungslosigkeit, Hände mit Innenflächen nach außen hochreißen, Muskelanspannung, Verkrampfungen (insbesondere im Bauch), weiche Knie
Schuld	Vermeiden von Blickkontakt, niedergeschlagene Augen, erröten, schwitzen, körperliche Schwere, hängende Schultern, gesenkter Kopf, Magendruck, Erstickungsempfinden, Schlaflosigkeit, Unruhe

Abb. 11: Gefühle und Körperreaktionen (in Anlehnung an Fritsch 2012)

Es ist hilfreich, wenn **körperliche Zeichen** der Kinder beobachtet werden, um ihren **Gefühlszustand** besser **einschätzen** zu können. Wenn Kinder beispielsweise über Bauchschmerzen klagen oder häufig einen angespannten Muskeltonus zeigen, können diese Körperreaktionen mit den entsprechenden Gefühlen in Zusammenhang stehen. Manche Kinder zeigen ihre Gefühle nicht so deutlich und drücken ihre innere Gefühlslage eher in funktioneller Form aus – also über ihren Körper. Wenn Menschen sich ihrer Gefühle nicht bewusst sind, reagiert nur der Körper, weil die Verbindung zum rational denkenden Gehirnteil blockiert ist. Flo muss beispielsweise oft auf Toilette. So könnte dieser auffällige Harndrang mit der Emotion Angst in Verbindung stehen, derer sich Flo aber nicht bewusst ist. Bereitet Flo in der Kita etwas Angst? Lisa hat oft Bauchschmerzen. Das kann darin begründet sein, dass Lisa zu viel gegessen hat, unter einer Lebensmittelunverträglichkeit leidet oder einen Magen-Darm-Infekt in sich trägt. Es kann allerdings auch sein, dass mit den immer wieder auftretenden körperlichen Symptomen eine tief sitzende Angst und ein innerer Stress verbunden sind. In jedem Fall sollten Fachkräfte genauer hinschauen, sich den Kindern zuwenden, über ihre möglichen Gefühle ins Gespräch kommen und (gemeinsam mit den Eltern) der Ursache auf den Grund gehen. Bei immer wieder auftretenden starken Schmerzen sollte jedoch ein Arzt konsultiert werden.

Auch ein Verweis auf die **Achtsamkeitslehre** ist an dieser Stelle nennenswert. Diese beschäftigt sich damit wahrzunehmen, welche Gefühle in welchen Momenten im Menschen aufkommen und wo sie im Körper spürbar sind. Den Gefühlen wird in der Achtsamkeitslehre Raum geschenkt, da zu sein und sein zu dürfen, ohne bewertet zu werden.

2.1.6 Welche Bedürfnisse stehen hinter den Gefühlen?

Hinter jedem Gefühl stehen verschiedene Bedürfnisse, die danach rufen, erfüllt zu werden. Angst sorgt beispielsweise dafür, dass wir Sicherheit und Schutz erfahren. Wut zeigt, dass Grenzen verletzt worden sind und wir uns behaupten wollen. Traurigkeit ruft das Bedürfnis nach Verständnis, Empathie und Mitgefühl hervor. Scham ruft nach Schutz und Selbstreflexion, und Ekel sorgt dafür, dass wir auf Distanz gehen.

Wie in Abbildung 12 (S. 60) erkennbar, stehen bestimmte Grundgefühle mit entsprechenden Bedürfnissen in Verbindung. Diese Bedürfnisse und ihnen vorauseilende Gefühle werden wiederum durch bestimmte Handlungsmuster von Kindern deutlich. Wenn ein Kind um sich tritt, schubst und schreit, steht häufig das Gefühl Ärger/Wut im Vordergrund. Dieses Gefühl des Ärgers macht beispielsweise auf unerfüllte Bedürfnisse der Wertschätzung, Selbstbehauptung, Autonomie und Selbstwerterhaltung aufmerksam. Das folgende Schaubild kann im pädagogischen Alltag genutzt werden, um Verhaltensweisen von Kindern oder auch Erwachsenen besser einordnen zu können.

2.1.7 Wenn Gefühle nicht sein dürfen

Jeder Mensch empfindet kulturunabhängig die gleichen Gefühle, trägt sie jedoch mehr oder minder stark in seiner Mimik und Gestik nach außen. Manche Menschen wirken beim ersten Anblick regelrecht eiskalt. Wenn Gefühle aus diversen

Der Blick hinter das Verhalten

Das Kind zeigt auf der Verhaltensebene eine Handlung, mit der es eine Strategie verfolgt, um sich ein Bedürfnis zu erfüllen. Wir sehen die Handlung, ggf. eine Körperreaktion und können ein Gefühl erkennen/vermuten. Unsere Aufgabe ist es, das unerfüllte Bedürfnis zu verstehen, um dem Kind eine andere Strategie aufzuzeigen!

Handlungen	Mögliche Gefühle	Mögliche Körperreaktionen	Unerfüllte Bedürfnisse
Kind • kneift, • haut, • weint, • schubst, • beißt, • kratzt, • wirft sich hin, • zerstört Bauwerke, • wirft einen Gegenstand, • spuckt …	**Ärger/Wut** angespannt, frustriert, empört, hilflos, irritiert, sorgenvoll, unglücklich, ohnmächtig, überfordert, verärgert, zornig …	Hitze, schnelle Atmung, Anspannung im Körper, Ausrufe, Weinen, den Körper zurückwerfen, etwas werfen …	**körperliche Bedürfnisse** nach Schlaf, Ruhe, Erholung, Abstand/Distanz, Gesundheit, Bewegung, Schutz, Körperkontakt/Nähe …
	Traurigkeit bedrückt, beklommen, besorgt, bestürzt, einsam, durcheinander …	Weinen, jammern, schluchzen, Rückzug, tiefes atmen, Wortlosigkeit, gebeugte Körperhaltung …	**seelische Bedürfnisse** Bindung: Beziehung, Sicherheit, Geborgenheit, Vertrauen, Trost, Gemeinschaft, Freundschaft … Autonomie: Erfahrung, Individualität, Entwicklung, Spiel, Spaß, Erkunden, Mitbestimmung, Selbstbehauptung … Selbstwert: Akzeptanz, Respekt, Anerkennung, Wertschätzung, Sinn, Empathie, Verständnis, Resonanz …
	Angst alarmiert, apathisch, still, elend, dumpf, panisch, leblos, nervös, schockiert, unwohl, zögerlich …	erschrockener Gesichtsausdruck, schnelles Herzklopfen, belegte Stimme, Anspannung, Erstarrung, schnelles Sprechen, zusammenzucken, zittern …	
	Scham angespannt, durcheinander, gelähmt, überfordert, perplex, unwohl, unzufrieden, verzweifelt, zögerlich …	Blickkontakt wird vermieden, Errötung des Gesichts, Bewegungslosigkeit, Körperschwere, Lachen oder Grinsen …	
	Neugierde/Freude erregt, aufgedreht, begeistert, engagiert, fröhlich, kraftvoll, wach, interessiert, glücklich …	wache Augen, lebhafter Gesichtsausdruck, gespannte Körperhaltung und eine erhöhte Muskelanspannung, Lachen …	

Abb. 12: Bedürfnisse hinter den Gefühlen (aus: Hohmann 2022, S. 101)

Gründen nicht sein dürfen, führt das dazu, dass sie verdrängt, verleugnet und im (unbewussten) Gedächtnis abgespeichert werden. Sie stauen sich auf, platzen irgendwann unkontrolliert heraus und werden zerstörerisch oder bleiben unauffindbar. In der Emotionsforschung heißt es, dass die Emotion dann nicht mehr als Signal fungiert und damit für die Lösung des Problems nicht mehr genutzt werden kann. Das Gefühl ist abgespalten, nicht mehr fühlbar und wirkt dysfunktional (vgl. Lammers 2011, S. 80). Es ist also sinnvoll, die Gefühle als Signal rechtzeitig zu erkennen und ihre Ursache zu lindern. Sonst dient die Wut nicht mehr als Signal für ein unerfülltes Bedürfnis, sondern mündet in (Auto-)Aggression und richtet echten Schade an.

Psychische Erkrankungen nehmen in Deutschland immer weiter zu. Das Robert Koch-Institut spricht in seiner Gesundheitsberichterstattung des Bundes von 37 Prozent der Frauen und 25 Prozent der Männer, die innerhalb eines Jahres in Deutschland eine psychische Störung aufwiesen. Fast alle dieser psychischen Störungen haben laut offizieller ICD-10-Diagnose emotionale Störungen zur Folge (vgl. ebd., S. 6ff.). Depressionen gehen beispielsweise mit Interessen- und Freudverlust sowie Schuldgefühlen einher, Schizophrenie mit verflachten oder inadäquaten Affekten und Panikstörungen mit intensiver Angst.

Wir müssen also davon ausgehen, dass viele Erwachsene nicht mit ihren Gefühlen umgehen können. Die Frage ist, wie kommt es dazu?

Viele Kinder erfahren leider schon sehr früh, dass sie negative Konsequenzen fürchten müssen, wenn sie wütend, ärgerlich, frustriert sind. Gut gelaunte Kinder, die ihre Gefühle regulieren können und nicht durch »Dramen« auffallen, sind hingegen gern gesehen. Kinder lernen daher, sich anzupassen, sofern sie können. Wird die Last zu groß, fallen sie verstärkt auf. Nicht aber, weil sie es so möchten, sondern weil sie nicht anders können.

Gefühlshemmende Sätze reflektieren: »Ist doch nicht so schlimm!«

»Jetzt hör doch auf zu weinen«, »Du brauchst nicht traurig sein!«, »Das ist doch kein Grund, wütend zu werden!«, »Steh auf, das hat doch nicht weh getan«, »Deswegen machst du so ein Theater?«, »Schau, das andere Kind weint auch nicht«. Sätze, einer gefühlsabsprechenden Sprache (vgl. Wedewardt 2022, S. 67ff.), die Erwachsenen über die Lippen kommen – häufig ohne darüber nachzudenken –, da sie einst ihre Kindheit prägten. Dabei wissen sie, dass der alte Leitsatz »Es hat mir doch auch nicht geschadet« nicht der Wahrheit entspricht. Aus der Psychologie ist bekannt, dass traumatische oder stark konfliktreiche Erfahrungen verdrängt, verleugnet oder abgespalten werden (vgl. Gumz & Hörz-Sagstetter 2018, S. 122). Solcherlei Erfahrungen können die Ursache für einen der oben aufgeführten Sätze sein. Um den selbst erlebten Schmerz nicht fühlen zu müssen, werden die unangenehmen Gefühle verdrängt, als nicht erlebt wahrgenommen oder gar aus der eigenen Erinnerung gestrichen. Das bedeutet, es fühlt sich für den Menschen wirklich so an, als hätte es nicht geschadet, weil die relevanten Momente zum Schutz aus dem bewussten Gedächtnis gestrichen und nur unbewusst zugänglich sind.

Tauchen diese Gedanken von »Das hat mir nicht geschadet!« auf, dürfen sie genau betrachtet werden, ohne sie direkt auszusprechen. Oft handelt es sich um alte Erinnerungen oder Sätze der eigenen Bezugspersonen, die nicht unbedingt die eigenen Meinungen und Werte widerspiegeln. Einen Moment innezuhalten und sich selbst zu fragen, was dieser Satz nun bewirken könnte, ermöglicht es, sich mit dem Kind in diesem Moment zu verbinden. Es sollte im Fokus stehen, was das Kind aktuell benötigt und fühlt, statt die eigenen Gefühle und Erfahrungen mit der Situation zu vermischen (vgl. Aldort 2005).

Und sollten diese Sätze doch auf Kinderohren treffen, welche Botschaft kommt beim Kind an? »So wie du bist und fühlst, bist du nicht okay!« Die Umwelt bevorzugt gut gestimmte und angepasste Kinder. Wenn aber Gefühle nicht sein dürfen, kann das für Menschen und die psychische Gesundheit sehr nachteilig sein: Die Ursachen für psychische Krankheiten liegt häufig in der Vermeidung oder Bekämpfung von Emotionen begründet (vgl. Lammers 2011, S. 7). Auch deshalb schreibt Marshall Rosenberg, der Begründer der Gewaltfreien Kommunikation: »Unterdrückte Gefühle kommen teuer zu stehen« (Rosenberg 2016, S. 48). Daher ist es so unglaublich wichtig, dass Gefühle in der Kinderbetreuung einen viel größeren Raum einnehmen, als das bisher meistens der Fall ist. Die pädagogische Arbeit legt den Schwerpunkt immer noch viel zu häufig auf die Verhaltensebene und vergisst, sich der emotionalen Ebene zuzuwenden.

2.1.8 Der Umgang mit Gefühlen

Mit den eigenen und den Gefühlen anderer umzugehen, ist eine wichtige Kompetenz für Kinder, die Auswirkungen auf ihr gesamtes Leben hat. Diese emotionale Kompetenz zeichnet sich dadurch aus, dass Kinder sich ihrer eigenen Gefühle bewusst sind, Gefühle mimisch und sprachlich zum Ausdruck bringen, selbstständig regulieren und die Gefühle bei anderen erkennen können. Emotionale Kompetenz bei Kindern kann als Gesundheitsförderung und sogar Prophylaxe für aggressives Verhalten verstanden werden, da emotionale und soziale Kompetenz eng miteinander verbunden sind (vgl. Petermann & Wiedebusch 2016, S. 14ff.).

Kinder bilden eine **emotionale Kompetenz** aus, wenn

- sie die eigenen **Gefühle wahrnehmen** und **einordnen** können,
- sie ihre **Gefühle zum Ausdruck bringen** können,
- sie eigenständig gelernt haben, diese zu **regulieren,**
- es ihnen gelingt, die **Gefühle von anderen Menschen wahrzunehmen und zu verstehen** (Empathie) (vgl. Weltzien et al. 2016, S. 14),
- sie ihr **Bedürfnis hinter den Gefühlen identifizieren** und eine passende **sozial angemessene Lösung** dafür finden können.

Genau diese **Gefühlskompetenzen** lassen sich mit Kindern hervorragend einüben. Sie lernen am besten, mit ihren Gefühlen umzugehen, sie nicht als Bedrohung wahrzunehmen und zu integrieren, wenn die Erwachsenen sie feinfühlig darin unterstützen,

1. sich mit ihren Gefühlen anzunehmen und nicht zu verurteilen,
2. ihre Gefühle und körperlichen Reaktionen wahrzunehmen,
3. die Auslöser und Ursachen zu verstehen,
4. das Bedürfnis dahinter zu erkennen,
5. das Bedürfnis sozial angemessen zu befriedigen.

Erinnern wir uns nun an Frauke und ihre Wut auf Laura, die sie geschubst hatte. Die Fachkraft Pina nimmt Frauke in ihrem Sein mit all ihren Gefühlen an, sie unterstützt sie darin, ihr Gefühl wahrzunehmen: »Du scheinst richtig wütend auf Laura zu sein. Oder?« Sie unterstützt Frauke darin, sich mit ihrem Körper zu verbinden und die eigenen körperlichen Reaktionen zum Gefühl wahrzunehmen, indem sie sie fragt, wo genau sie ihre Wut im Körper fühlt. Sie bespricht die Bedürfnisse der Kinder und kann sie darin unterstützen, eine Lösung für sich zu finden.

DEFINITION

Emotionsregulation

Mit der Emotionsregulation lernen Kinder ab dem Säuglingsalter, die eigenen Gefühle und die daraus entstehenden Erregungen zu identifizieren, zu verstehen, zu regulieren und letztendlich zu steuern. Das Kind ist auf »beruhigende Handlungen« (Weltzien et al. 2016, S. 15) der Bezugsperson angewiesen, die die Gefühle und Erregungen ernst nimmt, statt sie abzustreiten. So ko-reguliert der Erwachsene, bis das Kind die Kompetenz der Selbstregulation verinnerlicht hat. Dieser Prozess nimmt einige Jahre in Anspruch. Emotionsregulation bedeutet, die Emotionen so kontrollieren zu lernen, dass sie sozial angemessen und sinnvoll für die eigenen Handlungsmotive zum Ausdruck kommen.

Gefühle sind da, ob sie benannt werden oder nicht. Werden aufkommende – insbesondere herausfordernde Gefühle – willkommen geheißen und umarmt, können sie auch integriert werden (vgl. Siegel & Bryson 2017, S. 20ff.). Kinder spüren mit ihren feinen Antennen, können über die Mimik wahrnehmen, wann welche Gefühle beim anderen aktiv sind. Auch wenn das Gefühl nicht so stark nach außen transportiert wird, ist es doch weiterhin aktiv. Die Benennung eines »lebendigen« Gefühls schafft deshalb Erleichterung und Entspannung. Ein unausgesprochenes Gefühl lebt verdeckt im Inneren und erzeugt Druck, ein ausgesprochenes Gefühl dient hingegen als Ventil, um Druck abzulassen. Kinder können also am besten lernen, mit ihren Gefühlen umzugehen, wenn sie für ihren Zustand eine **Sprache** haben, wenn sie ihn in **Worte** fassen können. Wie bei einer Stimmgabel können die Erwachsenen mit den Kindern in Resonanz gehen, ihre Schwingung nicht nur sprachlich, sondern auch in ihrer Intensität in ihren Körper aufnehmen und wertfrei spiegeln. Es beginnt ein Gefühlspingpong, das unter Umständen eine große Herausforderung für Erwachsene darstellen kann.

Um Kinder bestmöglich in ihrer **Gefühlsregulation** unterstützen zu können, sollten Fachkräfte dazu in der Lage sein, Gefühle auszuhalten und sie nicht wegwischen zu wollen. Mitzuschwingen, sich einzufühlen, aber sich nicht vom emotionalen Zustand des Kindes überschwemmen zu lassen, ist eine enorme Herausforderung und die große Kunst des pädagogischen Berufs. In emotional angespannten Situationen haben Erwachsene häufig den Drang, die Gefühle der Kinder abzulenken. Dadurch erhalten Kinder Botschaften, die ihr Leben prägen können: »Wut und Ärger dürfen nicht sein!« »Das, was du fühlst, ist falsch!« »So wie du bist, bist du nicht richtig!« (vgl. Hohmann 2021, S. 16ff.). Fachkräfte sollten sich deshalb bemühen, Kinder mit all ihren Gefühlen anzunehmen. Das ist nicht immer leicht, denn in emotionalen Situationen sind die Erwachsenen immer auch mit ihren eigenen Gefühlen konfrontiert, ihren eigenen Kindheitserfahrungen, Wünschen, Erwartungen, die in Erscheinung treten, gesehen und verarbeitet werden wollen (vgl. Kapitel 4.5). Wenn es zum Beispiel um den Abschiedsschmerz der Kinder am Morgen geht, kann es sein, dass Fachkräfte mit ihrer eigenen Trauer konfrontiert sind, die sie womöglich selbst nicht verarbeitet haben (vgl. Wedewardt 2023, S. 93ff.). Es kann sein, dass ihre eigene Betreuungsbiografie relevant wird: wie sie selbst in der Kita abgegeben wurden, wie sie verabschiedet wurden, welchen Schmerz sie dabei erlebt haben und wie sie Trost erhalten haben. In den Abschiedssituationen können negative Erlebnisse und damit verknüpfte schmerzhafte Gefühle unbewusst zu Tage treten. Weil Fachkräfte diesen Schmerz jedoch nicht spüren wollen, verdrängen sie die Gefühle schnell, verschieben sie und lenken das Kind stellvertretend von seinen Gefühlen ab.

Welchen Vorteil es hat, Gefühle zu zeigen

Es ist so wichtig, die eigenen Gefühle zu leben und die Kinder ihre leben zu lassen. Auf diese Weise können Fachkräfte und Kinder lernen, wie ein **empathisches Miteinander** gelingen kann. Der Ausdruck von Gefühlen ermöglicht es, den anderen in seinen Gefühlen zu verstehen und sich in ihn einfühlen zu können. Gefühle haben also einen beziehungsfördernden Charakter und erleichtern das soziale Miteinander. Ein emotional authentisches Feedback von Fachkräften und Kindern gibt Sicherheit und Orientierung.

Die Fähigkeit, sich mit seinen eigenen Gefühlen zu zeigen, erhöht die Wahrscheinlichkeit, Unterstützung bei der Erfüllung der eigenen Bedürfnisse zu erhalten. In der Bindungstheorie würde man von einer sicheren Bindung sprechen, bei denen Kinder ihre Bedürfnisse über ihren Gefühlsausdruck authentisch zeigen können und damit ihr Umfeld dazu auffordern, sie bei der Erfüllung ihrer Bedürfnisse zu unterstützen (vgl. Kapitel 1.3.3). Der klare Ausdruck von Bindungszeichen macht es dem Umfeld leichter, eine adäquate Antwort darauf zu finden. Das gilt auch für pädagogische Fachkräfte. Wenn sie deutlich zeigen können, wie es ihnen geht, gibt es eine erhöhte Wahrscheinlichkeit, dass sie Unterstützung erhalten, als wenn sie so tun, als sei alles in Ordnung.

WISSEN

Auswirkungen emotionaler Kompetenz

Diverse Studien zeigen viele positive Effekte in Zusammenhang mit einer hohen emotionalen Kompetenz von Kindern. Emotionale Kompetenz steht demnach in Verbindung mit:

- sprachlicher Fähigkeit,
- einem höheren Schulerfolg,
- besserer Verhaltenskontrolle,
- einem besseren Gedächtnis,
- weniger sozialen Schwierigkeiten,
- mehr positivem Sozialverhalten,
- mehr Akzeptanz und Wertschätzung durch Gleichaltrige,
- häufigeren Sozialkontakten,
- einem freundlicheren Umgang unter Gleichaltrigen sowie
- prosozialem Verhalten der Kinder

(vgl. Petermann & Wiedebusch 2016, S. 22ff.).

Insgesamt lässt sich zusammenfassen, dass alle Gefühle aller Beteiligten der Kinderbetreuung – der Kinder, Fachkräfte und Eltern – einen Platz haben sollten. Neben den Gefühlen wie Neugierde und Freude haben auch die Gefühle Wut, Ärger, Scham und Neid eine Daseinsberechtigung. Die Gefühle aller dürfen sein, werden nicht herabgesetzt oder bewertet. Gefühle gehören zum Menschen, deshalb dürfen sie mit all ihren Facetten angenommen und wertgeschätzt werden. Das wütende Kind darf wütend sein, das vor Freude kreischende Kind darf freudig sein, die traurige Fachkraft darf traurig sein, die verzweifelten Eltern dürfen verzweifelt sein.

Jeder darf seine Gefühle ausdrücken, wird gesehen und erhält darin Wertschätzung.

Der Kita-Podcast (Folge 54):
Emotionsregulation mit Kathrin Mikan

2.2 Grundpfeiler: Bedürfnisse

2.2.1 Bedürfnisse wahrnehmen und spiegeln

Der Mensch strebt jeden Tag aufs Neue danach, sich seine Bedürfnisse zu erfüllen, um physisch und psychisch gesund zu bleiben. Seine Gefühle machen ihn darauf aufmerksam, welche Bedürfnisse bereits erfüllt sind und welche nicht (vgl. Kapitel 2.1.1). Gefühle haben also keinen Sinn an sich, sie dienen lediglich als **Signal, um auf unbefriedigte Bedürfnisse aufmerksam zu machen**. Bleiben manche Bedürfnisse (vgl. Kapitel 1.3) dauerhaft unerfüllt, wird der Mensch unglücklich, unzufrieden, krank, verliert den Mut zu leben und stirbt im schlimmsten Fall. Als Beispiel kann hier das Waisenhausexperiment angeführt werden, das König Friedrich II. von Hohenstaufen im Mittelalter durchführte. Ammen durften Kinder nach Vorschrift des Königs in einem Waisenhaus lediglich mit Wasser und Nahrung versorgen, sie sauber halten, sich ihnen aber nicht emotional zuwenden. Diese Kinder starben zum Teil, weil ihr fundamentales psychisches Bedürfnis nach Beziehung, emotionaler Sicherheit und Kontakt nicht ausreichend gestillt wurde. Kinder sind darauf angewiesen, dass die Erwachsenen ihre Gefühle und insbesondere ihre dahinter liegenden Bedürfnisse (auch die psychischen) wahrnehmen und sie bei der Befriedigung ihrer Bedürfnisse unterstützen. Je kleiner Kinder sind, umso schwieriger fällt es ihnen, sich ihre Bedürfnisse selbst zu erfüllen. Werden die Kinder älter, können sie immer mehr lernen, selbst für die Erfüllung ihrer Bedürfnisse zu sorgen. Maria Montessori hat diesbezüglich bereits um die Jahrhundertwende den bis heute zu Recht sehr verbreiteten Satz formuliert: »Hilf mir, es selbst zu tun!«

Ob Fachkräfte diese Bedürfnisse feinfühlig wahrnehmen können oder nicht, wirkt sich unmittelbar auf die Beziehungsqualität zwischen Fachkraft und Kind aus. Schafft die Fachkraft es, die Bedürfnisse der Kinder feinfühlig zu beantworten, entsteht eine sichere Beziehung, die auf Vertrauen beruht, in der sich das Kind geborgen fühlt, weil es weiß, hier bekomme ich, was ich brauche (vgl. Kapitel 1.3.3).

Bedürfnisse spiegeln

Kinder lernen, ihre Bedürfnisse wahrzunehmen, wenn Fachkräfte die Bedürfnisse der Kinder oder auch der Eltern responsiv wahrnehmen, ihnen spiegeln und ihnen behilflich sind, sie sich sozial angemessen zu erfüllen.

Immer wieder kommt es vor, dass Erwachsene im Trubel des Kita-Alltags Bedürfnisse der Kinder nicht sofort erkennen können. Das macht aber nichts. Dann hilft es beispielsweise, die Gefühls- und Bedürfnistabelle als Unterstützung zur Hand zu nehmen (siehe S. 60). Die Fachkraft kann mit dem Kind auf eine »Expedition Bedürfnis« gehen und das Bedürfnis gemeinsam mit dem Kind ergründen. Dabei hilft die sogenannte **Empathieschleife** – auch das **Ja-Mantra** genannt –, bei der Fachkräfte den Kindern so lange Beispiele für ihre Bedürfnisse geben, bis sie »satt« an Empathie sind und wissen, was eigentlich los war. Diese Einfühlung erfüllt dem Kind in emotionalen Situationen bereits das Bedürfnis nach Empathie.

WISSEN

Ja-Mantra

Es werden immer wieder wie in einer Schleife Gefühle und Bedürfnisse formuliert, die das Kind (oder die Eltern) haben könnte. Das Kind (oder die Eltern) reagiert dabei mit einem **Ja**, einer Zustimmung, oder mit einem Nein, einer Ablehnung, und fortwährender Anspannung. Bei einem **Ja** ist klar, das Bedürfnis wurde erkannt und gesehen. Je mehr Empathie die Fachkraft dem Kind gibt, umso mehr **Jas** erwidert es und entspannt sich somit nach und nach.

Beispiel Jacob: Jacob kommt völlig aufgelöst zu Fachkraft Cora gerannt.
Cora: Was ist passiert? Hast du dich mit Flo gestritten?
Jacob: **Ja!**
Cora: Worüber habt ihr euch gestritten? Wegen der Rutsche?
Jacob: Nein!
Cora: Wegen des Stocks?
Jacob: **Ja!**
Cora: Hat Flo ihn dir weggenommen?
Jacob: **Ja!**
Cora: Und jetzt ärgerst du dich sehr über Flo?
Jacob: **Ja!**
Cora: Du willst den Stock wieder haben, oder?
Jacob: **Ja!**
Cora: Ach, das war dein Stock, verstehe. Das ist ja wirklich blöd.
Jacob: **Ja!**
Cora: Brauchst du meinen Trost? Soll ich dich mal in die Arme nehmen?
Jacob: **Ja!**
Cora (nachdem Jacob sich sichtlich beruhigt hat): Was machen wir denn jetzt?
Jacob: Wir können ja einen neuen Stock suchen.

Jacob hat sich nach dem Ja-Mantra sichtlich beruhigt und aufgehört zu weinen. Er ist satt an Empathie und Einfühlung. Jetzt ist er bereit, mit Coras Hilfe eigene Lösungen zu finden. Durch das Verbalisieren von Cora kann Jacob seine Situation besser verstehen, die davor unklar und konfus war. Er fühlt sich verstanden und kann seine Bedürfnisse besser nachvollziehen. Was genau seine Bedürfnisse waren, kann nach wie vor nur erahnt werden. Wollte er Trost? Wollte er Kontakt? Brauchte er Beziehung? Emotionale Sicherheit? Einfühlung? Wertschätzung? Den Erhalt seiner Würde, seines Selbstwertes? Fakt ist: Durch die Benennung verschiedener Ursachen, Auslöser, Gefühle und Bedürfnisse kann Jacob sich beruhigen und seine Gefühle regulieren.

Manchmal braucht es mehrere Schleifen der Empathie, damit das Gegenüber sich verstanden und angenommen fühlt. Die Einfühlungsschleife hat deshalb ihren Namen, weil sich die Einfühlung immer in einer Schleife bewegt zwischen dem **Gefühlsausbruch des Kindes** (der Eltern) und der **Verbalisierung seiner Gefühle und Bedürfnisse** durch die Fachkraft. Die Einfühlung führt dann zu einer zwischenzeitlichen Beruhigung, bevor die Wut des Kindes unter Umständen nochmal aufflammt. Dann braucht es eine neue Empathieschleife. Ein Beispiel hierfür wäre: Nora ist sehr wütend, weil Fachkraft Charlotte ihr eine persönliche Grenze gesetzt hat. Gibt die Fachkraft ihr nun Einfühlung, benennt also ihre Gefühle und Bedürfnisse beispielsweise wie beim Ja-Mantra, beruhigt Nora sich für einen Moment. Wird das »Nein« durch die Fachkraft jedoch wiederholt und bekräftigt, kann die Wut von Nora erneut aufflammen. Dann beginnt die Schleife von vorne: »Du wolltest jetzt diesen Ball haben, oder? Und du bist so wütend darüber, dass ich ihn dir nicht gebe, richtig? Mein Entschluss steht, Nora! Dass du darüber sehr wütend bist, kann ich nachvollziehen. Du darfst auch wütend sein!« (oder so ähnlich). Manchmal dauert es, bis das Kind seinen Frust überwunden hat und sich ausreichend verstanden fühlt. Man könnte sagen, **Bedürfnisse schreien so lange, bis sie gesehen wurden,** dann erst kommen sie zur Ruhe. Bei dem Gefühl Wut wird das so wunderbar deutlich: Das Kind schreit im wahrsten Sinne des Wortes, bis sein Bedürfnis nach Angenommensein, Wertschätzung, Beziehung und insbesondere Einfühlung erfüllt ist. Anders als viele meinen, ist in dem Beispiel das Bedürfnis nicht, den Ball unbedingt zu bekommen, das wäre ein Wunsch. Vielmehr geht es darum, mit all dem gesehen und angenommen zu werden, was ist, auch mit der Wut.

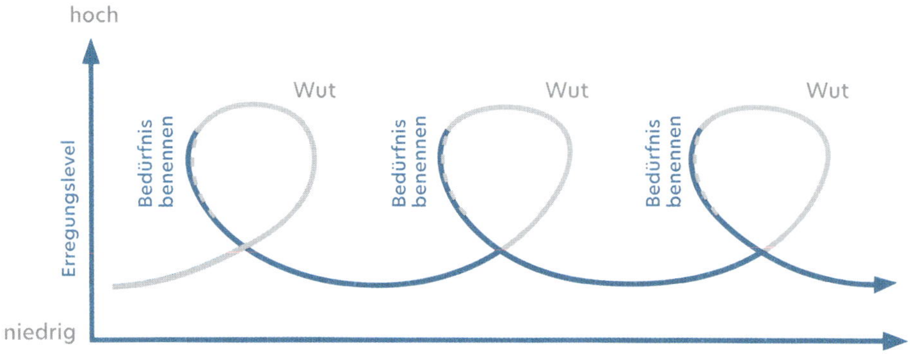

Abb. 13: Die Empathieschleife

Kritiker behaupten, dass bei der Empathieschleife den Beziehungspartnern die Wörter in den Mund gelegt und sie manipuliert würden. Diese Skepsis ist nachvollziehbar. Kinder und auch viele Erwachsene sind sich ihrer Bedürfnisse und Gefühle jedoch häufig selbst nicht bewusst. Es braucht meistens eine Unterstützung von außen, um zu erkennen und zu verstehen, was denn jetzt eigentlich los war. Genau das ist auch die Aufgabe von Psychotherapeuten: Menschen die Gefühle und die dahinter liegenden Bedürfnisse bewusst zu machen. Sie servieren ein Tablett an Bedürfnissen und das Gegenüber kann sagen »Ja, genau das ist es!« oder »Nein, das war es nicht!«, wie bei einer Stimmgabel. Das Gesagte bringt einen zum Mitschwingen oder eben nicht, es entsteht eine Resonanz oder nicht. Selbstverständlich kommt es immer darauf an, mit welcher Haltung die Einfühlungsschleife oder das Ja-Mantra angewandt wird. Ist das Ziel, den anderen von seinem Gefühl wegzubringen, die Situation endlich zu beenden, Schuldgefühle zu erzeugen, denjenigen dazu zu bringen, etwas Bestimmtes zu tun? Oder ist man mit ganzer Seele beim Gegenüber, um eine Reflexionsfläche zu bieten, auf der er seine Bedürfnisse wahrnehmen kann? Kinder können das hervorragend. Sie sagen Erwachsenen ganz ehrlich auf ihre Art »Ja, genau so war es!« oder »Nein, das empfinde ich nicht so!«, weil sie noch aufs Engste mit ihren Impulsen verbunden sind.

REFLEXION

Rollenspiel Ja-Mantra oder Einfühlungsschleife

Stellen Sie sich vor, Sie sind ein Kind und Ihnen hat ein anderes Kind etwas weggenommen. Sie sind sehr wütend darüber. Nehmen Sie sich fünf Minuten Zeit, um sich in die Situation einzufühlen. Eine Kollegin spielt die Fachkraft. Sie kommen nun als Kind (oder auch als aufgebrachte Bezugsperson) zu Ihrer Vertrauenspädagogin und berichten von Ihrem Erlebnis.

1. Aufgabe: Zuerst nur auf der Verhaltensebene bleiben, Gefühle nicht benennen, Gefühle absprechen, Bedürfnisse missachten
2. Aufgabe: Das Ja-Mantra anwenden. War das ...? Du fühlst dich ...? Du wolltest eigentlich ...? Brauchst du vielleicht ...?

Die beiden Aufgaben können im Anschluss zu zweit und in der Großgruppe reflektiert werden, unter Berücksichtigung der Frage: In welchem Moment habe ich mich wirklich angenommen gefühlt?

2.2.2 Bedürfniswahrnehmung vor Bedürfniserfüllung

Das Kind (oder die Eltern) in seinem Bedürfnis wahrzunehmen, es zu verbalisieren, ist oft noch wichtiger als die Erfüllung des Bedürfnisses selbst. Häufig ist es so, dass Kinder gar nicht danach streben, sich ein offensichtliches Bedürfnis direkt zu erfüllen. Viel entscheidender ist, dass ihr Bedürfnis wahrgenommen wird (vgl. Leitner 2020, S. 33). Das zeigt sich auch im Beispiel von Jacob. Dass Cora sieht, was passiert ist, was Jacob braucht und diese Bedürfnisse formuliert, gibt Jacob bereits die Möglichkeit, seine innere Anspannung zu verstehen und zu regulieren. Welche Lösung im Anschluss für das Problem gefunden wird, ist zunächst zweitrangig. Jacob möchte gesehen und gehört werden, braucht Einfühlung und Verständnis. Jacob benötigt jemanden, der einen Versuch unternimmt, die Lage zu verstehen und Trost zu spenden. Es reicht aus, dass er in seinem Bedürfnis wahrgenommen wird. Er benötigt dabei keine vorschnelle Lösung, keinen Richter, keinen Ritter, keinen Retter, keine unmittelbare Aktion, die daraus folgt. Schließlich war es nicht sein Vorschlag, sich den Stock wieder zu holen.

Strategien, um sich Bedürfnisse zu erfüllen

Menschen wenden die unterschiedlichsten Strategien an, um auf unerfüllte Bedürfnisse aufmerksam zu machen und sie sich zu erfüllen. Dass Bedürfnisse über kurz oder lang Erfüllung brauchen, wurde bereits deutlich. Welche **Strategien** Menschen jedoch erlernen, um sich ihre Bedürfnisse zu erfüllen, ist höchst unterschiedlich. Dabei gibt es auf der einen Seite Strategien, die sozial angemessen, friedlich und gesund sind, und auf der anderen Seite Strategien, die ungesund oder verletzend sein können (vgl. Borg-Laufs 2012, S. 17). Ein Kind schlägt beispielsweise immer wieder andere Kinder. Es wird immer wieder in seiner Wut und dem dahinter liegenden Bedürfnis nach Kontakt zu Erwachsenen abgelehnt. Es kann seine starken Gefühle nicht kontrollieren, denn es hat nie gelernt, sein Bedürfnis hinter dem Gefühl wahrzunehmen und es sich mit einer gesunden Strategie zu erfüllen. Ein Kind, das den Kontakt zur Fachkraft hingegen über weinen, hinlaufen, Arme ausstrecken, nach Hilfe fragen oder ähnliches sucht, kann sich – solange die Fachkraft feinfühlig darauf eingeht – sein Bedürfnis wesentlich gesünder und friedvoller erfüllen als das schlagende Kind. Welche Strategien Menschen erlernen, hängt also im Wesentlichen davon ab, welche Begleitung sie in ihrer Kindheit erlebt haben, die sie darin unterstützte, Handlungsstrategien zu entwickeln, die niemandem schaden.

Strategien der Annäherung (Kampf) werden bei Kindern meistens eher als unangemessen erlebt, wohingegen Vermeidungsverhalten als weniger störend empfunden wird. So verfolgt möglicherweise ein schubsendes Kind über sein Verhalten das (unbewusste) Ziel, sein Bedürfnis nach Selbstwerterhaltung zu befriedigen. Dieses Verhalten ist gesellschaftlich weniger akzeptiert als ein Verhalten des Rückzugs und der Vermeidung, bei dem Kinder ihr Streben nach Selbstwerterhaltung eventuell bereits eingestellt haben. Fachkräfte bevorzugen es meistens, stille, unauffällige, zurückgezogene Kinder zu betreuen anstatt Kinder, die viel Energie haben und kontaktbetont sind. Das kann für zurückgezogene Kinder jedoch schwerwiegende Folgen haben: Sie werden in ihrer Not nicht bemerkt und führen einen inneren Kampf, der kaum erkannt wird, aber ungesund ist.

BEISPIEL

Luise macht in der Garderobe Quatsch, sie ärgert andere Kinder, ist hibbelig, nimmt Anton die Mütze weg, klaut Nora die Schuhe. Fachkraft Tim geht mit Luise ins Gespräch, wendet sich ihr zu und nutzt das Ja-Mantra, um herauszufinden, was los ist. Er bemerkt nach mehreren Einfühlungsschleifen, dass Luise nicht mit nach draußen möchte und dass Luise beim Gespräch sehr müde wirkt. Luise wendet in dem Fall also das Ärgern als Strategie an, um zu zeigen, dass sie nicht mit raus möchte. Eigentlich ist Luise jedoch müde. Somit verbirgt sich hinter dem Verhalten das Bedürfnis nach Ruhe und Schlaf. Tim handelt mit Luise eine Möglichkeit aus, wie sie sich ihr Bedürfnis nach Ruhe und Schlaf erfüllen kann.

Es ist manchmal gar nicht so leicht, das **tatsächliche Bedürfnis** hinter dem Verhalten eines Kindes zu entschlüsseln, gibt es doch, wie im Beispiel von Luise, ein Bedürfnis hinter dem Bedürfnis und für Erwachsene wenig nachvollziehbare Strategien, die auf Bedürfnisse aufmerksam machen sollen. Diese Perspektive ist ganz besonders wichtig im Zusammenhang mit auffälligen Kindern: Sie nutzen manchmal unpassende, ungesunde, nervige, irritierende oder grenzverletzende Strategien, um sich ihr Bedürfnis zu erfüllen. In den meisten Fällen handelt es sich um die psychischen Bedürfnisse nach Anerkennung, Wertschätzung oder Selbstwerterhaltung.

REFLEXION

Eigene ungesunde Strategien

1. Aufgabe: Schreiben Sie alleine für sich auf, welche ungesunden und verletzenden Strategien Sie manchmal anwenden, und überlegen Sie, welches Bedürfnis sich dahinter verbirgt. Rauchen Sie? Essen Sie viele Süßigkeiten?
2. Aufgabe: Welche Bedürfnisse wollen Sie sich damit erfüllen? (Nehmen Sie sich bei Bedarf die Bedürfnistabelle zur Hand.) Erfüllen Sie sich mit der Schokolade vielleicht das Bedürfnis nach Ruhe und Entspannung? Holen Sie sich mit der Zigarette Ihre Autonomie zurück?
3. Aufgabe: Überlegen Sie, wie Sie sich das Bedürfnis eventuell auf andere Weise erfüllen können.

2.2.3 Der Unterschied zwischen Wunsch und Bedürfnis

Dass in der Kinderbetreuung alle Bedürfnisse im Mittelpunkt der Aufmerksamkeit stehen sollen, bedeutet nicht, dass dem Kind oder den Eltern sämtliche Wünsche von den Augen abgelesen und erfüllt werden. Was ist nun der Unterschied zwischen einem Wunsch und einem Bedürfnis? Wünsche zielen darauf ab, auf was der Mensch Lust hat: Lust auf ein Eis, Lust darauf, einen bestimmten Teller zu bekommen, auf eine bestimmte Toilette gehen zu dürfen, nicht aufzuräumen. Hinter jedem Wunsch kann sich jedoch immer auch ein Bedürfnis verbergen, das nicht sofort ersichtlich ist. Der Wunsch ist also meist wiederum eine Strategie, um sich ein Bedürfnis zu erfüllen, zum Beispiel nach Sicherheit oder Selbstbestimmung. Dass es zwischen einem Wunsch und einem Bedürfnis einen Unterschied gibt, hat der Familientherapeut Jesper Juul so formuliert: »Kinder können nicht verwöhnt werden, indem sie zu viel von dem bekommen, was sie wirklich brauchen [...]. Verwöhnte Kinder sind Kinder, die damit rechnen, dass ihre unmittelbaren Wünsche jederzeit sofort erfüllt werden« (ebd. 2016, S. 52).

Bedürfnisorientiert bedeutet also nicht, dass Kinder jederzeit alle Wünsche erfüllt bekommen. Es gibt jedoch ein großes Bemühen darin, den Kindern und Eltern ihre tatsächlichen menschlichen Bedürfnisse nach Kontakt, Beziehung, Autonomie, Selbstbestimmung, Selbstwerterhaltung (vgl. Kapitel 1.3) zu erfüllen.

Laut Juul (ebd., S. 65) sei es kein Problem, wenn Wünsche der Kinder bedingungslos erfüllt würden, solange die Erwachsenen dabei nicht versuchen, Konflikten aus dem Weg zu gehen, sich beliebt zu machen oder eigene Bedürfnisse und Grenzen zu unterdrücken. Schwierig wird es also nur dann, wenn Fachkräfte Kindern alle Wünsche erfüllen, weil sie Konflikte vermeiden, sich mit Kindern und Eltern gut stellen wollen oder ihre eigenen Grenzen im Sinne der BoP dabei dauerhaft missachten. Um die eigenen Grenzen wirklich wahrnehmen zu können, ist es notwendig, dass Fachkräfte im engen Kontakt mit sich, ihren Gefühlen, ihren Bedürfnissen und ihren Grenzen stehen. Der Grat zwischen Wunsch und Bedürfnis ist manchmal schmal und Bedürfnisse nicht immer sofort erkennbar. Wichtig ist, dass Fachkräfte eine klare Haltung zu ihren eigenen Werten, ihren eigenen Bedürfnissen und Grenzen entwickeln, um Kindern ein authentisches Feedback geben zu können (vgl. Kapitel 4).

2.2.4 Aushandeln von Bedürfnissen

Wenn ein Mensch immer nur darauf bedacht ist, seine eigenen Bedürfnisse zu erfüllen und die der anderen zu missachten, würden andere Menschen ihn vermutlich als egoistisch und wenig einfühlsam beschreiben. Wenn man eine Diagnose ausstellen würde, wäre ein solcher Mensch vermutlich ein Narzisst. Egoismus und Empathielosigkeit sind keine Werte, die in der Bedürfnisorientierten Pädagogik angestrebt werden. In der Bedürfnisorientierten Pädagogik geht es vielmehr darum, **die Bedürfnisse ALLER Beteiligten in der Gruppe einander gegenüberzustellen und auszuhandeln.** Immer wieder tauchen hinsichtlich einer Bedürfnisorientierten Pädagogik Skepsis, Missverständnisse und jede Menge Fragen auf. Bekommen alle Kinder dann immer, was sie wollen? Dürfen sie machen, was sie wollen? Gibt es keine Grenzen? Die klare Antwort ist: Nein! Es besteht ein großer Unterschied zwischen einer Laissez-faire-Erziehung und einem bedürfnisorientierten Miteinander. Nicht nur die Bedürfnisse der Kinder finden Beachtung, sondern auch die der Eltern und der Fachkräfte! Alle Bedürfnisse werden gesehen und wertgeschätzt.

Denn Menschen können nur wirklich glücklich sein, wenn sie sich persönliche Bedürfnisse wie Selbstbestimmung, Autonomie und Selbstwirksamkeit erfüllen können, aber gleichzeitig auch soziale Beziehungen mit anderen Menschen eingehen können (vgl. Kapitel 1.3.5).

In der Kinderbetreuung gibt es die große Herausforderung, dass **viele Bedürfnisse** aufeinandertreffen. Es ist nicht leicht, alle unter einen Hut zu bekommen, das stimmt. Es ist aber machbar. In der Praxis können verschiedene Ebenen festgestellt werden, in denen Bedürfnisse auftauchen und die Begleitung durch die Fachkräfte erfordern.

1. Bedürfnis eines Kindes begleiten (**Singlebedürfnis**)
2. Bedürfnisse zweier Kinder begleiten (**Duobedürfnisse**, Bedürfnisse im Konflikt)
3. Bedürfnisse der Gruppe begleiten (**Gruppenbedürfnis**)
4. Eigene Bedürfnisse als Fachkraft (**Fachkraftbedürfnis**)

Singlebedürfnis

Ein Kind hat ein Bedürfnis und die Fachkräfte wenden sich diesem beispielsweise mit Hilfe der Einfühlungsschleife/des Ja-Mantras zu.

Duobedürfnisse

Zwei Kinder brauchen Begleitung beim Verstehen und Erfüllen ihrer Bedürfnisse. Meistens handelt es sich dann um einen Konflikt unter den Kindern (vgl. Kapitel 7.3)

Gruppenbedürfnis

Gruppenbedürfnisse lassen sich wiederum in drei Kategorien einteilen:

- Mehrere Kinder in der Gruppe haben unterschiedliche Bedürfnisse
- Ein Kind missachtet das Bedürfnis der Gruppe
- Die Gruppe handelt Bedürfnisse aus, um etwas zu beschließen

Mehrere Kinder in der Gruppe haben unterschiedliche Bedürfnisse

Mehrere Kinder in der Gruppe haben unterschiedliche Bedürfnisse, die gleichzeitig Erfüllung brauchen. Dieses Szenario tritt in der Praxis häufig auf, weil die Rahmenbedingungen in Kindertagesstätten gar nicht zulassen, dass allen Kindern eine 1:1-Betreuung zukommen kann. Das wäre unrealistisch, ist in einer bedürfnisorientierten Kita jedoch auch nicht nötig. Je mehr Personal vorhanden ist, das sich liebevoll um die Bedürfnisse der Kinder kümmern kann, umso besser ist es, das lässt sich nicht abstreiten. Die klare Empfehlung für Krippenkinder, ein Personalschlüssel von einer Fachkraft auf drei Kinder und im Kindergartenbereich eine Fachkraft für sieben Kinder, ist sinnvoll und in jedem Fall anzustreben. Allerdings kann auch mit weniger Personal eine Bedürfnisorientierte Pädagogik gut gelingen. Es kommt darauf an, die Bedürfnisse aller Beteiligten in der Situation im Blick zu haben, zu verbalisieren und sie zu priorisieren (vgl. Definition Bedürfnispriorisierung auf S. 79).

Wenn es nicht gelingt, alle Bedürfnisse der Kinder in der Gruppe zufriedenstellend zu beantworten, ist das keine Schande. In solchen Momenten dürfen Fachkräfte tief durchatmen und wohlwollend mit sich selbst sein. Fachkräfte sollten in solchen Momenten gut für sich selbst sorgen und innerlich zu sich sagen: »Ich gebe das, was ich kann. Das reicht aus!«, »Es genügt, gut genug zu sein« (vgl. Kapitel 4.4). Kinder verzeihen viel und bringen Verständnis auf, wenn sie merken, unsere Bezugsperson kann nicht schneller und braucht jetzt unsere Hilfe. Je häufiger Fachkräfte die Bedürfnisse von Kindern adäquat beantworten können, umso hilfsbereiter sind diese auch selbst, wenn man ihre Unterstützung braucht. Kinder können je nach Alter lernen, Bedürfnisse aufzuschieben und für eine gewisse Zeit zu warten (vgl. Kapitel 2.2.5). Wichtig ist es, die Bedürfnisse der Kinder zu verbalisieren und transparent zu machen, welche Tätigkeit man nacheinander durchführt.

Ein Kind missachtet das Bedürfnis der Gruppe

Manchmal kommt es vor, dass ein Kind die ganze Gruppe »auf Trab« hält. Die gesamte Kindergartengruppe möchte gerade in Ruhe Bücher anschauen, sich über ihre Fragen austauschen und ein Kind stört die Gespräche der Kindergruppe immer wieder massiv durch lautes Schreien und Herumrennen. In solchen Momenten lässt sich wieder das Ja-Mantra (vgl. Seite 68) anwenden, um herauszufinden, welches Bedürfnis nach Erfüllung ruft. Gleichzeitig macht es Sinn, die Bedürfnisse der Kindergruppe zu benennen: »Du möchtest hier gerade rumrennen und rufen und schreien. Du hast sehr viel Freude daran, oder? Gleichzeitig ist es so, dass ich merke, dass Flo, Lisa und Frauke das dabei stört, ihre Forschungen über Bienen konzentriert fortzusetzen. Sie brauchen Ruhe. Durch dein lautes Schreien können sie sich nicht konzentrieren. Was brauchst denn du? Wolltest du gerne mitmachen oder was ist dein Anliegen?« So oder so ähnlich können die Bedürfnisse und Grenzen der Beteiligten formuliert und einander gegenübergestellt werden. Auf dieser Grundlage werden die Bedürfnisse der Gruppe dem Bedürfnis des einzelnen Kindes gegenübergestellt und im Anschluss ausgehandelt sowie eine Lösung gefunden, die für alle passend ist (vgl. Kapitel 7.2).

Es bleibt immer wieder eine Herausforderung, die richtige Balance zu finden zwischen den Bedürfnissen einzelner und dem Bedürfnis der Gruppe. Und seien wir mal ehrlich: Auch ein solcher Dialog führt nicht immer zu dem gewünschten Ergebnis, dass die Kinder einander respektieren. Dies stellt oft eine Überforderung für die Kinder dar und verlangt uns ab, auch damit umgehen zu lernen, nicht immer alles unter Kontrolle haben zu können.

Die Gruppe handelt Bedürfnisse aus, um etwas zu beschließen

Das Bedürfnis der Gruppe wird auch dann relevant, wenn gemeinsam etwas beschlossen wird, beispielsweise wenn eine Regel besprochen wird oder der Tag geplant werden soll. Dabei stellt die Gruppe die verschiedenen Bedürfnisse in den Raum, einander gegenüber und handelt sie aus. Dafür können Methoden partizipativer Pädagogik angewandt werden wie Zufallsentscheidungen, Mehrheitsentscheidungen, Konsensentscheidungen (vgl. Regner & Schubert-Suffrian 2018, S. 52ff.). Beim Aushandeln von Bedürfnissen kann es vorkommen, dass die Gruppe einen anderen Plan verfolgt als die pädagogische Fachkraft. Denn sie wird als gleichwürdiges Mitglied der Gruppe verstanden. Dabei gilt es wiederum abzuwägen, welches Bedürfnis schwerer wiegt, welche Argumente stärker sind und eben nicht, wer der Bestimmer ist. Im partizipativen Prozess bringen alle Beteiligten der Gruppe ihr Bedürfnis mit ein. Was machen wir heute? Was hilft uns allen? Was wollen wir lernen? Der Tagesablauf kann somit an den Bedürfnissen der Kinder orientiert und die Regeln als Leitlinien gemeinsam auf der Basis der Bedürfnisse aller festgelegt werden. Diese Aushandlungsprozesse sind ein tolles Lernfeld für ein demokratisches Miteinander.

Fachkraftbedürfnis

Die Fachkraft ist ebenso ein Mensch mit Gefühlen, Bedürfnissen und Grenzen wie die Kinder auch. Sie bringt sich genauso wie die Kinder als Beteiligte in die Gruppe ein. Wenn sie in engem Kontakt mit ihren eigenen Bedürfnissen steht, kann sie diese, und auch ihre Grenzen, deutlich und klar formulieren, ohne dabei die Kinder zu beschämen oder herabzuwürdigen (vgl. Kapitel 4). Das Bedürfnis der Fachkraft wiegt genauso schwer wie das der Kinder, sie stehen in einem gleichwürdigen Verhältnis. In Momenten des Schutzauftrags (Aufsichtspflicht) und der körperlichen sowie psychischen Unversehrtheit aller Beteiligten sollte die Fachkraft jedoch ihre schützende Macht (vgl. Kapitel 7) einsetzen (vgl. Rosenberg 2016). Steht das Bedürfnis der Fachkraft dem Bedürfnis eines oder mehrerer Kinder gegenüber, kommt es zum Konflikt, der ausgehandelt wird (vgl. Kapitel 7.3).

BEISPIEL

In der Garderobe brauchen mehrere Kinder gleichzeitig die Hilfe von Fachkraft Tim. Leon möchte getröstet werden, Svea braucht Hilfe beim Schuheanziehen, Dustin möchte eigentlich schon rausgehen und Katharina ist wütend, weil sie gerne drinnen bleiben möchte. Tim kann für sich die Bedürfnisse der Kinder priorisieren. Welches Kind braucht am schnellsten Unterstützung und welches Kind kann noch ein bisschen warten? Er wägt ab, dass er zuerst Leon tröstet, weil er so aufgelöst wirkt. Er wendet sich ihm zu und nimmt ihn auf den Schoß. Gleichzeitig verbalisiert er die Bedürfnisse der anderen Kinder: »Svea, ich höre dich, du möchtest, dass ich dir die Schuhe anziehe. Momentan ist Leon sehr traurig und ich möchte ihn noch etwas trösten. Danach komme ich zu dir. Versuche doch in der Zwischenzeit schon mal selbst, die Schuhe anzuziehen! Dustin, du bist schon angezogen und ganz ungeduldig, weil du schon rausgehen möchtest, das sehe ich. Frag doch mal Charlotte nebenan, ob sie bereits mit dir rausgehen kann?« Währenddessen hat sich Leon auf dem Schoß von Tim ein wenig beruhigt. Tim spricht Katharina an, die wütend auf dem Boden liegt: »Katharina, du scheinst wirklich verärgert zu sein, weil du so gerne weitergespielt hättest, oder? Ich habe dich gesehen mit deinem Ärger und komme zu dir, sobald Leon keinen Trost mehr benötigt. Dann finden wir sicherlich eine Lösung!«

Tim kann in dem Moment zwar nicht alle Bedürfnisse gleichzeitig erfüllen, aber er hat die Möglichkeit, sie wahrzunehmen, zu benennen und Zuversicht zu vermitteln (vgl. Kapitel 2.2.2). Was er auch tun kann, ist, die geplanten Handlungsschritte den Kindern gegenüber transparent zu machen und authentisch zu kommunizieren: Jetzt tue ich zuerst in Ruhe das eine und dann das andere. Das erleichtert den Kindern das Warten, weil sie abschätzen können, wann sie mit der Erfüllung ihrer Bedürfnisse rechnen können (vgl. Kapitel 2.2.5 zu Bedürfnisaufschub). Nicht zuletzt sollte Tim dabei achtsam seine eigenen Bedürfnisse und seinen Stresspegel im Blick behalten. Wird alles zu viel, sollte er sein eigenes Bedürfnis nach Ruhe, Entspannung oder Unterstützung priorisieren. Es gibt dabei mehrere Möglichkeiten der Selbstfürsorge (vgl. Kapitel 4.4). In jedem Fall sollte Tim sich rechtzeitig Hilfe von einer anderen Fachkraft holen und die Situation nicht zum Leidwesen der Kinder, aber auch nicht zu seinem eigenen Leidwesen durchstehen. Es gibt also nicht nur Momente, in denen das Bedürfnis der Kinder priorisiert wird, sondern auch Momente, in denen die Fachkraft gut reflektiert ihr eigenes Bedürfnis priorisiert. Dies sollte insbesondere dann der Fall sein, wenn sie weiß, dass sie andernfalls verletzend handelt.

DEFINITION

Bedürfnispriorisierung

Bedürfnispriorisierung bedeutet, dass alle Bedürfnisse der Gruppe (auch der Fachkraft) wahrgenommen, benannt und einander gegenübergestellt werden. Es wird ausgehandelt, welches Bedürfnis am dringendsten ist, also am schwersten wiegt. Auf dieser Grundlage kann eine Bedürfnishierarchie aufgebaut werden, in der beschlossen werden kann, welches Bedürfnis das dringendste, nicht das wichtigste ist und welches hintenanstehen kann. Die Fachkraft entscheidet beispielsweise, dass das Bedürfnis nach Trost am wichtigsten ist, sie Kindern dann dabei hilft, die Kiste runterzuholen, und sie anschließend auf Toilette geht.

Auch wenn es eine große Herausforderung darstellt, die **Bedürfnisse** aller in der Gruppe **im Blick zu behalten** und zu erfüllen, lässt sich sagen, dass sich der Aufwand außerordentlich lohnt. Wenn die Gefühle und Bedürfnisse der Kinder zuverlässiger wahrgenommen werden, ist insgesamt mit weniger Widerstand und Trotz vonseiten der Kinder zu rechnen. Sie haben keinen Grund mehr zu kämpfen, irritierende Verhaltensweisen an den Tag zu legen, starke Gefühle zu zeigen, um auf Bedürfnisse aufmerksam zu machen. Sie entwickeln stattdessen mehr Verständnis, Empathie und Toleranz ihren eigenen Bedürfnissen gegenüber und gegenüber den Bedürfnissen der Gruppe. Manchmal macht es Sinn, mehr Zeit in die Begleitung der Kinder zu investieren, um später Zeit zu gewinnen. Wenn sie jetzt empathische Unterstützung bei der Konfliktlösung erfahren und das etwas mehr Zeit für die Fachkraft in Anspruch nimmt, zahlt sich das später aus, indem die Kinder dann selbst bereits gelernt haben, wie sie ihre Bedürfnisse vertreten und trotzdem sozial handeln können.

2.2.5 Bedürfnisaufschub lernen

Nicht immer gelingt es Kindern, die eigenen Bedürfnisse zurückzustellen. Insbesondere kleinere Kinder haben noch nicht die Fähigkeit ausgebildet, sich selbst zu regulieren, also über etwas nachzudenken und das Verhalten bewusst zu steuern. Diese Selbstregulation entwickelt sich bis ins Grundschulalter hinein. Es ist völlig normal, wenn die Impulse und Gefühle zuvor ungefiltert aus ihnen heraussprudeln. Erst im Laufe der Zeit lernen sie, entsprechend ihrer angeborenen neuronalen Voraussetzungen, ihre Gefühle zu steuern und zu regulieren und die Anforderungen der Umwelt mit ihnen abzugleichen.

Für kleinere Kinder ist es aufgrund ihrer Entwicklung noch schwer, Bedürfnisse aufzuschieben (vgl. Kapitel 1.5). Haben sie Hunger, Durst, sind müde oder überaus neugierig, so können sie sich oft kaum halten. Ein innerer Drang sagt ihnen, sie müssen für sich und ihre Bedürfniserfüllung kämpfen. Das sagt ihnen ihr Instinkt. Im Laufe der Zeit lernen und erfahren Kinder in sicherer Begleitung, dass sie schrittweise abwarten und ihr Bedürfnis für einen Moment zurückstellen können, ohne ihre Integrität dabei zu gefährden. Werden sie gesehen und können vertrauen, dass aufgeschoben nicht aufgehoben ist, lernen sie, sich in bestimmten Situationen zurückzunehmen, ohne sich dabei selbst aufgeben zu müssen. Sie üben Rücksichtnahme und können bestenfalls darauf vertrauen, dass auch ihr Bedürfnis in einem anderen Moment Vorrang haben darf und die anderen Kinder der Gruppe sich zurücknehmen können. Entgegen einer noch weit verbreiteten Annahme kann Bedürfnisaufschub nicht durch das bewusste Entziehen von Bedürfnissen gelernt werden (bewusstes Frustrieren), sondern durch die Gewissheit, dass die Erfüllung eines aufgeschobenen Bedürfnisses in absehbarer Zeit eintreten wird.

BEISPIEL

Die Fachkraft Cora ist am Morgen alleine in der Gruppe. Sie hat alle Hände voll zu tun. Der dreijährige Nils wartet auf dem Sofa mit einem Buch auf sie. Immer wenn sie sich zu ihm setzt, wird sie unterbrochen. Nun kommt Kai, und er weint ganz fürchterlich, als sich sein Papa beim Bringen bei ihm verabschiedet. Nils beobachtet die Situation und wird ungeduldig. Er möchte auch etwas Aufmerksamkeit von Cora. Während sie den traurigen Kai tröstet, wendet sie sich Nils zu und sagt, dass sie ihn sieht und auch sehr gern mit ihm sein Buch lesen möchte. Leider ist es im Moment aber schwierig. Sie sichert ihm zu, dass sie zu ihm kommen wird, sobald ihr Kollege Tim da ist. Nils nickt Cora zu und geht in den Baubereich. Als Tim wenig später in den Gruppenraum kommt, ist Nils im Spiel versunken. Cora beobachtet ihn und setzt sich leise zu ihm. Sie beginnen zusammen zu spielen und einen Augenblick später nimmt Nils die Hand von Cora und beide holen ihre Verabredung nach. Nils weiß, dass Cora ihn nicht vergisst. Nun genießt er ihre Aufmerksamkeit in vollen Zügen.

Selbstregulation kann durchaus **geübt** werden. An dieser Stelle kann an die Marshmallow-Studie erinnert werden. In dieser Forschung wurden vierjährigen Kindern Süßigkeiten auf einen Tisch gelegt und ihnen wurde mitgeteilt, dass sie noch weitere Süßigkeiten bekommen, wenn sie die vor ihnen liegenden nicht aufessen. Sie waren allein im Raum und wurden gefilmt (vgl. Mischel et al. 1989). Die Studie zeigt, wenn Kinder ihre Bedürfnisse aufschieben und danach zuverlässig die Belohnung eintritt, können sie auch länger warten. Wenn von Kindern also eine überschaubare Wartespanne abverlangt wird und der Erfolg für sie kalkulierbar eintritt, warten sie gerne, wie auch im Beispiel Nils. Die Studie belegt auch, dass Kinder, die ihre Bedürfnisse gut aufschieben konnten, auch andere Probleme besser lösen konnten. Weitere Studien konnten später nachweisen, dass Probleme wie Drogenmissbrauch oder Gesetzesübertretungen im Erwachsenenalter mit einer geringen Selbstregulation bei Fünfjährigen im Zusammenhang stehen. Kinder, die gute Entscheidungen für sich und ihre Umwelt treffen können, profitieren davon in ihrem weiteren Leben (vgl. Helle & Fløgstad 2020; Moffit et al. 2011).

2.3 Grundpfeiler: Grenzen

2.3.1 Grenzen wahrnehmen und achten

Bereits Immanuel Kant schrieb im 18. Jahrhundert: »Die Freiheit des Einzelnen endet dort, wo die Freiheit des Anderen beginnt.« Diese Aussage lässt sich auf die kleine Gesellschaft der Kinderbetreuung übertragen. Alle Beteiligten der Gruppe inklusive der Fachkräfte haben ihre individuellen Bedürfnisse und können diese so lange leben, bis sie auf die Grenzen eines anderen Mitglieds stoßen. Alle Bedürfnisse, Gefühle und Grenzen der Beteiligten sind gleichwürdig.

Abb. 14: Individuelle und kollektive Grenzbereiche

Grenzen beginnen dort, wo die eigenen Bedürfnisse missachtet werden. Die Grenze eines Individuums wird dann als verletzt empfunden, wenn beispielsweise sein Bedürfnis nach Autonomie, Selbstbestimmung und Abgrenzung nicht ausreichend erfüllt ist. Diese Einschätzung ist höchst individuell. Jeder bestimmt selbst, wann seine Grenze überschritten ist und wann nicht. Das ist zum Beispiel sehr davon abhängig, welches Temperament, welche Kultur und welche Erfahrungen Kinder und Eltern aus der Familie mitbringen. Jeder Mensch weiß selbst am besten, wo sich sein eigener »Tanzbereich« befindet, wie es im Film »Dirty Dancing« so schön heißt. Klar ist, dass Abgrenzung, die Wahrung der Integrität und der Orientierung als wichtige Bedürfnisse des Menschen angesehen werden (vgl. Young et. al. 2005):

BEISPIEL

Zwei Kinder spielen gemeinsam auf dem Bauteppich. Marvin ist dabei, ein Haus aus Lego zu bauen, daneben baut Sina einen Tunnel aus Bauklötzen. Beide können ihrem Lernbedürfnis nach Herzenslust nachgehen. Sie können sich so lange frei bewegen, bis sie auf die Grenze des anderen stoßen. Sina kann ihren Tunnel nicht weiterbauen, weil Marvin so nah an ihr Bauwerk herangerutscht ist, dass es einzustürzen droht. Ihr Grenzbereich ist deutlich erreicht. Das drückt sie aus, indem sie zu schreien beginnt. Sie zeigt, mein Grenzbereich ist erreicht!

Es gibt körperliche Grenzen und psychische Grenzen. Die Wahrnehmung der körperlichen Grenzen fällt dabei meist leichter als das Erkennen der psychischen Grenzen. Deshalb ist es noch immer so, dass körperliche Verletzungen in Kitas häufiger angesprochen werden als psychische, da sie weniger greifbar und erklärbar sind.

WISSEN

Zeichen bei Grenzüberschreitung

Ausweichen des Blicks, Kopf schütteln, Zurücklehnen des Oberkörpers, Hände vor sich ausstrecken, wegdrehen, weglaufen, sich verstecken, sich schütteln, verstummen, erstarren, Stresszeichen (sich kratzen, knibbeln, auf der Lippe beißen), weinen, schreien, Aggressionen (hauen, beißen, kneifen, schubsen).

2.3.2 Achtsamer Umgang mit den körperlichen Grenzen

Es ist so schnell passiert: Fachkräfte streicheln über den Kopf eines Kindes, ziehen dem anderen eben schnell von hinten die Hose hoch, wischen dem nächsten Kind ohne Vorankündigung von hinten den Mund ab. Der Alltagsstress und der eng getaktete Tagesplan in einer Kindertageseinrichtung führen dazu, dass alles schnell gehen muss. Fachkräfte übersehen dabei manchmal, dass die schnell durchgeführten Handlungen immer wieder potenzielle Überschreitungen der körperlichen Grenzen der Kinder beinhalten.

Wo beginnen die körperlichen Grenzen der Kinder?

Jeden Menschen umgibt ein persönlicher Raum, eine Blase, die er als seinen intimen Bereich versteht. Forscher fanden heraus, dass Menschen sich bereits unwohl fühlen, wenn die Distanzgrenze von 64 cm von anderen Menschen übertreten wird. Der **intime Bereich** beginnt bei 45 cm (vgl. Hall 1976, S. 121f.). Das hat auch einen bestimmten Grund. Ab dieser **Distanz** nehmen Menschen den Atem, den Herzschlag und den Geruch des anderen wahr. In diesem Zonenbereich können Grenzen nur gewahrt werden, wenn die Erlaubnis zum Eintreten gegeben wurde. Ob diese Forschungsbefunde aus der Erwachsenenwelt sich auch auf Kinder übertragen lassen, sei dahingestellt. Gleichzeitig gibt diese Erkenntnis den Anstoß, darüber nachzudenken, ab welchem Moment Fachkräfte ganz genau darauf achten sollten, wo die Grenze der Kinder verlaufen kann – nämlich bereits außerhalb des Körpers. Eindeutiger sind die körperlichen Grenzen des Kindes zu bestimmen, wenn Fachkräfte die Kinder berühren. Die Haut kann dabei als Grenzorgan gesehen werden. Ein sehr klarer Grenzübertritt findet statt, wenn Fachkräfte dem Körper des Kindes etwas entnehmen (Wickeln), etwas zuführen (Füttern) oder wenn sie Kinder dazu bringen, ihre körperlichen Signale zu übergehen: beim Anziehen ihre Wärme-Kälte-Empfindung, beim Waschen ihr Ekelgefühl, beim Essen ihr Hungergefühl, beim Schlafen ihr Müdigkeitsgefühl. Dabei handelt es sich bereits um verletzendes Verhalten (vgl. Boll & Remsperger-Kehm 2021; Maywald 2019)! Grundsätzlich lässt sich festhalten, dass die körperlichen Grenzen der Kinder, Eltern und Fachkräfte höchst unterschiedlich verlaufen. Dabei hat jeder Mensch das Recht, selbst zu bestimmen, ab wann seine eigene körperliche Grenze überschritten ist, und sich darüber zu empören und zu beschweren. Das ist ein ausgewiesenes Kinderrecht. So kann das eine Kind beispielsweise bereits das Nebeneinanderstehen mit anderen Kindern als höchst unangenehm empfinden, und andere Kinder kämpfen körperbetont und stören sich an Körperlichkeit kein bisschen. Ganz im Gegenteil, sie suchen sie aktiv, um ihren Körper zu spüren und ihre Grenzen wahrzunehmen.

Im Folgenden werden einige Bereiche aufgezeigt, in denen pädagogische Fachkräfte besonders sensibel auf die körperlichen Grenzen der Kinder achten sollten:

Begrüßung und Verabschiedung: Es sollte jedem Kind freigestellt sein, wie es andere begrüßt und verabschiedet: Ob es die Hand gibt, abklatscht, umarmt, mit dem Fuß abklatscht, winkt, dem anderen dabei in die Augen schaut oder nicht. Über diese körperliche Angelegenheit darf jedes Kind und auch die Fachkraft selbst bestimmen. Es ist auch das Recht des Kindes, sich nicht »ordentlich« zu verabschieden. Bei Krippenkindern geht die morgendliche Begrüßung meistens mit Körperkontakt einher, insbesondere wenn der Abschied von den Eltern schwerfällt. Das Kind sollte während dieses Abschieds genau beobachtet werden. Die Arme werden angeboten, aber das Kind wird nicht unangekündigt in den Arm genommen.

Essen: Essen ist ein sensibler Moment, der unmittelbar mit Körperlichkeit verbunden ist. Deshalb ist das Essen das Hoheits- und Entscheidungsgebiet des Kindes. Wenn man es genau nimmt, beginnt der Grenzbereich des Kindes bereits auf dem Teller. Denn was sich auf dem Teller befindet, muss das Kind anschauen und letztlich seinem eigenen Körper zuführen. Die körperliche Grenze eines Kindes oder eines Erwachsenen kann auch dann erreicht sein, wenn derjenige etwas sehen muss, was er nicht möchte, zum Beispiel zerkautes Essen im Mund eines anderen oder individuell eingeschätztes ekliges Essen auf dem eigenen Teller. Die körperliche Grenze ist in jedem Fall dann überschritten, wenn Kinder dazu gedrängt werden, etwas zu probieren oder etwas Bestimmtes zu essen. Auch beim Guten-Appetit-Sagen darf achtsam damit umgegangen werden, ob Kinder sich die Hände geben möchten oder nicht.

REFLEXION

Grenzen in der Essenssituation

Übung 1: Im pädagogischen Team kann immer eine Person eine andere füttern und zuerst die Signale des anderen missachten und danach die Signale adäquat wahrnehmen.

Übung 2: Die Leitung könnte etwas Ekliges zu essen kaufen und es jedem im Team vorsetzen, es mit einem leckeren Essen vermischen und auffordern, es zu essen.

Kuscheln: Diese Handlung berührt unmittelbar die Grenze des Kindes, aber auch der Fachkraft. Dabei darf immer wieder sensibel darauf geachtet werden, ob beide Kuschelpartner mit der Kuschelsituation einverstanden sind. Fachkräfte sollten achtsam die Zeichen der Kinder im Blick behalten, ob sie noch kuscheln wollen oder nicht, und eine Kuschelablehnung nicht als Kränkung verstehen. Die Fachkraft darf für sich ebenso immer wieder klären, ob das Kuscheln für sie angenehm ist. Sie sollte authentisch kommunizieren, wenn ihre körperliche Grenze überschritten ist, sie zum Beispiel die Hand des Kindes im eigenen Ausschnitt als unangenehm empfindet.

Toilette/Töpfchen: Auf die Toilette oder aufs Töpfchen zu gehen ist ganz alleine der Selbstbestimmungsbereich des Kindes. Er berührt unmittelbar den Intimbereich des Kindes. Das Kind selbst darf darüber bestimmen, wann, mit wem, wo und wie lange es auf Toilette/aufs Töpfchen geht und wer ihm den Po abwischen darf. Das Kind mehrere Male zu bitten, auf Toilette zu gehen oder das Kind zu einem bestimmten Zeitpunkt zu veranlassen, auf die Toilette zu gehen, verletzt die körperliche Grenze, die Selbstbestimmung und somit die Integrität des Kindes.

Wickeln: Das Wickeln ist einer der sensibelsten Momente, wenn es um körperliche Grenzen geht. Während des Wickelns sollten Fachkräfte deshalb jeden Schritt feinfühlig ankündigen und das Kind um »Zustimmung« bitten. Diese Zustimmung kann auch sein, dass das Kind bereits von alleine versucht, die Hose runterzuziehen, oder den Po hochhebt, damit die Windel entnommen werden kann. Nicht jedes Mal muss gefragt werden, eine sensible Beobachtung von Abwehrzeichen kann manchmal ausreichen. Kinder schätzen es jedoch sehr, wenn Fachkräfte danach fragen, ob sie nun die Windel aufmachen dürfen oder ob das Kind sie selbst aufmachen möchte. Die Kinder dürfen selbst entscheiden, wo, wie und von wem sie gewickelt werden wollen. Möchte das Kind im Stehen vor dem Waschbecken gewickelt werden und die Fachkraft ist darin bereits geübt und kann das ermöglichen, wird sie das Strahlen des Kindes ernten. Manche Kindertagesstätten verfügen bereits über einen Stehend-Wickelplatz, weil Kinder im zweiten Lebensjahr sich nur noch selten hinlegen wollen. Das Sehen des Windelinhalts steht dem Kind zu und auch das Wegwerfen der eigenen Windel. Dieser »Verabschiedung« der eigenen Körperausscheidungen wird in der Psychoanalyse eine wichtige Rolle beigemessen und ist vielen Kindern wichtiger, als es den meisten Erwachsenen bewusst ist. Ein plötzliches, unangekündigtes an der Windel Riechen, laute Ekelgeräusche wie »Iiiiiih«, »Puuuh, das stinkt!« oder ähnliches sind klare Grenzüberschreitungen und sollten unterlassen werden.

Anziehen/Ausziehen: Beim An- und Ausziehen sind die Körpergrenzen des Kindes unmittelbar betroffen. Das Kind darf deshalb grundsätzlich selbst entscheiden, wer, wann und wie viel ihm dabei geholfen wird. Wenn hinsichtlich des An- und Ausziehens das Bedürfnis des Kindes dem Bedürfnis der Fachkraft gegenübersteht, müssen Fachkraft und Kind in eine gemeinsame Aushandlung gehen. Bestimmte

Sachen anziehen müssen oder nicht ausziehen dürfen (sockig, barfuß laufen, Jacke ausziehen, Mütze auslassen) verletzt die körperliche Grenze der Kinder. Bei hochsensiblen Kindern kann es sich beispielsweise um einen wahrhaftig spürbaren Schmerz handeln, wenn sie Nähte auf der Haut spüren, kratzige Pullover anhaben, Socken oder Unterhosen als zu eng empfinden und diese auslassen wollen. In diesen Fällen dürfen alle Beteiligten (Kinder, Eltern und Fachkräfte) kreativ werden und partnerschaftlich Lösungen finden.

Kreis- oder Sportspiele mit Körperkontakt: Es sollte Kindern freigestellt werden, ob sie bei körperbetonten Spielen mitmachen wollen oder nicht. Manche Kinder (z. B. hochsensible Kinder) mögen es nicht, sich an den Händen zu fassen oder sich anderweitig körperlich zu berühren.

Kinder vor sich her **schieben, ziehen** oder an der Kapuze oder dem Oberteil **festhalten,** mit dem Knie festhalten, wenn sie beispielsweise aus dem Raum raushuschen wollen, sich von hinten über die Kinder beugen, plötzliches unangekündigtes Hochnehmen oder Wegtragen sind klare Grenzüberschreitungen und sollten unterlassen werden.

Fachkräfte sollten beim **Nase putzen, Mund abwischen, Haare kämmen** und Frisieren achtsam mit den Grenzen der Kinder umgehen, ihre Tätigkeit ankündigen, die Kinder um Erlaubnis bitten und garantieren, dass sie versuchen, vorsichtig zu handeln.

Pflegesituation

REFLEXION

Es gibt verschiedene Rollenspiele, bei denen die körperlichen Grenzen der Kinder für Fachkräfte erfahrbar gemacht werden können. Bei einem Spiel im Team können Fachkräfte sich gegenseitig von hinten mit einem kalten Waschlappen den Mund abwischen und dabei verschiedene Stufen erfahren: ohne Ankündigung, mit Ankündigung, ein warmer Waschlappen, von hinten, von der Seite, von vorne, ohne Fragen, mit Fragen, denjenigen selbst das Gesicht waschen lassen etc. Danach können die Erlebnisse in der Gruppe ausgetauscht werden. Wie habe ich mich dabei gefühlt und was hätte ich mir gewünscht?

Besondere Aufmerksamkeit dürfen die körperlichen Grenzen der Kinder in der Eingewöhnungsphase erhalten (vgl. Wedewardt 2023). Wahrt die pädagogische Fachkraft dabei feinfühlig die Grenzen des Kindes, fragt um Erlaubnis beim Eintreten in den körperlichen Bereich, kann die Beziehung zwischen Fachkraft und Kind gestärkt werden. Das Kind erfährt, dass es in seinen Grenzen gesehen und respektiert wird. Das gibt Sicherheit. Fachkräfte, die aktiv die Integrität der Kinder stärken, sorgen dafür, dass das Kind in der Eingewöhnung schnell Vertrauen aufbauen kann, weil es weiß, dass es in seinen Grenzen geachtet wird.

Auch die pädagogische Fachkraft darf und sollte ihre körperlichen Grenzen deutlich zum Ausdruck bringen: »Ich will nicht, dass du mir an die Brust fasst!« »Ich will nicht, dass du mir auf den Po haust!« Die Fachkraft sollte ihre körperlichen Grenzen ebenso achtsam im Blick behalten, wie sie auch die Grenzen der Kinder achtet, und sie klar mitteilen. Auf diese Weise ist ein gleichwürdiges Miteinander möglich. Die Kinder lernen, dass es in Ordnung ist, Grenzen deutlich zu zeigen (vgl. Kapitel 4.2).

Podcast »Auf die ersten Jahre kommt es an!« (Folge 9):
Die körperlichen Grenzen der Kinder respektieren mit Lea Wedewardt

2.3.3 Achtsamer Umgang mit den psychischen Grenzen

Die psychischen Grenzen von Menschen wahrzunehmen und zu verstehen ist nicht ganz leicht. Man könnte grob sagen, alle Handlungen, die die Würde eines anderen Menschen herabsetzen, sind eine Überschreitung der psychischen Grenze. Dazu gehören Herabwürdigung, Abwertung oder Beschämung (vgl. Maywald 2019), jede Form von Belohnung oder Bestrafung (vgl. Hohmann 2022) und Sprachgewalt (vgl. Wedewardt 2022) – all das, was den **Selbstwert mindert** und das **Selbstbild** eines Menschen **negativ beeinflusst.**

Ähnlich wie bei der körperlichen Grenze kann man sagen, dass die psychische Grenze dann überschritten ist, wenn das betreffende Individuum diese als übertreten oder verletzt einschätzt. Insbesondere seelische Grenzverletzungen sind oft nahezu unsichtbar, nicht aber weniger schmerzhaft. Neurowissenschaftliche Forschungen haben gezeigt, dass durch körperlichen und seelischen Schmerz ähnliche neuronale Mechanismen im Gehirn aktiviert werden. Sicherlich kann das ein jeder nachfühlen, wenn wir selbst an Ausgrenzungserfahrungen oder Liebeskummer denken. Der Schmerz ist fühlbar und die »Schmerzmatrix« springt an (vgl. Luerweg 2023). Das bedeutet im Gegenzug: Immer dann, wenn Kinder ihre psychischen Grenzen wahren können, bauen sie einen positiven Selbstwert auf und entwickeln ein positives Bild von sich selbst.

Kinder sind von Natur aus in der Lage, ihre Integrität zu wahren. Sie zeigen deutlich, wenn sie sich ungerecht behandelt fühlen, sich über etwas ärgern, wenn sie ausgegrenzt werden, wenn sie sich herabgewürdigt fühlen – kurzum, wenn ihre psychische Grenze übertreten wurde. Feinfühlige Fachkräfte nehmen diese Zeichen der Grenzziehung wahr und achten sie.

Auch Fachkräfte dürfen und sollten ihre Integrität wahren. Wenn sie Kindern mitteilen, was sie kränkt oder beschämt, was sie wollen und was sie nicht wollen, sind sie ein Vorbild. Sie zeigen, dass es erlaubt ist, seine eigenen Grenzen und Werte zu kommunizieren, ohne das Gegenüber dabei abzuwerten. Kinder brauchen keine Erwachsenen, die ihnen beibringen, wie man kooperiert. Vielmehr hätten sie einen großen Bedarf an Erwachsenen, die ihnen zeigen, wie man seine Integrität im Austausch mit anderen wahrt, schreibt Jesper Juul (vgl. Juul 2013, S. 48). Fachkräfte sollten ihre eigenen Bedürfnisse also stetig reflektieren, klar im Auge behalten und authentisch kommunizieren (vgl. Kapitel 4.1). Wenn Niklas Fachkraft Charlotte mit Schimpfwörtern betitelt, darf sie über eine Ich-Botschaft mitteilen, dass sie nicht beschimpft werden möchte. Wenn Nora Fachkraft Tim im Befehlston dazu auffordert, ihr sofort die Kiste runterzuholen, kann Tim antworten: »Das mache ich gerne. Weißt du, ich mag es allerdings lieber, wenn du mich freundlich darum bittest.«

2.3.4 Grenzen kommunizieren

Grenzen sollten klar, aber freundlich kommuniziert werden. Sowohl die Grenzen der Kinder, die Grenzen der Eltern, aber auch die Grenzen der Fachkräfte, des Teams und letztlich der Einrichtung. Um zu lernen, Grenzen wahrzunehmen und mit ihnen umzugehen, ist es wichtig, die Grenzen aller Beteiligten zu benennen, klar zu kommunizieren, zu verbalisieren und zu achten.

Und auch die Fachkräfte dürfen für sich selbst integer handeln und ihre Bedürfnisse, Grenzen und damit verbundenen Werte klar zum Ausdruck bringen. Wenn es gelingt, die Grenzen aller zu wahren, muss kein Mitglied darum kämpfen, seine Integrität wiederzuerlangen, um als gleichwürdiger Partner anerkannt zu werden.

Es kann eine Kultur gelebt werden, die ehrlich und authentisch ist.

Es ist nicht immer bequem, die Grenzen des Gegenübers ernst zu nehmen. Das bedeutet unter Umständen, dass sowohl Eltern als auch Kinder nicht genau das machen, was Fachkräfte sich von ihnen wünschen, dass sie womöglich widersprechen, Nein sagen, nicht hören, sie kritisieren, sich beschweren, sich über sie ärgern und ihnen nicht immer folgen. Wenn Fachkräfte dann mit Belohnungen, Bestrafungen, Macht, Ausschimpfen, Beschämungen, übergriffigem Verhalten, Korrektur und Kritik reagieren, ist die Botschaft an Eltern und Kinder: »Du darfst deine Grenze nicht zeigen!« »Deine Grenze ist nicht relevant!« »Wenn du deine Grenze zeigst, hat das negative Konsequenzen.« Über kurz oder lang werden sie ihre Grenzen dann nicht mehr authentisch kommunizieren und die wahrhaftige, gesunde Beziehung wird darunter leiden. Um Grenzen von Kindern und Eltern zu achten, sollten Fachkräfte innerlich und äußerlich jederzeit die Möglichkeit bieten, dass Kinder und Eltern **sich beschweren und Nein sagen dürfen**. So können sie sich offenbaren mit dem, womit sie nicht einverstanden sind. Es handelt sich dabei nicht nur um ein Kinderrecht (Beschwerderecht), sondern schafft zudem Vertrauen.

Nur wenn Kinder sich beschweren und Nein sagen dürfen, lernen sie, dass es erlaubt ist, seine Grenzen zu vertreten. Bei diesem Lernprozess können Erwachsene sie bestärken. Im gemeinsamen Prozess erleben sie, dass persönliche Grenzen beim Gegenüber Gefühle wie Trauer, Frustration oder auch Ärger hervorrufen können und dass das Kind diese Gefühle ebenfalls spürt, wenn es eine Grenze erfährt. Weil Kinder die Kooperation aus Sicherheitsgründen bevorzugen, dürfen Fachkräfte ihnen aktiv die Erlaubnis erteilen, ihre Integrität zu wahren. Die feinen Antennen der Kinder geben ihnen sehr schnell Hinweise darauf, ob sie Nein sagen dürfen oder nicht. Wenn Menschen lernen, sie sollten lieber »Ja« sagen, obwohl ein »Nein« authentisch gewesen wäre, beginnen sie, ihr Innerstes zu verleugnen. Innere und äußere Grenzen verschwimmen. Sie nehmen ihre tatsächlichen Bedürfnisse immer weniger deutlich wahr. Sie leben mehr im Außen und weniger in sich. Menschen, die nicht Nein sagen können, geben sich selbst eher auf und haben Angst vor Konflikten. Ein Dauerhaftes Nicht-nein-sagen-Können wirkt sich langfristig negativ auf das körperliche und seelische Wohlbefinden aus.

In der Kindergruppe ist es deshalb so wichtig, dass die pädagogische Fachkraft die Grenzen der Kinder untereinander benennt. Auf diese Weise gelingt es, die Achtsamkeit und Empathie der Kinder zu fördern. Leni möchte beispielsweise nicht, dass Lukas bei ihrem Spiel mitmacht. Lukas beschwert sich bei seiner Bezugsfachkraft Charlotte. Sie könnte nun zu Leni gehen und fordern, dass sie ihn mitspielen lässt, quasi eine Gemeinschaftlichkeit anschieben. Dann würde Charlotte jedoch die Grenze von Leni aufweichen und nicht respektieren. Sie will nicht, dass Lukas mitspielt. »Leni will nicht, dass du mit ihr spielst, das hat sie deutlich zum Ausdruck gebracht. Das sollten wir respektieren. Gleichzeitig kann ich gut verstehen, dass dich das traurig macht. Du wolltest so gerne mit ihr spielen, oder?« Charlotte respektiert Lenis Grenze und kann gleichzeitig Lukas dabei helfen, mit seinem Frust umzugehen sowie Alternativen zu finden. Um auch Lenis Empathie zu fördern, gäbe es die Möglichkeit, die Gefühle und Bedürfnisse von Lukas an Leni zu transportieren, jedoch nicht, um sie zu manipulieren, sondern um ein Feedback darüber zu geben, was Lenis Grenze bei Lukas emotional auslöst. Anders ist es, wenn Kinder dauerhaft ausgeschlossen werden, Mobbing oder Diskriminierung im Raum stehen. Dann ist es notwendig, dass die Fachkraft aktiv für die Spielteilnahme eines Kindes einsteht.

Jeder Mensch, jedes Kind, alle Eltern und Fachkräfte bringen ihre eigenen Gefühle, Bedürfnisse und Grenzen mit in das soziale Gefüge der Kinderbetreuung. Werden die Gefühle gesehen, die darauf aufmerksam machen, dass ein Bedürfnis unerfüllt ist, werden das Bedürfnis der Einzelnen gesehen und befriedigt die Grenzen aller Beteiligten geachtet, gibt es ein friedvolles, glückliches und gesundes Miteinander. Das bedeutet nicht, dass alles immer fröhlich ist, sondern dass alles sein darf: Wut, Ärger, Freude, Abgrenzung, Selbstbehauptung, Ungehorsam und Selbstbestimmung. Die Aufgabe der Fachkräfte ist es, die Zustände wahrzunehmen und Kinder sowie Eltern darin anzunehmen.

3.

Gewaltfreiheit

Die Themen in diesem Kapitel sind

→ welche Formen der Gewalt es gibt

→ welche Folgen Gewalt haben kann

→ welche Rolle Gewalt in der Kita spielt

→ warum bestimmte Erziehungsmethoden unzulässig sind

Wenn in einem Buch auf Gewaltfreiheit in pädagogischen Einrichtungen hingewiesen wird, klingt das nahezu paradox. Natürlicherweise sollten Kinder in der Kinderbetreuung vor Gewalt geschützt sein. Es sollte klar sein, dass sie – wenn nicht hier, wo dann? – in ihren Bedürfnissen gesehen und diese feinfühlig beantwortet werden. Leider ist das noch nicht in allen Einrichtungen der Fall. Die Bücher »Gewalt durch pädagogische Fachkräfte verhindern« von Jörg Maywald und »Seelenprügel« von Anke Elisabeth Ballmann sowie die Studie von Astrid Boll und Regina Remsperger-Kehm (vgl. 2021) zeigen das deutlich. Aber wo fängt eine Grenze an, wann ist es eine Grenzverletzung und wann Gewalt? Diese Fragen sind nicht leicht zu beantworten und bewegen derzeit viele pädagogische Fachkräfte durch die Verpflichtung aller Träger zur Entwicklung eines Kinderschutzkonzepts.

UNICEF Deutschland und der Kinderschutzbund haben im Frühjahr 2020 2.500 Personen zu ihren Einstellungen bezüglich der Körperstrafe in der Erziehung befragt. In der Studie sollte herausgefunden werden, inwiefern sich die Einstellungen seit dem im Jahr 2000 verankerten **Recht auf eine gewaltfreie Erziehung** gewandelt haben. Auch wenn das Bewusstsein für eine gewaltfreie Erziehung wächst, zeigt die Studie deutlich, dass noch viele Menschen Gewalt gegen Kinder als Mittel zur Erziehung nutzen und legitimieren. Einen »Klaps auf den Hintern« hielten im Jahr 2005 circa 75 Prozent, im Jahr 2016 44,7 Prozent und im Jahr 2020 42,7 Prozent als Erziehungsmethode für angebracht. Eine »leichte Ohrfeige« verteidigten im Jahr 2005 noch 53,7 Prozent der Befragten als adäquate Erziehungsmethode. Im Jahr 2016 und 2020 stagnierte die Zahl bei 17 und 17,6 Prozent. Die Studie fand ebenso heraus, dass Menschen, die selbst in der Kindheit körperliche und emotionale Gewalt erfuhren, diese in der Erziehung der eigenen Kinder eher zulassen. Ein klares Zeichen dafür, dass Gewalt in der eigenen Kindheit schadet und diese Kränkungen unter Umständen unbedacht weitergegeben werden (UNICEF Deutschland 2020). Kinder müssen in jeder Weise vor Gewalt geschützt werden und alle Menschen benötigen weiterhin eine Sensibilisierung für Gewalt, damit diese bei einem selbst, wie auch bei anderen erkannt und aufgedeckt werden kann.

Dieses Kapitel möchte explizit gewaltvolle Verhaltensweisen benennen, damit langfristig jede pädagogische Einrichtung ein **sicherer Ort für Kinder** ist. Es geht an dieser Stelle nicht darum, richtige oder falsche Erziehungsmethoden zu bewerten. Vielmehr geht es um eine Bewusstheit für gewaltvolles und gewaltfreies Verhalten und dieses lässt sich sehr klar voneinander abgrenzen. Es gilt, hin- statt wegzuschauen, immer im Sinne der Kinder zu handeln. Und diese brauchen, das ist unumstritten, ein gewaltfreies Aufwachsen und Miteinander.

Warum pädagogische Fachkräfte gewaltvoll reagieren, kann vielfältige Ursachen haben. Die eigene Sozialisation und Biografie, Risikofaktoren, tief verankerte Muster, eine geringe Selbstkontrolle und **schwache Regulationsfähigkeit** sowie eine **bewusste Überzeugung** für diese Erziehungsform können ausschlaggebend sein. Teilweise passiert übergriffiges, gewaltvolles Verhalten nicht bewusst und wird als solches häufig nicht gesehen, durch Stress oder schlechte Rahmenbedingungen entschuldigt oder gerechtfertigt. Und auch wenn jeder Mensch gute und schlechte Tage hat, darf Gewalt nie gerechtfertigt werden, und ein jeder Mensch sollte Verantwortung für das eigene Handeln tragen. Der Einsatz von Gewalt als bewusste Erziehungsmethode ist äußerst kritisch zu betrachten, und eine Stärkung der Kinderrechte und weitere Aufklärungsarbeit sind vonnöten.

Es ist davon auszugehen, dass körperliche Gewalt in pädagogischen Einrichtungen weitaus weniger vorkommt als zu Hause. Andere Gewaltformen sind aber noch immer gang und gäbe und nicht weniger schädlich für die kindliche Entwicklung. Ganz gleich, ob Gewalt sichtbar oder versteckt abläuft, die Wunden sind tief und die Narben bleiben ein Leben lang. Insbesondere wenn Menschen selbst mit Gewalt und Machtausübungen aufgewachsen sind, tragen sie, insofern das Erlebte unreflektiert bleibt, Impulse in sich, diese Erfahrungen transgenerational weiterzugeben (Suess & Pfeifer 1999). Dabei benötigen Kinder Vorbilder, die ihnen vorleben, wie mit intensiven Gefühlen und Konflikten gewaltfrei umgegangen werden kann. Sie ahmen ihre Bezugspersonen nach und erlernen von ihnen Handlungsmöglichkeiten. Daneben – und dieser Aspekt ist fundamental – schädigt jegliche Form von Gewalt die Kinderseele. Gewalt löst beim Kind **Stress und Anspannung** aus, die das Angstzentrum aktivieren. Stresshormone werden ausgeschüttet, wodurch diese Kinder angespannt, aufgeregt und aggressiv wirken können. Das Kind, welches Gewalt erfährt, fühlt sich so, wie es ist, nicht wertvoll. Es spürt, dass es nicht »richtig« ist. Dieser Stress schwächt das Immunsystem, senkt die Konzentration und ist ein Nährboden für Krankheiten und Störungen. Die Neurobiologie konnte herausfinden, dass es dabei irrelevant ist, ob Gewalt körperlich oder seelisch stattfindet. Auch bei seelischem Schmerz wie bei einem Ausschluss aus der Gruppe, wenn ein Kind beispielsweise auf dem »stillen Stuhl« sitzt, wird der Blutdruck erhöht und das **Stresshormon Cortisol** ausgeschüttet. Dies bleibt für pädagogische Fachkräfte vorerst unsichtbar, der Schmerz ist aber mit dem bei einem körperlichen Übergriff gleichzusetzen (vgl. Hohmann 2022; Ballmann 2019; Bauer 2008; Maywald 2019). Die Auszeit in der Garderobe oder auf einem »Auszeitstuhl« kann folglich als gewaltvoller Akt eingestuft werden und ist nicht erlaubt.

WISSEN

Transgenerationale Weitergabe von Gewalterfahrungen

Opfer von Gewalterfahrungen in der eigenen Kindheit geben Gewalt leichter im Erwachsenenalter weiter. Man spricht von einer »intergenerationellen Transmission« (Dornes 2013, S. 239), der innerfamiliären Weitergabe. Einigen Erwachsenen gelingt es, diesen Zyklus der Gewaltweitergabe zu durchbrechen. Egeland (1988) kam zu dem Ergebnis, dass Nicht-Wiederholer in ihrer Kindheit auf mindestens eine vertrauensvolle Person zurückgreifen konnten, in ihrem Leben eine Psychotherapie durchlaufen und somit ihre Vergangenheit bearbeitet hatten und öfter in einer gewinnbringenden Beziehung lebten. Wiederholer reflektierten demgegenüber ihre eigenen Misshandlungen weniger (vgl. ebd., S. 239f.).

3.1 Formen von Gewalt erkennen

BEISPIEL

Die pädagogische Fachkraft Michael hilft heute in der Nestgruppe aus, da dort personeller Notstand herrscht. Normalerweise ist er in der altersgemischten Gruppe. Der zweijährige Emil spielt auf dem Bauteppich und ist ganz versunken in sein Spiel. Plötzlich bekommt er einen roten Kopf und unterbricht sein Tun. Die Krippenfachkraft Susanne beobachtet ihn von weitem. In der letzten Zeit kann sie deutlich erkennen, wann er seine Windel füllt. Sie wartet sensibel ab, bis er fertig ist, und geht dann zu ihm und fragt ihn zugewandt und leise, ob sie gemeinsam in das Badezimmer gehen möchten. An diesem Tag ist alles gleich, auch heute beobachtet Susanne Emil aus der Entfernung und lächelt. Plötzlich hört sie, wie Michael durch den Raum ruft: »Puh, hier stinkt es aber. Wer von euch hat denn in die Hosen gemacht?« Er steht auf und reißt das Fenster auf. Emil zuckt sichtlich zusammen.

Wo beginnt Gewalt? Ist Michael gewaltvoll?

Möglicherweise werden einige Leser und Leserinnen denken, dass die Fachkraft ja normalerweise in der altersgemischten Gruppe arbeitet und womöglich wenig Erfahrung mit den jüngeren Kindern hat. Sicherlich hat sie es auch nicht »böse«

gemeint. Bestimmt nicht. Und das ist das Tückische an verschiedenen Formen von Fehlverhalten und Gewalt. Es geschieht häufig unbeabsichtigt und so nebenbei. Gleichzeitig lässt sich diese Situation nicht »schönreden«, das Verhalten ist beschämend und demütigend. Ein Kind in solch einer Art und Weise bloßzustellen, ist gewaltvoll.

Indem den Fachkräften die Formen von Gewalt bewusst sind, können sie Fehlverhalten leichter erkennen und darauf aufmerksam machen. Es soll immer darum gehen, das Wohl des Kindes im Blick zu behalten. Fachkräfte handeln entsprechend dem **Kindeswohl,** wenn sie sich nach den Grundrechten und Grundbedürfnissen des Kindes richten und im Sinne des Kindes die bestmögliche Handlungsmöglichkeit wählen (vgl. Maywald 2013, S. 33). Dies schließt auch den Willen des Kindes ein, welches in alle Entscheidungen, die seine Person betreffen, einbezogen werden soll (vgl. ebd., S. 37). Posth definiert Gewalt als »angewandte Macht Einzelner mit aggressiven Mitteln zur Unterdrückung der nach persönlicher Freiheit und körperlicher Unversehrtheit strebenden anderen Menschen« (Posth 2016, S. 260). Damit Fachkräfte im Konsens für eine achtsame Begleitung von Kindern einstehen, ist es essenziell, dass sie eine einvernehmliche Definition von Gewalt und Strafen entwickeln, um dieser gemeinsam nachzugehen. Es soll darum gehen, eine Kultur der Unterstützung und des Hinsehens zu entwickeln.

Im Folgenden werden die Formen von Gewalt in Kürze aufgelistet.

Unter **seelischer, emotionaler Gewalt** sind Beschämung, Demütigung, Ausgrenzung, Diskriminierung, Isolierung, ein Vergleichen mit anderen Kindern, Bevorzugungen, Abwertungen, Anschreien, Erpressen sowie Beleidigungen oder Bedrohungen zu verstehen (vgl. Maywald 2019, S. 12; Hohmann 2022). Es sind oft schon kleine Momente, die eine riesige Wirkung haben: ein Augenrollen, ein böser oder abwertender Blick, Kinder als Bestrafung allein zurücklassen, manipulieren oder beschämen.

Zur emotionalen Gewalt ist auch die **Sprachgewalt** (vgl. Wedewardt 2022) zu zählen. Sätze wie »Bei dir dauert es immer am längsten!«, »Die anderen Kinder schaffen es doch auch in Ruhe dem Morgenkreis zu folgen«, »Ich glaube, so wirst du nicht in der Schule aufgenommen«, »Meinst du der Weihnachtsmann kommt zu dir, wenn du dich so verhältst?«, »Wenn du jetzt schnell einschläfst, gibt es eine Überraschung für dich«, »Wenn du das aufisst, wirst du schön groß und stark« oder »Wenn du deine Schuhe jetzt nicht anziehst, kannst du beim Sport heute nicht teilnehmen« sind gewaltvoll. Jeder dieser Sätze hinterlässt einen Schmerz und schadet dem Kind in seinem Selbstwert. Keine Fachkraft wird in jedem Moment gewaltfrei handeln und sprechen. Sich dieses zum Ziel zu setzen und mit der eigenen Sprache bewusst und verantwortungsvoll umzugehen, ist hingegen wichtig. Ein jeder

Mensch macht täglich Fehler und gleichzeitig darf er sich auf die Reise begeben, sich dieser bewusst zu sein und an ihnen zu arbeiten.

Auch das Ängstigen von Kindern ist hochgradig gewaltvoll: »Wenn du nicht aufhörst, nehm' ich dein Schnuffi (Kuscheltier) weg« (vgl. Ballmann 2019, S. 17ff.). Zu psychischer Gewalt zählen auch verbale Fehltritte, wenn sich im Beisein des Kindes schlecht über es selbst oder die Familie geäußert wird, wie: »Lina ist so weinerlich, weil ihre Mutter sie immer trägt und auch immer noch stillt. Ich mache das nicht mit.« Auch **Sarkasmus und Ironie** zählen dazu; ebenso **widersprüchliche Aussagen** in zynischem Ton, auch »Doppelbindung« (Watzlawick et al. 2017, S. 232ff.) genannt, wie: »Na das hast du ja wundervoll gemacht, hätte ich nicht besser gekonnt«, wenn dem Kind ein Missgeschick passiert ist. Watzlawick hatte seinerzeit sogar die These aufgestellt, dass diese doppelt kodierte Sprache mit ein Auslöser für Schizophrenie sein könnte (vgl. ebd., S. 237f.).

Werden Kinder zu etwas **gezwungen,** kann dies in der Praxis schnell übersehen werden, denn leicht wird es als eine »zum Wohle des Kindes« getarnte Handlung angegeben. Fragt sich die Fachkraft an dieser Stelle bewusst, ob es tatsächlich um den Schutzgedanken geht, oder möglicherweise eine Diskussion umgangen wird oder ein autoritärer Erziehungsgedanke mitschwingt, so werden durch die Reflexion Grenzverletzungen aufgedeckt, die ohne diesen Prozess drohen, blind und ohne Irritation weitergetragen zu werden. So müssen einige Kinder zu festen Zeiten über einen längeren Zeitraum ruhig liegen, ohne müde zu sein. Um Essen abzulehnen, müssen sie es zuvor probieren, und auch erst dann erhalten sie den Nachtisch. Eine volle Windel rechtfertigt, dass das Wickeln in einem engen Zeitfenster geschehen muss, und der Nuckel kommt zum Morgenkreis an die Schnullerwolke, weil das Kind dann besser zu verstehen ist. Solche Situationen, in denen die Bedürfnisse der Kinder ignoriert werden, finden tagtäglich in den pädagogischen Einrichtungen statt. Es kann davon ausgegangen werden, dass Fachkräfte das Beste für das Kind wünschen und teilweise unreflektiert meinen, es müsse so und nicht anders laufen. Dabei wird leicht übersehen, dass sie mit diesen Handlungen schädigend und übergriffig vorgehen und ihre Vorstellungen mit ihrer Macht durchsetzen, ohne diese mit den echten Bedürfnissen des Kindes abzugleichen.

Von **seelischer Vernachlässigung** wird gesprochen, wenn Kinder keine Geborgenheit oder Trost erhalten. Auch Ignorieren oder eine Verweigerung eines Gespräches zählt dazu. Werden Übergriffe unter Kindern wahrgenommen, seien sie seelischer, körperlicher oder sexueller Natur, und es wird nicht eingegriffen, spüren Kinder ebenso eine große seelische Not (vgl. Maywald 2019).

Sätze wie »Daniel, du hast mit dem Streit angefangen, nun brauchst du nicht zu mir zu kommen. Das hast du dir selbst eingebrockt« oder »Leider hast du nun mehrfach einfach dazwischen geplappert, den Rest des Kreises werde ich dich nicht mehr drannehmen. Schau, die anderen Kinder melden sich ganz brav« können Beispiele sein, die beim Kind ein Gefühl der Vernachlässigung und Beschämung auslösen. Aber auch mangelnde Anregung gehört dazu und kann Kinder aufgrund von Langeweile aggressiv werden lassen. Die gängige Annahme, dass einige Kinder vor dem Schulbeginn »durchdrehen«, weil sie nun zu »groß« für den Kindergarten seien, lässt auf mangelnde Angebote und Impulse schließen. Kinder möchten immer ihren Wissensdurst stillen und explorieren. Das zu erkennen und anregungsreiche Angebote zu unterbreiten, ist Aufgabe der pädagogischen Fachkräfte (vgl. Haug-Schnabel 2020).

Bei der **körperlichen Gewalt** ist die Grenze in der Regel weitaus sichtbarer. Übergriffiges Verhalten zeigt sich durch Hauen, Schubsen, Festbinden, am Arm ziehen, Einsperren, ein Fixieren von Kindern am Bett, Essenszwang sowie durch jegliche andere körperlich verletzende Handlung. Diese Form der Gewalt hinterlässt häufig Spuren und Kinder äußern sich lautstark. »Nur wenn du deine Nudeln isst, bekommst du ein Eis wie die anderen Kinder« ist durchaus ebenfalls eine Form körperlicher Gewalt.

Körperliche Vernachlässigung wird von Außenstehenden auch leichter wahrgenommen und äußert sich durch unzureichende oder zu kleine Kleidung, eine ungenügende Ernährung sowie die versäumte und mangelnde Körperhygiene. Formen der körperlichen Vernachlässigung in Einrichtungen sind beispielsweise Essensverbote oder das Ausbleiben von Unterstützung oder Hilfestellungen, auf die das Kind angewiesen ist.

Werden Kinder in gefährlichen, überfordernden Situationen allein gelassen, erhalten in herausfordernden Momenten und/oder Konflikten keine angemessene Begleitung oder werden gar auf dem Spielplatz vergessen, ist von einer **vernachlässigten Aufsichtspflicht** die Rede (vgl. Maywald 2019, S. 12). Es liegt in der Verantwortung der Fachkraft, die Kinder in ihrer Entwicklung zu fördern und ihnen in einer angemessenen, altersentsprechenden Umgebung Bildungsanreize zu bieten. Nur in Sicherheit und mit der Fachkraft als zuverlässige Ansprechpartnerin können sie schrittweise die Welt entdecken. Kinder benötigen Freiraum für ihre Entwicklung und ausreichend Möglichkeiten, sich und ihre Umwelt eigenständig zu erforschen – selbst, aber nicht alleine. Fahrlässig wäre es beispielsweise, sie einen aggressiven Konflikt allein lösen zu lassen und dabei zuzusehen oder sich gar wegzudrehen; dies zählt zu unterlassener Hilfeleistung genauso wie die Trostverweigerung, obwohl das Kind durch das Ausstrecken der Arme der Fachkraft symbolisiert, dass es sie oder ihn braucht. Ein weiteres Beispiel für unterlassene Hilfeleistung ist, wenn Bedürfnisse abgetan werden mit der Begründung, dass das Kind damit nur die Aufmerksamkeit auf sich ziehen möchte.

Sexualisierte Gewalt liegt vor, wenn Fachkräfte die Nähe-Distanz-Regulation nicht wahren und beispielsweise die eigenen Bedürfnisse nach Nähe und Zuneigung durch die Kinder befriedigen. Diese erzeugte Innigkeit, das Kuscheln, Einfordern von Abschiedsküssen, obwohl das Kind dies nicht möchte, überschreitet eine deutliche Grenze (vgl. ebd.).

3.2 Folgen von Gewalt

Jörg Maywald betont: »Fehlverhalten durch Fachkräfte hat Folgen für das betroffene Kind und alle anderen Beteiligten« (2019, S. 21). Für das Kind, die Kindergruppe sowie für die Eltern und das pädagogische Team können die Folgen von übergriffigem Verhalten durch Fachkräfte gravierende und langfristige Schäden mit sich bringen. Je nach Gewaltart und Schwere können die Folgen **körperlich** (z. B. Wunden, Verletzungen, Entwicklungseinschränkungen), **seelisch** (z. B. Störungen im Verhalten und der Persönlichkeit), **psychosomatisch** (z. B. nicht körperlich bedingte Schmerzen in Kopf oder Bauch, Schlafstörungen) sein. Aber auch Störungen in Kontakten und Beziehungen (z. B. Angst, Dominanz) sowie Sprach- und Lernstörungen, mangelnde Identitätsgefühle oder ein gestörtes Selbstwertgefühl können daraus resultieren.

Wie stark ein Kind von einem **Trauma** geprägt wird, hängt von vielen Faktoren ab und ist nicht an der äußerlich sichtbaren Intensität messbar. Die Nachhaltigkeit der Folgen ist unter anderem auch von der emotionalen Widerstandsfähigkeit (Resilienz) eines Kindes abhängig sowie von den Schutzfaktoren, die das Kind umgeben. So verarbeiten einige Kinder Gewalterfahrungen leichter als andere (vgl. ebd., S. 21f.).

Resilienz

DEFINITION

Resilienz bezeichnet »die Fähigkeit, auf Anforderungen flexibel zu reagieren und auch stressreiche, frustrierende oder anderweitig schwierige Lebenssituationen zu meistern. Zu den Faktoren, die Resilienz begünstigen, gehören unter anderem (emotionale) Intelligenz, eine sichere Bindung zu mindestens einer Person, Zugehörigkeit zu einer Gruppe, starkes Wertebewusstsein und die Fähigkeit, auf Probleme aktiv zuzugehen« (Maywald 2019, S. 23).

Ein weiterer entscheidender Faktor ist, ob das Kind sich für die ihm zugefügte Gewalt verantwortlich fühlt. Solche Schuldgefühle erschweren die Last immens. Beim Kind brennen sich Glaubenssätze ein wie: »Ich bin nicht gut und deswegen sind andere mit mir nicht zufrieden und müssen mir weh tun!«. Glaubenssätze wie diese begünstigen eine innere Legitimation von Grenzüberschreitungen durch Erwachsene und fördern somit Adultismus, also die Diskriminierung von Kindern.

Sind Erwachsene mit einem kindlichen Verhalten oder einer Handlung unzufrieden, so löst das Kind im Erwachsenen lediglich etwas aus. Das Kind ist nicht schuld daran. Es ist immer die Verantwortung des Erwachsenen, in sich zu hören und die eigenen Glaubenssätze, Erwartungen und Anforderungen zu überprüfen. Das Kind ist, wie es ist, und zeigt in der Regel immer sein bestmögliches Verhalten. Es handelt aus einem guten Grund – nie aber, um einen Erwachsenen zu schädigen oder zu ärgern. Fühlen Fachkräfte Impulse, in denen sie glauben, streng handeln zu »müssen«, damit ein Kind »nicht macht, was es will« oder »nicht beginnt einem auf der Nase herumzutanzen«, sollten sie diesen Auslösern verantwortungsbewusst auf den Grund gehen. Die Fachkraft kann das Verhalten des Kindes quasi als Lerngeschenk annehmen. Verantwortungsvoll zu handeln bedeutet, in sich zu spüren und zu reflektieren, warum ein Verhalten einen selbst so »triggert« und was dieses in einem auslöst (Kapitel 4.5). Meist sind es eigene Schmerzpunkte der Kindheit, die sich in diesen besonderen Momenten zeigen. In der Regel haben sie wenig mit dem Kind zu tun. Gewaltvoll hingegen ist es, wenn die Fachkraft ein Kind für den eigenen Schmerz verantwortlich macht und sein Verhalten machtvoll verändert, damit sie selbst diese schmerzhafte Situation umgehen kann. Gewaltvoll ist es auch, wenn sie das Kind dazu instrumentalisiert, sich ein eigenes Bedürfnis zu erfüllen.

BEISPIEL

»Mit dem Essen spielt man nicht!«, sagt Marina zu der einjährigen Nora. Nora ertastet ihr Essen mit allen Sinnen. Sie hat es noch schwer, den Löffel zu halten, und genießt sichtbar ihr Essen mit den Fingern. Marina kann das gar nicht mit ansehen und fordert sie mehrfach auf, den Löffel zu nutzen. Als Nora immer wieder die Hände nutzt, reicht es Marina. Sie setzt sich zu Nora und entreißt ihr den Teller. »Nora, das kann ich mir nicht länger mit ansehen. Mit dem Essen wird nicht gespielt, andere Kinder haben gar nichts zu essen! Und so wie du isst, landet auch jede Menge auf dem Boden.« Nora schaut irritiert, während Marina beginnt, das kleine Mädchen zu füttern.

In Marinas Kindheit gab es das nicht. Kein »anständiges« Kind durfte mit Händen essen. Sieht sie Kinder nun genüsslich mit allen Sinnen ihr Essen erkunden, tauchen in ihr tiefe, schmerzhafte Gefühle auf, die nichts mit dem Kind, sondern vielmehr mit Marinas unbewussten Erfahrungen zu tun haben. Sie versucht, diese für einen Moment auszuhalten, doch letzten Endes unterbricht sie die Kinder beim Essen und übernimmt gewaltvoll die Führung. Vermutlich wird beim Lesen schnell deutlich, dass Marinas Unterbrechung für das kleine Mädchen eine schmerzhafte Erfahrung bedeuten kann. Sie wird in ihren eigenen Prozessen stark gebremst und ihre Selbsterfahrung unterbunden. Was könnte die pädagogische Fachkraft Marina an dieser Stelle tun? Das Mädchen handelt altersentsprechend und im Sinne ihrer Entwicklung. In Marina tauchen uralte Gefühle auf, die sich durch gebetsmühlenartig formulierte Sätzen tief in ihr eingebrannt haben. Ihr Glaubenssatz »Mit Essen spielt man nicht!« begleitet sie vermutlich seit ihrer frühen Kindheit. Womöglich wurde sie für diese Spielversuche in ihrer Kindheit schmerzhaft bestraft. Nun übermittelt die kleine Nora ihr dieses Lerngeschenk. Marina darf sich anschauen, was dieser Moment in ihr auslöst, und in einer ruhigen Minute, gern mit der Unterstützung von Kollegen oder Kolleginnen, in der Supervision oder mithilfe eines Empathietrainers die Situation reflektieren. Ihr Gefühl hat recht wenig mit der kleinen Nora zu tun. Verantwortungsvoll zu handeln bedeutet an dieser Stelle, sich selbst zu hinterfragen statt das Kind einzuschränken.

3.3 Gewalt durch Fachkräfte sind eine Ausnahme?

Gewalt in Kitas gibt es nicht! Es haben doch alle Fachkräfte eine fundierte Ausbildung absolviert und sich hoffentlich freiwillig für diesen Beruf entschieden. Leider ist das ein Wunsch, der nicht der Realität entspricht. In den vergangenen Jahren wurden einige Fälle aufgedeckt, in denen Kinder ihrer Freiheit beraubt, gewalttätig angegangen, sexuell belästigt oder verbal gedemütigt wurden. Insbesondere die Pflegezeiten sind prädestiniert dafür, Kinder zum Essen oder Schlafen zu zwingen, die körperlichen und emotionalen Grenzen zu missachten und gewaltvoll zu agieren. Dabei handelt es sich leider nicht um Ausnahmen, wie unter anderem die Beobachtungsstudie INTAKT aufzeigte. Danach ist vermutlich jede vierte Interaktion von Fachkräften (und Lehrkräften) zwischen Kindern und Jugendlichen in der außerfamiliären Begleitung als verletztend einzuschätzen (vgl. Prengel 2019).

Dieses Buch möchte für einen achtsamen Umgang aller Fachkräfte sensibilisieren, damit diese Übergriffe erkannt und verfolgt werden. Gewaltvolles Handeln kann überall auftauchen, in kleinen wie in großen Einrichtungen, in der Stadt und auf dem Land. Sie kann von einzelnen Personen wie auch von ganzen Teams ausgehen, und auch das Alter oder die Berufsdauer sind kein Indiz (vgl. Maywald 2019, S. 13). In ganzen Teams wird dann eine »Kultur des Wegschauens« gelebt. Gegenseitige Bestätigungen im Handeln tragen dazu bei, dass Haltungen kaum hinterfragt und Gewalt zu wenig entgegengewirkt wird. Es gilt, achtsam miteinander zu sein, um Verhalten, welches das Wohl des Kindes gefährdet, zu erkennen und zu verändern.

Es liegt uns fern, an dieser Stelle Beispiele von grober Verletzung aufzuzählen, da sie eindeutig zu sein scheinen. Vielmehr ist es uns ein Anliegen, einen feinfühligen Blick zu schulen, um als Einzelperson wie auch als Kita-Team den Bedürfnissen aller Beteiligten gerecht zu werden. Die Bedürfnisorientierte Pädagogik darf sich in den kommenden Jahren als das »neue Normal« entwickeln. Ziel soll es sein, dass alle Beteiligten zumindest mit Irritation reagieren, wenn die Grenzen der Kinder übertreten, ihre Gefühle sowie Bedürfnisse missachtet werden. Dies benötigt neben Fachwissen viel Übung, Selbstreflexion, Heilung der eigenen Verletzungen und vor allem auch mutige Fachkräfte, die hinschauen und aufstehen.

WISSEN

Gewalt in der Erziehung ist verboten

In der Geschichte Deutschlands wurde ein absolutes Gewaltverbot in der Erziehung von Kindern über Jahre hinweg abgelehnt. Erst im Jahr 2000 wurde ein Gewaltverbot in der Erziehung im Bürgerlichen Gesetzbuch § 1631 Absatz 2 verankert: »Kinder haben ein Recht auf gewaltfreie Erziehung. Körperliche Bestrafungen, seelische Verletzungen und andere entwürdigende Maßnahmen sind unzulässig.« Ein Kind ist als Person mit seinen Grundrechten, seiner eigenen Persönlichkeit und seinen eigenen Werten zu achten (vgl. Maywald 2013, S. 19).

Das Gesetz und ein Gewaltverbot in der Erziehung sind also noch nicht alt. Es wird weitere Jahre benötigen, bis jedem Einzelnen bewusst ist, was eine Grenzverletzung ist und wo Gewalthandlungen beginnen. Wie bereits vorab geschildert, sind selbst die Verhaltensweisen im Beispiel Nora und Marina gewaltvoll, wenn auch vermutlich völlig unbewusst und in dieser Tragweite unbeabsichtigt. Genau dies macht es nun in dem Übergang so kompliziert, da Fachkräfte ihr Handeln teilweise nicht als gewaltvoll wahrnehmen und für sich selbst vermutlich auch rechtfertigen können. Sie als Fachkräfte dürfen also immer sensibel sein, damit Kinder, wie es im Gesetz steht, auch in der Praxis eine gewaltfreie Kindheit genießen können. Vermutlich gibt es viele Fachkräfte, die aus Überzeugung handeln mit dem Ziel, die Kinder zu anständigen und »guten« Menschen zu erziehen. Wieso es heutzutage aber keine Erziehung, sondern Beziehung benötigt, ist in Kapitel 1.4 »Von der Erziehung zur Beziehung« nachzulesen.

Um Gewalt zu erkennen, ist jede einzelne Fachkraft, jede pädagogische Leitung, jeder Träger, jedes Team, jede Schutzbeauftragte gefragt, genau hinzuspüren und bei Auffälligkeiten nicht mehr wegzusehen. Dieses Buch zeigt, dass gewaltvolle Erziehungsmaßnahmen nicht nötig sind, um Kinder »gut zu erziehen«. Im Gegenteil, sie wachsen zu umsichtigen und selbstsicheren Kindern heran, gerade weil sie gewaltfrei und bedürfnisorientiert aufwachsen können. Sie »auf Augenhöhe statt (mit) Strafen« (Hohmann 2022) zu begleiten, ist die Aufgabe von pädagogischen Fachkräften und Familien.

3.4 Die Ethik pädagogischer Beziehungen

An dieser Stelle soll in Kürze auf die **Reckahner Reflexionen** zur Ethik pädagogischer Beziehungen hingewiesen werden. Doch wozu braucht es eine pädagogische Berufsethik? Durch sie werden moralische Prinzipien und Werte festgelegt, Leitlinien erarbeitet und ethisch verantwortliches Handeln beschrieben. Die Reckahner Reflexionen stellen solche Leitlinien dar. Sie wurden in fünfjähriger umfassender Arbeit vom Arbeitskreis der Menschenrechtsbildung entwickelt. Die Reckahner Reflexionen machen deutlich auf seelische Verletzungen innerhalb der Erwachsenen-Kind-Beziehung aufmerksam, mit dem Ziel, diese fundamental wichtige **Beziehung zu verbessern.** Sollen Kinder zu respektvollen Erwachsenen heranwachsen, die ihre Konflikte langfristig gewaltfrei lösen, so braucht es insbesondere eines: tragfähige und achtsame Vorbilder, die versuchen, auf Gewalt zu verzichten. Anderenfalls kann nicht von Kindern erwartet werden, dass sie sich selbst gewaltfrei verhalten. Wenn davon auszugehen ist, dass circa 5 Prozent der pädagogischen Kontakte als stark und weitere 20 Prozent als leicht schädigend zu klassifizieren sind, so wird deutlich, dass Kinder im stetigen Kontakt mit Verletzungen verschiedenster Form stehen (vgl. Prengel et al. 2017). »Die Reckahner Reflexionen betreffen alle Kinder in allen Lebenslagen und tragen zu Menschenrechtsbildung, Antidiskriminierung, Partizipation und Inklusion auf der Beziehungsebene des ununterbrochen stattfindenden professionellen Handelns bei« (ebd., S. 4).

Die zehn Leitlinien der Reckahner Reflexion möchten zur Auseinandersetzung mit dem pädagogisch professionellen Handeln anregen, mit dem Augenmerk auf den Beziehungen zwischen Kindern und allen verantwortlichen Erwachsenen, die an der Bildungsgeschichte der Kinder teilnehmen.

WISSEN

Die zehn Leitlinien:

Was ethisch begründet ist

1. Kinder und Jugendliche werden wertschätzend angesprochen und behandelt.
2. Lehrpersonen und pädagogische Fachkräfte hören Kindern und Jugendlichen zu.
3. Bei Rückmeldungen zum Lernen wird das Erreichte benannt. Auf dieser Basis werden neue Lernschritte und förderliche Unterstützung besprochen.
4. Bei Rückmeldungen zum Verhalten werden bereits gelingende Verhaltensweisen benannt. Schritte zur guten Weiterentwicklung werden vereinbart. Die dauerhafte Zugehörigkeit aller zur Gemeinschaft wird gestärkt.
5. Lehrpersonen und pädagogische Fachkräfte achten auf Interessen, Freuden, Bedürfnisse, Nöte, Schmerzen und Kummer von Kindern und Jugendlichen. Sie berücksichtigen ihre Belange und den subjektiven Sinn ihres Verhaltens.
6. Kinder und Jugendliche werden zu Selbstachtung und Anerkennung der Anderen angeleitet.

Was ethisch unzulässig ist

7. Es ist nicht zulässig, dass Lehrpersonen und pädagogische Fachkräfte Kinder und Jugendliche diskriminierend, respektlos, demütigend, übergriffig oder unhöflich behandeln.
8. Es ist nicht zulässig, dass Lehrpersonen und pädagogische Fachkräfte Produkte und Leistungen von Kindern und Jugendlichen entwertend und entmutigend kommentieren.
9. Es ist nicht zulässig, dass Lehrpersonen und pädagogische Fachkräfte auf das Verhalten von Kindern und Jugendlichen herabsetzend, überwältigend oder ausgrenzend reagieren.
10. Es ist nicht zulässig, dass Lehrpersonen und pädagogische Fachkräfte verbale, tätliche oder mediale Verletzungen zwischen Kindern und Jugendlichen ignorieren. (Vgl. Prengel et al. 2017)

Die Leitlinien sind der Broschüre von Prengel et al. (2017, S. 4) entnommen. Diese stehen für ein **Gewaltverbot an Kindern** in allen Bildungseinrichtungen und orientieren sich an den internationalen Kinderrechten. Sie dienen als Leitlinien für die Selbstverpflichtungserklärung der Mitarbeiter und Mitarbeiterinnen.

Podcast »Auf die ersten Jahre kommt es an!« (Folge 13):
Kinderrechte in der Krippe und Kita. Kathrin Hohmann im Gespräch mit Martina Hehn-Oldiges

3.5 Körperliche und seelische Gewalt verhindern

Jede Einrichtung ist inzwischen verpflichtet, ein **Kinderschutzkonzept** zu entwickeln, in dem klar formuliert wird, wie ein jedes Kind in der Einrichtung vorsorglich gegen Gewalt durch Fachkräfte geschützt wird. Dieses Konzept legt ebenso fest, was geschieht, wenn es zu einem Fehlverhalten seitens der Fachkraft gekommen ist, und ist Bestandteil der Konzeption (vgl. Maywald 2018, 2019). Für pädagogische Teams ist dadurch klar geregelt, welche Handlungen in der Begleitung von Kindern abgelehnt werden und welche Konsequenzen folgen. Die Positionierung des Trägers ist an dieser Stelle unerlässlich, er trägt die Verantwortung und sorgt für das Wohl der Kinder, Familien und Fachkräfte. Es ist anzuraten, solch ein Schutzkonzept in Bausteinen zu entwickeln und vielschichtig anzugehen (vgl. Maywald 2019, S. 106). So wird im **Leitbild** und der **Konzeption** die Verantwortung für den Schutz der Kinder vor jeder Form von Gewalt beschrieben. Bereits bei der Einstellung wird ein gewaltfreier Umgang besprochen und die Einreichung des **Führungszeugnisses** sowie die Zustimmung zur **Selbstverpflichtungserklärung** ist verpflichtend. In der **Gefährdungsanalyse** werden besondere Situationen, in denen es zu Problemen kommen kann, in den Blick gerückt und mögliche Risiken beschrieben (vgl. Wolff et al. 2018, S. 79ff.). Weitere zentrale Elemente eines Schutzkonzeptes sind der **Verhaltenskodex**, der klar skizziert, wie ein respektvoller und gewaltfreier Umgang auszusehen hat, sowie regelmäßige **Informationen für die Kinder**, die ihnen »ihr

Recht auf Achtung ihrer persönlichen Grenzen und auf Hilfe in Notlagen« (Maywald 2019, S. 107) erläutern. Ebenso ist es wichtig, auch die Eltern über verschiedene Formen von Fehlverhalten in Kenntnis zu setzen und sie, wie auch die Kinder, über Präventionsangebote zu informieren. Um gewaltvolles Verhalten zu erkennen, wird Aufklärungsarbeit als wichtiger Baustein in Form von verpflichtenden **Fortbildungsmaßnahmen** angeraten. So wie Fachkräfte regelmäßig an einem Erste-Hilfe-Kurs teilnehmen, bietet es sich an, sie hinsichtlich eines wertschätzenden und gewaltfreien Umgangs fortzubilden (vgl. Kapitel 3.4 »Die Ethik pädagogischer Beziehungen«). Beschwerden sind nur zielführend, wenn sie auch gehört werden und ihnen professionell nachgegangen wird. Daher ist ein **Beschwerdemanagementverfahren** ein wichtiger Dreh- und Angelpunkt. Das klare Verfahren bietet Betroffenen, auch den Kindern, die Möglichkeit, sich bei Fehlverhalten an eine objektive, erfahrene Person innerhalb und außerhalb der Kita wenden zu können. Der entwickelte **Notfallplan** legt Schritt für Schritt fest, wie bei Fehlverhalten oder Gewalt vorgegangen wird. Zur vertiefenden Bearbeitung von Schutzkonzepten ist das Buch von Jörg Maywald (2019, S. 105ff.) zu empfehlen.

Podcast »Auf die ersten Jahre kommt es an!« (Folge 8):
Seelischen Schmerz durch Fachkräfte verhindern mit Dr. Anke Ballmann

Podcast »Auf die ersten Jahre kommt es an!« (Folge 12):
Der Sinn und Nutzen eines Kinderschutzkonzepts in der KiTa mit Prof. Dr. Jörg Maywald

Podcast »Auf die ersten Jahre kommt es an!« (Folge 31):
Verletzendes Verhalten in der Kita: Erkennen, verstehen und gemeinsam verhindern. Kathrin Hohmann im Gespräch mit Prof. Dr. Remsperger-Kehm

Der Kita-Podcast (Folge 75):
Umgang mit verletzendem Verhalten durch pädagogische Fachkräfte mit Prof. Dr. Regina Remsperger-Kehm

Der Kita-Podcast (Folge 93):
Ist Gewalt in Kitas eine Ausnahme? Zwischen Fakt und Fiktion - Eine Analyse mit der ehemaligen Kita-Leiterin Janine Beier Seifert

3.6 Erziehungsmethoden auf dem Prüfstand

Viele Menschen, die als Fachkräfte Kinder beim Aufwachsen begleiten, sind selbst mit Strafen, strengen Grenzen und Lob aufgewachsen, und ein höfliches Bitte und Danke wurde gebetsmühlenartig von den Erwachsenen eingefordert. Schließlich sollen Kinder lernen, wie die Welt funktioniert, und erfahren, welche Konsequenzen es mit sich bringt, wenn sie etwas tun, was nicht erwünscht ist. In den vorangegangen Kapiteln konnte herausgestellt werden, dass kindliches Verhalten und Handeln immer einen Grund haben. Ein Kind steht und kämpft in der Regel für die Erfüllung seiner Bedürfnisse. Es dafür zu bestrafen wäre kontraproduktiv. Kinder würden dabei nur eines lernen: dass sie und ihre Bedürfnisse nicht wichtig sind.

BEISPIEL

Die zweijährige Lara ist auf der Rutsche und bereitet sich genüsslich auf das für sie aufregende Erlebnis vor. Sie sitzt eine Weile da und schaut. Plötzlich kommt Felix und drängelt. Lara schreit, und als Felix nicht aufhört, beißt Lara ihm in den Arm. Die pädagogische Fachkraft Gabi sieht diesen Moment und holt Lara sofort von der Rutsche runter und setzt sie auf die Bank. Gabi möchte, dass Lara lernt, dass dieses Verhalten in der Krippe nicht akzeptiert wird, und verordnet ihr eine Auszeit.

Vermutlich möchte Gabi ihren Auftrag, Kinder zu erziehen, sehr ernst nehmen. Mit etwas mehr Beobachtungsgabe und Kenntnissen über die kindliche Entwicklung wüsste sie aber, dass Lara sich selbst schützen wollte oder aus Angst vor der Bedrängung so reagierte. Ein Biss oder auch andere körperliche oder verbale Verletzungen sind schmerzhaft und ein Einschreiten der Fachkraft ist selbstverständlich wichtig. Sie hat den Auftrag, Kinder vor Gewalt zu schützen. Leider wählte sie mit der Auszeit aber eine Form, die dem Mädchen nicht hilft. Schlimmer noch, sie fügt dem Kind selbst Gewalt zu, in dem sie es unvorhergesehen packt und anschließend ausgrenzt. Das führt beim Kind zu Scham und Schuldgefühlen, die sein Selbstbild negativ beeinflussen. Im Folgenden werden verschiedene Erziehungsmethoden unter die Lupe genommen. Denn es ist an der Zeit, die noch weit verbreiteten Mittel der Erziehung zu überdenken und durch gewaltfreie zu ersetzen. Gleich vorab: Das Wunderbare ist, es geht auch ohne!

Grenzen

Gern wird gesagt, dass Kinder Regeln und Grenzen brauchen. Dem ist auch nichts entgegenzusetzen. Wichtig hingegen ist es, zu hinterfragen, ob die Regeln und Grenzen sinnvoll sind, und darauf zu achten, dass Kinder in den Prozess einbezogen werden. Grenzen sollten daher **nie willkürlich** sein. Kinder werden ohnehin schon mit natürlichen und realen Grenzen groß. So können Frustration und Trauer entstehen, wenn der Tag oder das Spiel sich dem Ende neigt, das Eis aufgegessen oder das Lieblingsshirt zu klein ist. Grenzen sind da, und mit ihnen umgehen zu lernen, das ist eine große Herausforderung für Kinder. Sie dürfen ebenso erfahren, dass sie selbst Grenzen haben, körperliche wie emotionale, und dass beispielsweise das Zu-nahe-Kommen auf der Rutsche sie dazu bringt, sich selbst wieder etwas Raum zu verschaffen. Eigene Grenzen zu erkennen und dem Gegenüber aufzuzeigen, ist unheimlich wichtig. »Stopp, ich mag das nicht!« können schon sehr kleine Kinder mit der Hand zeigen und vor Überschreitung der Grenzen warnen (vgl. Kapitel 2.3.1). Pädagogische Fachkräfte leben im Alltag den Umgang mit Grenzen vor, sowohl mit den eigenen (»Meine Kraft ist aufgebraucht, ich kann nicht mehr Fangen spielen«) als auch mit alltäglichen Grenzen (»Noch eine letzte Geschichte, dann räumen wir auf. Ihr werdet gleich abgeholt«). Daneben gibt es noch die Grenzen, die für die Sicherheit und Unversehrtheit sorgen, diese sind tatsächlich nicht verhandelbar. Es geht darum, im Alltag die gegenseitigen Grenzen zu respektieren. Damit wird deutlich: Ich achte auf deine Grenzen und bitte dich auch, meine zu respektieren. Dies zu üben gelingt am besten in vertrauensvollen Beziehungen, kann einige Jahre dauern und von unterschiedlichen Gefühlen begleitet sein.

Regeln

Regeln an sich sind sinnvoll und wichtig, solange die Bedürfnisse aller Mitglieder der Gruppe darin berücksichtigt werden. Insbesondere wenn Kinder neu in eine pädagogische Einrichtung kommen, hilft es ihnen, wenn der Tag durch klare Ankerpunkte und Rituale gerahmt wird. Dadurch erhalten Kinder Orientierung und spüren Sicherheit. Sie sind meist sehr stolz, wenn sie sich schrittweise selbstständig zurechtfinden und einschätzen können, was nacheinander stattfindet. Bestimmte Regeln können daher richtungsweisend sein und für Verlässlichkeit sorgen. Die BoP bedeutet also nicht, dass es keinen Ablauf, keine Struktur und keine Regeln gibt.

Ein gemeinsam erstelltes Regelplakat oder Bilder erinnern daran, welche gemeinschaftlichen Leitlinien in der Gruppe verfolgt werden. Regeln können beispielsweise sein: »Das Nein eines jeden wird respektiert«, »Wir geben aufeinander acht«, »Beim Betreten des Sensomotorik-Raumes bitte die Schuhe ausziehen«, »Die Bauwerke der Kinder werden geachtet und der Erbauer hat darüber das Bestimmrecht«. Durch gemeinsame Regeln lernen Kinder, aufeinander Rücksicht zu nehmen und Respekt zu üben. Diese Regeln können von Einrichtung zu Einrichtung oder von Gruppe zu Gruppe variieren und dürfen gemeinschaftlich und partizipativ entwickelt werden. Es geht also nicht um die Frage »Regeln, ja oder nein?«, sondern vielmehr darum, wie die Regeln entwickelt werden, und insbesondere, wie mit Verstößen umgegangen wird.

Sich an Regeln zu halten, erfordert viel Übung und Selbstbeherrschung. Über eine solche **Impulskontrolle** verfügen Kindergartenkinder häufig noch nicht und so kommt es immer wieder zu Situationen, in denen Kinder vor Wut ein Bauwerk zerstören, obwohl die Regel lautet: »Wir achten die Bauwerke anderer.« Das Kind bricht diese Regel dann nicht aus Böswilligkeit oder weil es provozieren will, sondern deshalb, weil es in der puren Emotion keinen Zugriff auf sein rationales, planendes Gehirn hatte (vgl. Kapitel 1.5). In dem Moment ging es nicht anders, der Impuls war stärker als der Kontrollmechanismus, das steuernde Gefühl drängender als die stoppende Beherrschung, die Empörung war präsenter als die rationale Überlegung, sich an die vereinbarte Regel zu halten. Die Regel fällt dem Kind erst viel später wieder ein, wenn der Ärger verflogen ist.

Sich an Regeln zu halten, ist also **Übungssache.** Wenn Kinder Regeln missachten, dann, weil sie die Regel schlicht nicht einhalten konnten. Nochmal zur Erinnerung: Jeder Mensch zeigt das beste Verhalten, das er zeigen kann, und er setzt sich immer für sich und seine Bedürfnisse ein (vgl. Kapitel 1.2). Wenn ein Kind es in dem Moment nicht schafft, sich an die vereinbarte Regel (z. B. Bauwerke zu achten) zu halten, dann nur, weil es etwas gibt, das es davon abhält. Gründe dafür gibt es viele und sie variieren von Kind zu Kind und von Situation zu Situation: Das Kind ist gekränkt, ein Bedürfnis ist unerfüllt, es spürt eine innere Unruhe, es fühlt sich unverstanden, überfordert und/oder die auftretenden Emotionen sind so groß, dass die Regel in den Hintergrund rückt.

Worauf bei Regeln unbedingt zu achten ist: Regeln können Kindern das Gefühl geben, sie müssten sich unterwerfen. Insbesondere in der Autonomieentwicklung können alltägliche Situationen wie Schlafen, Essen oder auch das Ankleiden (innere) Konflikte entstehen lassen. Daher sind Regeln wie »Alle Kinder liegen nach dem Mittagessen für eine Stunde im Schlafraum« ein begründeter Anlass für Kinder, sich gegen diese aufzulehnen oder sich diesen aus Angst zu unterwerfen. Abgesehen davon ist das Liegenbleiben-Müssen als Schlafzwang und somit als Gewalt zu werten (vgl. Maywald 2019, S. 55). Möchte die Fachkraft diese Regel machtvoll durchsetzen, leiden darunter das Kind und die Fachkraft-Kind-Beziehung erheblich und es wären Maßnahmen im Sinne des Kinderschutzkonzeptes zu ergreifen. Wirkliche Regeln sollten daher im Prozess entstehen und den **Bedürfnissen, dem Willen und den Interessen aller Beteiligten** gerecht werden. Werden die Regeln von Erwachsenen hingegen »durchgedrückt«, ohne die Meinungen der Kinder wahrzunehmen und anzuhören, wird ihnen eine wichtige Entwicklungschance genommen. Es lohnt sich, die Kinder mit ihren Gedanken und Ideen einzubeziehen und sich von alten Glaubenssätzen zu lösen. Weg von »Erst musst du probieren, dann gibt es den Nachtisch« hin zu »Bist du bereits satt? Möchtest du den Nachtisch probieren?«. Damit werden die Grenzen der Kinder respektiert, Regeln hinterfragt und verändert sowie das Kind in seinem Sein ernst genommen.

Adultismus und Macht

Es hat sich tief in Menschen eingebrannt, wie ein Kind zu sein hat und welche Regeln es befolgen muss, um anerkannt zu werden. Das Wohl des Kindes wird oft noch vom Erwachsenen definiert und die Perspektive des Kindes wird hierbei häufig außer Acht gelassen. Bei Kälte braucht es warme Kleidung, zu den Mahlzeiten wird gegessen und um 12 Uhr ist Mittagsruhe. Denkmuster, die aus der eigenen

Kindheit so vertraut und tief eingebrannt sind und unreflektiert weitergegeben werden. Werden die Freiheit und die Selbstbestimmung eines Kindes ohne ersichtlichen Grund eingeschränkt, so handelt es sich um Adultismus (vgl. Richter 2013). Der Erwachsene ist hierbei machtvoll überlegen und entscheidet für das Kind statt mit dem Kind. Das Kind wird aufgrund des Alters diskriminiert – einfach nur, weil es ein Kind ist.

Sich dieser alten Strukturen bewusst zu werden und diese aufzubrechen, ist ein wichtiger Schritt in Richtung einer Führung auf Augenhöhe. Das Kind sollte als gleichwürdiger Mensch betrachtet und behandelt werden, die pädagogische Fachkraft trägt jedoch die Verantwortung für die Begleitung, die Beziehung und auch für das Wohl des Kindes. Sie trifft Entscheidungen, nicht aber willkürlich und mit der Begründung, weil es immer so war oder sie es so sagt, aus Prinzip. Es geht darum, Kinder in diese Prozesse entsprechend ihrer Entwicklung und Reife einzubeziehen, damit sie Erfahrungen sammeln und erleben dürfen. Sie sind eigenständige Wesen mit Bedürfnissen und einer eigenen Meinung. Sie in ihren Kompetenzen zu begleiten, zu unterstützen und zu halten, wo es nötig ist, schenkt ihnen die Gewissheit, wichtig und wertvoll zu sein (vgl. Winkelmann 2019, S. 45f.). Fachkräfte befinden sich also in einem ständigen Balanceakt zwischen Partizipation der Kinder und Verantwortung für ihr Wohlergehen. Sie dürfen aber üben, sich von traditionellen Bildern zu lösen, in denen sie in einer hierarchischen Form auf Kinder herabblicken und diese als weniger kompetent betrachten.

Eigene adultistische Denkweisen können leichter aufgedeckt werden, indem ein Erwachsener sich fragt, ob er Ähnliches auch zu einem anderen Erwachsenen sagen würde. Stellen Sie sich vor, Sie erläutern etwas auf der Teamsitzung. Nachdem ihr Kollege mehrfach nachfragt hat, sagen Sie entrüstet: »Du musst zuhören. Sicher, weil du auf dein Handy geschaut hast, konntest du nicht zuhören. Vielleicht setzt du dich mal ruhig hin wie die anderen. Pass jetzt besser auf, sonst bist du selbst schuld, wenn du es nicht mitbekommst. Und leider kannst du dann beim nächsten Dienstausflug auch nicht dabei sein.« Diese Übertragungen fühlen sich in der Tat etwas paradox an, sie machen jedoch eindrücklich die Absurdität der Machtbeziehungen von Erwachsenen gegenüber Kindern deutlich. Warum werden solche oder ähnliche Gespräche zwischen Erwachsenen und Kindern dennoch als relativ normal hingenommen? Sätze wie »Zappel nicht so rum!«, »Du bist noch zu jung dafür!«, »Das geht dich gar nichts an!«, »Hättest du besser aufgepasst!«, »Immer muss ich dir alles dreimal sagen« lösen mit Hinblick auf Kinder relativ wenig Irritation aus. Und dies ist ein wichtiges Zeichen dafür, dass die adultistischen Strukturen noch tief in unserer Gesellschaft verwurzelt sind. Es spricht wenig dagegen, dass Kinder von Erwachsenen lernen dürfen, nur sollte dieses Lernen auf freiwilliger Basis und von dem nötigen **gegenseitigen Respekt** geprägt sein, ohne die Kinder zu bevormunden und zum Gehorsam zu drängen.

Adultistische Strukturen sollten daher regelmäßig reflektiert werden. Um beispielsweise **Regeln** der Einrichtung unter adultistischen Gesichtspunkten zu überprüfen, können folgende Fragen hilfreich sein:

- Wird die Regel genutzt, um Diskussionen zu umgehen und es selbst einfacher zu haben?
- Dient die Regel dazu, um gegenüber dem Kind Macht zu demonstrieren?
- Gerät das Kind durch die Regel in eine Machtlosigkeit?
- Ist die Regel wirklich dazu da, das Kind zu schützen?
  (Vgl. Ritz 2008, S. 133f.)

Ein gleichwürdiges und gewaltfreies Miteinander kann nur gelingen, wenn **Machtstrukturen minimiert** werden. Folgende Hinweise können richtungsweisend sein:

- Mit Kindern auf Augenhöhe ins Gespräch gehen und ihnen ungeteilte Aufmerksamkeit schenken; Sprachgewalt vermeiden (vgl. Wedewardt 2022).
- Sich selbst fragen, wie man eine ähnliche Situation mit einem Erwachsenen besprechen würden und dabei bewusst auf die eigenen Worte, Stimme und Körperhaltung achten. Sich zu den Kindern hinunterzubeugen oder -setzen mindert die räumliche Barriere und baut das Gefühl der Überlegenheit ab.
- Das eigene Bild und die Erwartungen an Kinder überdenken sowie mit der kindlichen Entwicklung und Reife abgleichen.
- Bevor ein Kind kritisiert wird, sollten Fachkräfte sich die Frage stellen, mit welchem Ziel dies geschieht. Ist es für die Situation förderlich oder hinderlich? Es sollte darauf geachtet werden, wie und in welchem Umfeld Botschaften übermittelt werden, um das Kind vor Beschämung und Erniedrigung zu schützen.

Strafen

Werden Regeln in der Kindergruppe aufgestellt und vom Kind nicht eingehalten, stehen Fachkräfte vor einer großen Herausforderung. Sie sorgen sich darum, dass ohne eine Reaktion ihrerseits die Regeln vermehrt missachtet werden und die Gültigkeit dadurch abgeschwächt wird. Gern wird als Erziehungsmethode mit Strafen gedroht oder Strafen tatsächlich verhängt, durch die das Kind in seiner Freiheit eingeschränkt und beschämt wird. Was geschieht, wenn bei Regelverstößen mit einer Strafe gedroht oder diese durchgesetzt wird?

Vermutlich werden einige Kinder die Regeln aus Angst vor der Strafe befolgen oder bemüht sein, ihren Regelverstoß zu leugnen. Es ist daher zu empfehlen, bei jedem Regelverstoß individuell zu schauen, was sich dahinter verbirgt, und davon auszugehen, dass dieser aus einem für das Kind wichtigen Grund geschieht. Statt zu strafen wäre es eine Alternative, zu erfahren, was das Kind dazu bewegt, sich der Absprache zu widersetzen. Im trubeligen Alltag mit einer Kindergruppe ist es zweifelsfrei eine Herausforderung, in bestimmten Momenten überlegt zu handeln, statt kopflos zu drohen. Strafen anzudrohen und sie umzusetzen, ist eine Form des Adultismus und der Gewalt (vgl. Kapitel 3.1).

BEISPIEL

Die pädagogische Fachkraft Pina begleitet die Großgruppe heute allein im Garten. Zur Mittagszeit läuft sie mit dem Glöckchen durch den Garten und bittet die Kinder, sich vor dem Gruppenraum zu versammeln. Sie spürt bereits eigene Erschöpfung und wünscht sich einen reibungslosen Ablauf. Etwas angespannt beginnt sie, die Kinder zu zählen. Achtzehn Kinder sind da, Elias und Juli kommen nicht und bestehen darauf, noch allein draußen zu bleiben. Pina überlegt einen Moment, ein gewisser Ärger steigt in ihr auf. »Wo kommt der nur her?«, fragt sie sich. In ihr tauchen blitzschnell Sätze auf wie: »Wenn sie nicht reinkommen, dann bekommen sie eben kein Mittag!« Leicht irritiert von den eigenen Gedanken atmet sie tief durch und beschließt, sich nun zuerst um die bereits wartenden Kinder zu kümmern. Als diese dann etwas später mit dem Essen beginnen, öffnet sie die benachbarte Gruppentür, damit ihre Kollegin die Kinder kurz mit beaufsichtigen kann, und wendet sich Elias und Juli im Garten zu. Es gelingt ihr nun, die Kinder zu erreichen und gemeinsam mit ihnen die Situation zu besprechen. Kurz zuvor im Stress wäre ihr das nicht gelungen. Als die Jungen wenig später an den Tisch kommen, erhalten sie natürlich wie alle anderen ihr Essen. Elias findet es nun nur etwas doof, dass die anderen Kinder bereits angefangen haben, statt auf ihn zu warten.

Einem Kind sein Essen zu verweigern, es für ein Verhalten zu beschämen oder nach dem Motto »Wie du mir, so ich dir!« einen Schmerz zuzufügen, ist strafend und gewaltvoll (vgl. Maywald 2019; Hohmann 2022). Strafen werden überwiegend in stressigen und emotionsgeladenen Situationen ausgesprochen, um der eigenen Frustration und/oder Überforderung Luft zu machen. Kinder lernen daraus, dass der Mächtigere gewinnt und die Ausübung von Gewalt eine nützliche Strategie zu sein scheint. Das Kind erfährt durch seine Bezugspersonen und Vorbilder Aggression und wird diese vermutlich selbst in entsprechenden Situationen einsetzen. Kinder lernen am Modell und werden das Verhalten der erwachsenen Person womöglich nachahmen. Das Kind erfährt zudem Demütigung und Beschämung, die tatsächliche Ursache für das kindliche Verhalten wurde dadurch hingegen keineswegs behoben. Ganz im Gegenteil, das Kind konnte nichts dabei lernen, verliert schrittweise das Vertrauen in seine Bezugsperson, wird weniger zur Kooperation bereit sein und sich für seine Bedürfnisse verschließen. Das echte Interesse an der erwachsenen Person nimmt ab und gemeinsame Lernprozesse sind kaum möglich. Kurz gesagt, wenn dem Kind durch Strafe ein Bedürfnis verweigert wird, kann das dazu führen, dass beim Kind Frustration und Aggression entstehen (vgl. Focali 2011, S. 91f.; Gordon 2014, S. 56ff.; Winkelmann 2019, S. 63f.).

Konsequenzen

Im Gegensatz zu Strafen stehen Konsequenzen in einem direkten und logischen Zusammenhang zum Geschehen (vgl. Hohmann 2022, S. 80). So erlebt Elias die logische Konsequenz seines späteren Kommens: Die anderen Kinder haben bereits mit dem Mittagessen begonnen und möglicherweise ist sein Mittagessen bereits ausgekühlt. Bei Konsequenzen handelt es sich um natürliche Folgen des eigenen Handelns. Hüpft ein Kind in eine Pfütze, wird es nass. Haut es ein anderes Kind, empfindet das Kind vermutlich Schmerz. Unterbricht es Pina mehrfach im Kreis, reagiert diese eventuell ungeduldig. Hingegen ist der Ausschluss aus dem Kreis eine Strafe und keine logische Konsequenz auf eine Störung. Kinder lernen durch diese natürlichen Grenzen, dass ihr Handeln Auswirkungen auf sie selbst oder andere hat. Wird diese Folge nun aber bewertet und durch Machteinflüsse verstärkt, ist von einer Strafe auszugehen.

Belohnung

Belohnungen haben – ähnlich wie Strafen – das Ziel, ein Kind zu einer Verhaltensänderung zu »erziehen«. Eine Methode, die ohne Nebenwirkungen kaum auskommen kann, insbesondere wenn sie willkürlich und durch Machtausübung eingesetzt wird. Man könnte sagen, Belohnungen sind Strafen im Schafspelz. Belohnungen sind in Form von Gummibärchen, Aufklebern, Smileys oder übermäßigem, verbalem Lob üblich (vgl. Hohmann 2022; Wedewardt 2022). Belohnung stützt sich, genau wie Bestrafung, auf den behavioristischen Lernansatz, der Menschen zu einem bestimmten verhalten konditioniert (vgl. Kapitel 5.3).

Damit eine **Belohnung funktioniert,** müssen nach Thomas Gordon (2014) **drei Bedingungen** erfüllt sein: Zum einen muss der Anreiz der Belohnung für das Kind interessant sein, damit es sich der Macht der pädagogischen Fachkraft fügt. Das Kind empfindet die in Aussicht gestellte Belohnung als bedürfniserfüllend und/oder das Kind ist vom Kontrolleur, hier von der pädagogischen Fachkraft, abhängig und nicht in der Lage, sich dieses Bedürfnis selbst zu erfüllen. Die Fachkraft hat wiederum zwei Möglichkeiten zu belohnen, entweder, indem sie eine Belohnung ankündigt und das Kind diese erst erhält, wenn es tut, was sie von ihm möchte. Oder sie beobachtet das Kind, bis es ein gewünschtes Verhalten zeigt, und überrascht es dann mit einer Belohnung. Das kindliche Verhalten wird somit kontrolliert und belohnt. Man nennt diese Formen der Belohnung auch **Verhaltensänderung, Verstärkung** oder **Konditionierung.** Auch wenn belohntes Verhalten sich in der Regel öfter zeigt und unter diesem Gesichtspunkt der Einsatz dieser Methode funktionieren kann, so ist ein kritischer Blick vonnöten (vgl. ebd., S. 54ff.). Damit diese Kontrolle über Belohnungen möglich ist, muss ein Kind bereits abhängig sein (von Süßigkeiten, Nähe, Zugewandtheit, Angst vor einer zu befürchtenden Strafe). Belohnungen wirken grundsätzlich dysfunktional oder nutzen sich ab. Belohnungen sind also nicht nachhaltig und nehmen einen negativen Einfluss auf das Selbstbild des Kindes. Sie fördern eine Denkweise über sich selbst, die festgelegt (fixed mindset) und nicht flexibel (growth mindset) ist.

Die Belohnung eines Kindes kann zudem **strafend auf ein anderes Kind** wirken. Wenn Max dafür belohnt wird, dass er beim Aufräumen mithilft, kann diese Belohnung auf ein anderes Kind demotivierend wirken. Auch der Wettbewerbsgedanke wird dadurch angefacht.

Eine weitere Gefahr von Belohnung besteht darin, dass durch diese Form der extrinsischen (äußeren) Kontrolle das Kind nicht erlernen kann, wie es aus sich heraus eine intrinsische (innere) Kontrolle erlangt. Es lässt sich nachweisen, dass übermäßige Beeinflussungen von außen die innere Motivation, etwas aus Überzeugung oder aus Verständnis zu tun, hemmt (vgl. Kapitel 5.3). Des Weiteren ist zu bedenken, dass Kinder die Belohnung unmittelbar auf sich als Person beziehen und nicht explizit auf ihr Tun. Sie lernen: »Nur wenn ich das tue, was der Erwachsene von mir möchte, bin ich gut.« Das heißt im Umkehrschluss, wenn ich nicht das tue, was verlangt wird, bin ich nicht gut. Das bedeutet, auch Belohnung ist adultistisch. Belohnung steht also unmittelbar mit dem **Selbstwert** des Kindes in Verbindung. Belohnungen führen zu **Abhängigkeit** und verhindern ein autonomes Selbst. Bleibt eine Belohnung nun plötzlich aus, sinkt zudem die Wahrscheinlichkeit, dass das erwünschte Verhalten noch gezeigt wird (z. B. Aufräumen). Sobald sich ein Kind, wenn es heranwächst, jedoch von der Abhängigkeit der Bezugsperson lösen kann, nimmt die Kontrollmöglichkeit ab. Wenn es sich sein Bedürfnis nach Zuneigung und Sicherheit beispielsweise anders erfüllen kann, ist es auf die sonst übliche Belohnung nicht mehr angewiesen. Spätestens wenn sich Heranwachsende beispielsweise Süßigkeiten von ihrem eigenen Taschengeld kaufen können, verliert die Belohnung ihren Reiz und wirkt nicht mehr. Aus diesem Grund ist es viel nachhaltiger, eine starke Beziehung aufzubauen, die sich auf Echtheit und Empathie stützt sowie die Grenzen aller wahrt. Dann sind Belohnungen auch nicht notwendig.

Auszeit

Eine weitere Methode, zu der pädagogische Fachkräfte noch immer greifen, sind die Auszeiten, auch bekannt als »stiller Stuhl«, »stille Treppe« oder »Time-out«: Das Kind wird, nachdem es ein unerwünschtes Verhalten gezeigt hat, ausgegrenzt oder weggeschickt. Es erfährt, dass es so, wie es ist, nicht erwünscht ist. Die Absicht der Bezugsperson ist es, das Verhalten des Kindes auf diese Weise zu regulieren. Diese Erziehungsmethode ist eine Form von Strafe und nicht zulässig (vgl. Maywald 2019; Hohmann 2022).

Vermutlich greifen pädagogische Fachkräfte auf diese Methode in Überforderungsmomenten zurück. Das »Problem« wird aus Sichtweite geräumt, womit die Fachkraft selbst aus der prekären Situation für einen Moment entkommen kann. In diesen tückischen Momenten kann sie sich selbst fragen, wer eine Auszeit benötigt. Ist es das Kind oder sehnt gar die Fachkraft sich nach etwas Ruhe und einer Pause, wodurch es ihr nur schwer möglich ist, überlegt und professionell zu handeln (vgl. Kapitel 4.4)? Isoliert die pädagogische Fachkraft das Kind, so gibt sie ihm zu verstehen: Wenn ich ein für mich selbst notwendiges Verhalten zeige, das die Bezugsperson ablehnt, werde ich ohne Regulationshilfe mit Bindungsabbruch bestraft. Das Kind muss in eine angeordnete Auszeit, welche den ohnehin schon vorhandenen Stress außerordentlich erhöht. Das eigene Sicherheitssystem gerät ins Wanken und das Kind erfährt Beschämung, Ausgrenzung und einen seelischen Schmerz, der sich im wahrsten Sinne des Wortes genauso einbrennt wie ein körperlicher (vgl. Haug-Schnabel 2020, S. 32ff.).

Etwas anderes wäre es, wenn die Fachkraft mit dem Kind gemeinsam eine Auszeit einberuft, um durch einen Ortswechsel Veränderung zu erlangen. Manchmal kann es zum Schutz des Kindes oder vor anderen nötig sein, gemeinsam mit dem Kind eine Pause zu wählen. Diese Form findet aber ohne einen angeordneten Kontaktabbruch statt und bietet weiterhin die Möglichkeit der Ko-Regulation. Manchmal sind es auch die Kinder selbst, die sich eine Auszeit nehmen, um möglicherweise eigene Selbstregulationskompetenzen auszuprobieren. Das Kind konnte vielleicht bereits selbst erfahren, was ihm guttut und wie es achtsam mit sich selbst in Verbindung gelangt und sich regulieren kann. In diesem Fall bleibt die pädagogische Fachkraft ansprechbar und in der Nähe. Die meisten Kinder brauchen entgegen weit verbreiteter Annahmen in solchen Momenten der Überforderung den direkten regulierenden Kontakt zur Bindungsperson und einen Erwachsenen, der in seiner Haltung vermittelt: »Ich bin für dich da und nehme dich so an!«

Der Kita-Podcast (Folge 53):
Auszeit als Strafe

Kindheit erleben Podcast (Folge 16):
Erzieherische Macht und Adultismus mit Anne Sophie Winkelmann

Der Kita-Podcast (Folge 17):
Gewalt durch pädagogische Fachkräfte gewaltfrei verhindern mit Barbara Leitner

4.

Die Bedürfnisse der Fachkraft

Die Themen in diesem Kapitel sind

→ warum es wichtig ist, sich als Fachkraft zu »zeigen«

→ warum Fachkräfte um ihre Grenzen wissen sollten

→ wie pädagogische Fachkräfte für sich selbst Verantwortung übernehmen können

In der Bedürfnisorientierten Pädagogik sind die Bedürfnisse aller Beteiligten wichtig: die der Eltern, der Kinder aber insbesondere auch die der Fachkräfte. Denn sie sind diejenigen, die das Gruppengeschehen gestalten, die Führung übernehmen und die Verantwortung tragen. Um innerhalb meist schlechter Rahmenbedingungen gut arbeiten zu können, braucht es Fachkräfte, die sich um sich selbst kümmern und auf sich selbst achtgeben – kurz, die ihre eigenen Gefühle, Bedürfnisse und Grenzen im Blick behalten.

Noch immer hält sich das Bild von einer pädagogischen Fachkraft, die eine strenge Pädagogin oder ein strenger Pädagoge ist, die Kinder erzieht, klare Grenzen setzt, Kinder zu etwas bewegt oder ein bestimmtes Ziel mit ihnen erreicht – beispielsweise schulfähig zu sein. Um ein gesellschaftliches Miteinander auf Augenhöhe zu etablieren und ein empathisches, achtsames und wertschätzendes Zusammensein zu kultivieren, braucht es jedoch viel eher Fachkräfte, die sich offenbaren, sich menschlich und authentisch zeigen. Sie dürfen sich zeigen, wie sie sind: Was sie fühlen, was sie denken und welche Bedürfnisse sie haben. Sie dürfen Mensch sein und müssen keine perfekte Rolle spielen.

Es sollte nicht die Aufgabe pädagogischer Fachkräfte sein, stets alle Bildungsbereiche abzudecken, herausragende Angebote zu entwickeln und die Rolle einer strengen Pädagogin oder eines strengen Pädagogen einzunehmen. Viel wichtiger für die Entwicklung menschlicher Kompetenzen ist es, in einen menschlichen Austausch zu gehen zwischen Erwachsenem und Kind. Die Fachkräfte geben Rückmeldungen darüber, was eine Handlung des Kindes bei ihnen auslöst. Sie spiegeln ihre Gefühle und teilen mit, was sie in dem Moment brauchen. Sie verdeutlichen, wenn sie ihre Grenze überschritten sehen. Genauso nimmt die Fachkraft beim Kind ein Gefühl wahr und erfragt das dahinter liegende Bedürfnis. Fachkräfte dienen also als **authentischer Feedbackgeber** für sozial-emotionale Momente. Um ein wahrhaftiges Feedback geben zu können, ist es jedoch notwendig, dass Fachkräfte einen Zugang zu den eigenen Gefühlen, Bedürfnissen, Erinnerungen und Grenzen haben. Für eine authentische Interaktion mit Kindern, Eltern, Kolleginnen und Kollegen bedarf es folglich einer ständigen Reflexion der eigenen Werte, Überzeugungen, Gefühle, Bedürfnisse und Grenzen.

4.1 Sich zeigen

Welch erleichternde Nachricht für alle pädagogischen Fachkräfte: Sie müssen keine Rolle erfüllen, keine bestimmte Erziehung leisten oder Kinder zu einem bestimmten Verhalten bringen. Sie dürfen sie selbst sein und sich **als Mensch zeigen** mit ihren Gedanken, Gefühlen, Bedürfnissen und Grenzen. An der Stelle wird es allerdings schon knifflig. Denn um sich authentisch zeigen zu können, brauchen Fachkräfte den Zugang zu ihren eigenen Empfindungen. Genauso wie bei den Kindern bleibt auch im Bewusstsein der meisten erwachsenen Menschen nur das, was sich über der Wasseroberfläche befindet: ihr eigenes Verhalten (vgl. S. 45). Welche Gefühle sie haben und warum, welche Bedürfnisse sich dahinter verbergen, welche unbewussten Erinnerungen in ihnen schlummern und welche ihrer Grenzen überschritten sind, bleibt ihnen oft verborgen, bleiben im Unbewussten.

Fachkräfte dürfen sich in der Bedürfnisorientierten Pädagogik auch mit all ihren Fehlern und Unzulänglichkeiten offenbaren, verletzlich sein und emotional. Für eine Beziehung zu Eltern und Kindern kann es eine stärkende Wirkung haben, sich fehlbar zu zeigen. Lange war von der professionellen Distanz die Rede und der Annahme, dass pädagogische Fachkräfte sich nicht zu emotional zeigenoder einlassen dürften und keine echte Bindung eingehen sollten. In dem Punkt hat sich die Pädagogik geändert und auch die BoP plädiert statt für die professionelle Distanz für eine professionelle Nähe.

»Professionelle Nähe kennzeichnet eine Beziehungskompetenz, in der die pädagogische Fachkraft bereit ist, sich sowohl emotional berühren zu lassen als auch körperliche Nähe zu geben, wenn das Kind das Bedürfnis danach äußert. Damit umfasst professionelle Nähe zugleich die Fähigkeit, sich in diesem Beziehungsangebot nicht mit eigenen Themen zu verstricken und Belastungen, die in nahen Beziehungen implizit sind, selbst verantwortlich zu regulieren« (Scherwath 2021, S. 113).

BEISPIEL

Fachkraft Cora muss sich in einer Situation aufgrund des akuten Personalmangels alleine um zehn Kinder beim Anziehen kümmern. Sie ist überfordert und weiß nicht, wo sie anfangen soll. Sie ist sich bewusst, dass sie nicht allen Kindern gleichzeitig helfen kann und sicherlich einige Kinder dabei vorerst zu kurz kommen. Sie will so gerne die Grenzen der Kinder wahren, ihnen respektvoll begegnen. Das gelingt ihr in dem Moment jedoch nicht: Sie zieht Lukas einfach die Jacke über, ohne ihn zu fragen, Tamina schmeißt sie ihre Stiefel rüber und reagiert genervt auf Nachfragen der Kinder. Es ist einfach alles zu viel. Als die Kinder endlich im Garten sind, atmet Cora tief durch und sagt liebevoll zu sich selbst: »Ich habe gegeben, was ich konnte. Das reicht aus!« Nachdem sie sich um sich selbst gekümmert, sich gut zugesprochen und sich drei Minuten Zeit für sich gegönnt hat, geht sie nochmal zu Lukas, Tamina und den anderen Kindern, bei denen sie das Gefühl hatte, ihre Grenzen nicht gewahrt zu haben. Sie erklärt ihnen, dass sie in der Garderobe sehr gestresst war und sie eigentlich anders handeln wollte, aber nicht konnte. Darüber sei sie etwas traurig. Sie macht deutlich, dass es ihr selbst zu viel war und sie streng war, weil sie ihnen mehr helfen wollte, als sie konnte. Sie betont, dass die Kinder alles richtig gemacht haben. Cora erklärt ihnen, dass es ihr sehr wichtig sei, dass die Kinder ihre Grenzen respektiert wissen. Zukünftig möchte sie besser auf sich achtgeben, damit sie in diesen trubeligen Situationen mehr Ruhe und Geduld bewahren kann.

Nochmal: Bedürfnisorientiert zu handeln bedeutet nicht, den Wunsch jedes Kindes zu hundert Prozent zu erfüllen (vgl. Kapitel 2.2.3). Viel eher bedeutet es, sich mit seinen Gefühlen zu zeigen und nahbar zu sein. Es bedeutet, sich als Mensch zu offenbaren, ohne den Kindern für eigene Überforderungsmomente die Schuld zu geben. Wichtig ist, dass die Fachkraft die eigenen Glaubenssätze reflektiert, freundlich und achtsam mit sich selbst umgeht, die eigenen Bedürfnisse im Blick behält und die Verantwortung für die eigenen Gefühle und Bedürfnisse übernimmt. In dieser Situation sendet Cora an die Kinder mehrere **wertvolle Botschaften:**

1. erstens wir sind alle Menschen,
2. wir dürfen Fehler machen und müssen nicht perfekt sein,
3. wir können den entstandenen Bruch wieder zu einer Verbindung werden lassen,
4. die Kinder erfahren, dass sie mit ihren Gefühlen und Bedürfnissen gesehen werden und diese ihre Berechtigung haben,
5. niemand ist verantwortlich für die Gefühle und Bedürfnisse anderer.

Authentisch zu sein und sich selbst zu zeigen hat sowohl **positive Auswirkungen** auf das soziale Lernen der Kinder als auch auf die Gesundheit der Fachkräfte. Das zeigt die sogenannte Dissonanztheorie aus der Sozialpsychologie. Sie besagt: Wenn zwei gegeneinander laufende Gefühle, Gedanken oder Handlungen aufeinandertreffen, wird eine innere Anspannung ausgelöst, die sich nicht angenehm anfühlt (vgl. Jonas et al. 2014). Wenn Fachkräfte beispielsweise spüren, dass eine eigene

Grenze überschritten wurde, sie diese aber nicht kommunizieren, entsteht eine innere Dissonanz: Gedanken, Gefühle und Handeln passen nicht zusammen. Das bedeutet, es ist für die Orientierung der Kinder wichtig zu erfahren, was die Fachkraft denkt und fühlt, aber auch für die Fachkraft selbst, um ein inneres Gleichgewicht zu erhalten oder wiederzuerlangen. Indem sie authentisch reagiert, überwindet sie ein inneres Dissonanzgefühl sowie das mögliche Dissonanzgefühl der sie umgebende Kinder.

Authentizität - Orientierung oder Manipulation?!

Sich authentisch mit seinen Gefühlen zu zeigen bedeutet jedoch nicht, dass die Fachkraft alle Gefühle, die in ihr aufkommen, dem Kind mitteilen muss. Problematisch wird das, wenn die Benennung von Gefühlen als Manipulation eingesetzt wird: »Och, ich bin traurig, weil der Manuel sich nicht die Schuhe anzieht« oder »Wenn du nicht mithilfst, aufzuräumen, bin ich echt enttäuscht!«. Diese Sätze lösen Schuldgefühle beim Kind aus und halten das Kind dazu an, seine Grenzen zu übergehen. Das sollte nicht die Botschaft an das Kind sein. Auch die Angstgefühle von Fachkräften dürfen wahrgenommen, reflektiert, aber nicht ungefiltert an die Kinder weitergegeben werden. Weil Kinder sich an Erwachsenen orientieren, nehmen sie Angstgefühle unmittelbar wahr und reagieren darauf. In manchen Situationen ist das wichtig, wie beispielsweise an einer befahrenen Straße. Wenn Kinder dann das authentische Gefühl der Fachkraft hören: »Ich habe Angst, dass euch etwas passiert. Deshalb bleibt an meiner Hand!«, enthält die authentische Mitteilung des Gefühls ein hilfreiches Feedback. Wenn die Fachkraft jedoch stark ausgeprägte Ängste zeigt, wenn ein Kind den Baum hochklettert, sollte sie diese Angst reflektieren und gegebenenfalls eine Kollegin oder einen Kollegen, die oder der gelassener ist, um Unterstützung bitten.

4.2 Bedürfnisorientierte Abgrenzung statt Grenzen setzen

Grenzen sind wichtig, heißt es immer wieder, schließlich sei unsere Welt voll von Grenzen und Kinder würden ohne Grenzen nicht in der Welt zurechtkommen. Das stimmt auch in weiten Teilen und ist erstmal nicht abzustreiten. Grenzen sind natürlicherweise vorhanden, beispielsweise räumliche oder zeitliche Grenzen (vgl. Kapitel 3.6). Bei der Kommunikation zwischenmenschlicher Grenzen ist die Frage, warum spüre ich diese Grenze, in welchen Momenten, warum und vor allem wie können Grenzen mitgeteilt werden?

Wenn Kinder die Fachkraft Marina fragen, ob sie die Stifte haben können, weil sie noch malen wollen, und sie mit strengem Ton entgegnet: »Nein, jetzt nicht!« Sie denkt, Grenzen seien wichtig – aus Prinzip –, und die Kinder müssten lernen, sich daran zu halten. Vermutlich wird sie viel Unmut und Frust bei den Kindern hervorrufen. Wenn sie jedoch in sich hineinfühlt und reflektiert: »Was will ich den Kindern mitgeben, was ist mir wichtig und warum möchte ich das nicht?«, so kann sie das »Nein« authentischer kommunizieren und beispielsweise sagen: »Mir ist es wichtig, dass wir jetzt alles in die Regale räumen, damit wir uns zusammen in den Morgenkreis setzen können. Ich möchte erfahren, wie euer Wochenende war!«

Kinder **brauchen also keine Grenzen, sondern Menschen, die eigene Grenzen haben** und diese klar, deutlich und liebevoll kommunizieren. Um eine innere Klarheit für sich zu gewinnen, sollten Fachkräfte darüber nachdenken (auch gemeinsam im Team), was ist mir wichtig und was ist uns als Einrichtung wichtig? Was wollen wir und was wollen wir nicht? Diese Diskussion kann beispielsweise gut geführt werden im Rahmen der Kinderschutzkonzept-Entwicklung. Was fühle ich in der einzelnen Situation? Was ist mein Bedürfnis und insbesondere, was sind meine inneren Grenzen? Warum möchte ich, dass Karl den Nachtisch erst bekommt, wenn er etwas vom Hauptgang gegessen hat? Möchte ich das nur aus Prinzip, weil es schon immer so war, oder weil ich einen nachvollziehbaren triftigen Grund dafür habe, der sich an meinen und den Werten der Einrichtung orientiert (vgl. Adultismus im Kapitel 3.6)?

Um Kindern ein starkes **Vorbild** zu sein, hilft es ihnen, wenn Fachkräfte ihre eigenen Grenzen reflektieren und klar äußern. Mit einer klaren Ich-Botschaft wie: »Ich will das nicht!«, übernimmt die Fachkraft die Verantwortung für ihre eigene Grenze und steht für diese ein. Omer und Streit (2019) sprechen dabei von der »neuen Autorität«, die Erwachsene einnehmen, in der sie sich voll und ganz für sich selbst verantwortlich zeigen. Sie können sich mit einer inneren Klarheit abgestimmt auf ihre Bedürfnisse und wahrhaftigen Grenzen zeigen, anstatt ihre Macht mit Strafen, Drohungen und Manipulationen durchzusetzen. Das ist ein großer Unterschied. Jesper Juul nennt Erwachsene mit einer klaren inneren Haltung »Leitwölfe« und betont: »Je besser es Ihnen gelingt, Ihre Worte mit Ihrer Persönlichkeit in Einklang zu bringen, desto mehr werden Ihr Selbstvertrauen sowie der Respekt und das Verständnis Ihrer Umgebung wachsen« (Juul 2016, S. 50). Bereits Hanna Arendt schrieb, dass jemand nur so lange über Macht verfüge, solange die Gemeinschaft diese Macht auch anerkenne. Entzöge die Gemeinschaft ihm jedoch ihre Zustimmung, würde er ohnmächtig. Wenn derjenige dennoch seinen Willen durchsetzen wolle, müsse er zu Gewalt greifen und sei auf körperliche Kraft oder psychische Überlegenheit angewiesen (vgl. Arendt 1970, S. 45).

Äußern Erwachsene ihre Grenzen klar, so leben sie Kindern vor, wie es auch ihnen gelingen kann, klar und bestimmt in die Führung zu gehen, ohne dabei herabwürdigend zu sein. Möglicherweise gibt es aufgrund der eigenen Sozialisation an dieser Stelle einen inneren Konflikt, denn lange galt es als unhöflich, sich in dieser klaren Sprache auszudrücken. Sagt ein Kind: »Ich will nicht, dass du mich anfasst«, könnte das abweisend und gar frech wirken. Besonders dann, wenn selbst erfahren wurde, dass es gilt, sich zurückzunehmen und immer angepasst und höflich zu sein. Damit Kinder zu selbstbewussten und starken Persönlichkeiten heranwachsen, ist es hingegen unausweichlich, dass sie ihre Grenzen klar äußern. Gleichzeitig können Erwachsene ihnen vorleben, wie sie dabei auf sich selbst und auf andere Rücksicht nehmen. Auch an dieser Stelle gilt: Das Kind steht für sich ein und sagt dies nicht, um einen anderen Menschen damit zu kränken. Lösen diese direkten Botschaften etwas in uns aus, sind wir eingeladen, hinzufühlen und eigene Glaubenssätze zu überprüfen. Und durchaus dürfen Kinder entsprechend ihrer Reife lernen, ihren eigenen Standpunkt, ihre Grenzen und Wünsche höflich zu äußern, wenn es die Situation zulässt.

Stopp, ich fühle und ich brauche!

Auch Erwachsene sollten sich mit ihren Grenzen zeigen und ihre Integrität wahren, genauso wie sie die Grenzen der Kinder achten sollten. Damit Kinder die Grenzen verstehen, können Fachkräfte sich wie folgt **transparent äußern**: In Anlehnung an die Gewaltfreie Kommunikation nach Marshall Rosenberg benennen sie ein klares Signal, eigene Gefühle, Bedürfnisse und beschreiben die eigene Regulationsstrategie. Sie können um Unterstützung bitten und schließlich den Kindern Alternativen für ihr Handeln aufzeigen.

1. »Stopp!«
2. »Ich bin/ich fühle mich … (Gefühl)!«
3. »Ich brauche … (Bedürfnis)!«
4. »Ich mache jetzt … (Strategie)!«
5. Um Unterstützung bitten
6. Alternativen anbieten

BEISPIEL

Die Kinder toben im Raum herum, sind laut und wild. Fachkraft Pina merkt, wie ihr inneres Stresslevel steigt. Sie fühlt sich zunächst in sich selbst ein und bemerkt, mein Bauch verkrampft sich, mir ist das heute zu laut und alles zu viel, ich habe nicht gut geschlafen, halte nicht viel aus und brauche Ruhe. Die Kinder spielen Kämpfen als Ritter. Ein Kind beginnt nun im Spieleifer, an Pinas Kleidung herumzuzerren und ruft: »Pina, Pina, guck mal!« Pina sagt klar, aber bestimmt: »Stopp, ich will nicht, dass du mir an meinem Pullover ziehst (Stopp)! Ich merke, ich fühle mich erschöpft und habe heute keine Kraft (Gefühl). Ich brauche mal einen Moment Ruhe (Bedürfnis). Deshalb werde ich Gabi bitten, dass sie rüberkommt, und ich gehe einen Moment vor die Tür (Strategie). Wenn ich wieder reinkomme, bitte ich euch darum, ein leises Spiel zu spielen. Ich brauche heute eure Unterstützung (um Unterstützung bitten). Vielleicht könnt ihr dann mit den kleinen Legorittern kämpfen, anstatt groß im ganzen Raum. Oder habt ihr eine Idee, was ihr leise spielen könnt (Alternativen erarbeiten)?«

In Pinas Beispiel wird deutlich, wie Fachkräfte sich **um sich selbst kümmern** und gleichzeitig ihre Grenzen authentisch und nachvollziehbar kommunizieren können. Kinder nehmen durch dieses Vorbild sehr viel für sich mit: Wie Gefühle, Bedürfnisse und Grenzen kommuniziert werden können, wie Fachkräfte für sich selbst Strategien finden, um sie zu erfüllen, dass man dabei um Unterstützung bitten darf und trotzdem die Würde aller gewahrt werden kann. Immer wieder erzählen Fachkräfte, wie hilfsbereit Kinder seien, wenn sie sich authentisch mit ihren Gefühlen und Bedürfnissen zeigen. Sie können dann ihrer menschlichen Natur folgen und Hilfe leisten (vgl. Kapitel 1.3.5). Deutlich wird auch, je achtsamer Fachkräfte die Gefühle, Bedürfnisse und Grenzen der Kinder beantworten, desto achtsamer sind sie auch mit den Grenzen der Fachkräfte.

Fachkräfte dürfen »Nein« sagen

Genauso wie die Neins der Kinder respektiert werden, dürfen auch Fachkräfte authentisch ihre eigenen Neins kommunizieren. Jesper Juul misst dem Neinsagen eine wichtige Bedeutung bei, weil es nur durch ein klares **authentisches Nein,** so sagt er, auch ein **ehrliches Ja** geben könne (vgl. Juul 2016, S. 15). Andernfalls handele es sich um ein Pseudo-Ja, ein halbherziges Ja, ein indirektes Ja, ein korruptes Ja oder ein defensives Ja. All diese scheinheiligen Jas, die eigentlich ein Nein wären, können zu einer unsicheren Beziehung zwischen Fachkraft und Kind führen. Das Kind kann sich auf die Aussage der Fachkraft nicht verlassen, denn eigentlich sagt sie nicht, was sie meint (Doppelbotschaft).

Johann sitzt in der Garderobe und sucht für einen kurzen Moment seine Schuhe. Er geht zur Fachkraft Charlotte und fragt: »Kannst du mir helfen?« Charlotte weiß, dass Johann die Schuhe selbst suchen kann und merkt innerlich »Nein, das kann er selbst!« und sagt: »Nein, ich brauche noch Zeit, um Pia und Flo zu helfen. Du wirst deine Schuhe sicherlich alleine finden.« Johann wird eventuell frustriert sein, vielleicht schimpfen und ärgerlich sein. Das ist in Ordnung. Er bekommt dadurch die Möglichkeit zu erleben, dass auch ein **Nein** als Antwort möglich ist. Der Junge bekommt ebenso die Chance, seinen Frust zu überwinden, sich weiterzuentwickeln und doch selbstständig erfolgreich zu sein.

Durch das Nein der Fachkraft **lernt das Kind mit Frust umzugehen,** zu wachsen, Konflikte zu üben und Lösungen zu suchen. Die Fachkraft sagt »Nein« um ihrer selbst willen. Das Ziel ist nicht eine erzieherische Maßnahme nach dem Motto »Kinder brauchen Grenzen und müssen erzogen werden« oder »Es kann nicht alles nach dem Willen des Kindes gehen«. Vielmehr geht sie achtsam mit ihren eigenen Ressourcen um, lehnt die Hilfe deshalb ab und sagt »Nein!«. Dadurch können alle Beteiligten lernen, respektvoll mit den eigenen und den Grenzen der anderen umzugehen. Hätte Charlotte doch »Ja« gesagt, obwohl sie ein »Nein« spürte, hätte das zu einem inneren Groll führen können, weil eine innere Dissonanz aufgetreten wäre. Diesen Ärger müsste Johann folglich aushalten und eventuell mit Schuldgefühlen leben. Charlotte hat also Verantwortung für sich selbst übernommen, »Nein« gesagt und die Verantwortung nicht Johann überlassen.

An dieser Stelle sei an das **kindliche Gehirn** erinnert. In bestimmten Entwicklungsphasen kann ein klares »Nein« eines Gegenübers ein Kind in diesen sogenannten Notzustand versetzen. Erinnern Sie sich an das »gekidnappte« kognitive Gehirn, welches bei Stress, Überforderung oder einer Not das emotionale Gehirn »regieren« lässt (vgl. Kapitel 1.5). In diesen Fällen ist Feinfühligkeit angesagt, und die Fachkraft kann eine **Ablehnung auch positiv und bestärkend formulieren,** ohne sich dabei zu verbiegen. So könnte sie Johann, der um ihre Hilfe bittet, auch sagen: »Johann, ich helfe dir gern, gerade bin ich bei Pia und Flo. Ich bitte dich, deinen Schuh allein zu suchen, denn ich bin sicher, du schaffst das. Wenn ich damit fertig bin, schaue ich nach dir, solltest du mich dann noch brauchen.« Sie formuliert klar, dass sie in diesem Moment nicht helfen kann/möchte und bestärkt den Jungen gleichzeitig darin, selbst zu handeln, ohne dass er sich womöglich abgelehnt fühlt. Beide Varianten sind möglich. Manchmal braucht es eine deutliche Klarheit, manchmal eine Bitte.

Verantwortung für sich übernehmen

Verantwortung für sich zu übernehmen bedeutet, ehrlich zu sich selbst zu sein, eigene Klarheit darüber zu finden, was will ich und was will ich nicht. Zu überprüfen, was mir guttut und was mir schadet. Es geht darum, eigene Strategien zu finden, um die eigenen Bedürfnisse zu erfüllen, ohne den Kindern die Verantwortung zu übertragen oder einen Vorwurf zu äußern. Die Kinder können nicht entscheiden, was für die Fachkraft gut ist, das muss sie selbst tun. Verantwortung übernehmen bedeutet, die eigenen Gefühle, Bedürfnisse und Grenzen im Blick zu behalten und sich friedvoll für sie einzusetzen – also für sich selbst zu sorgen. Bei dieser Form des Selbstmitgefühls wird die eigene Kraft nach innen gelenkt. **Selbstmitgefühl** ist nicht mit Selbstmitleid zu verwechseln, denn beim Selbstmitleid begibt man sich in eine Opferrolle, in der andere für die eigene Besserung sorgen sollen. Es ist wichtig, dass die Erwachsenen für sich selbst sorgen und dabei nicht versuchen, Konflikten aus dem Weg zu gehen oder sich beliebt zu machen, denn dabei kann es sein, dass sie ihre Grenzen übergehen. Juul meint: »Häufig tragen wir zu wenig Sorge für unsere eigenen individuellen Grenzen und Bedürfnisse und schieben anderen dafür die Schuld in die Schuhe. Die Kunst, Nein zu sagen, bedeutet auch, Eigenverantwortung zu übernehmen im Interesse aller« (Juul 2016, S. 21).

BEISPIEL

Fachkraft Robert möchte die Kinder in Entscheidungen einbeziehen und fragt sie, ob sie jetzt aufräumen wollen. Die Kinder reagieren nicht und spielen weiter. Er fragt sie nochmal etwas deutlicher. Die Kinder antworten: »Nein!« Robert wird hibbelig und etwas ärgerlich. »Wollt ihr jetzt nicht mal aufräumen?!«, fragt er. »Jetzt kommt, das macht sich nicht von selbst! Los, jetzt aber aufräumen!« Robert wird hektischer: »Jetzt sind wir immer noch nicht fertig, Lina stell doch mal die Kiste ins Regal!« Robert wird immer ungeduldiger, weil das Essen bereits auf dem Tisch steht. Als sie am Tisch sitzen, sagt er: »Seht ihr, jetzt ist das Essen schon kalt. Hättet ihr mal schneller aufgeräumt. Ich hab's euch gesagt!«

In dem Beispiel wird deutlich, dass Robert die **Verantwortung für seine Gefühle und Bedürfnisse** nicht übernommen hat. Der zunehmende Ärger gehört zu ihm und hat zunächst wenig mit den Kindern zu tun. Es handelt sich hier um eine Sprache, in der Verantwortung abgegeben wird (vgl. Wedewardt 2022, S. 94f.). Um Verantwortung zu übernehmen, muss Robert sein Bedürfnis und das der Kinder reflektieren. Warum ist ihm das Aufräumen jetzt genauso wichtig? Dann kann er sagen: »Ich will, dass wir jetzt aufräumen! Mir ist es wichtig, dass wir rechtzeitig am Tisch sitzen, damit das Essen nicht kalt wird!« Er reflektiert, dass ihm Pünktlichkeit, Ordnung und Struktur wichtig sind. »Lisa und Anna, ihr räumt die Legos ein, und Tom und Fred die Tiere! Gemeinsam schaffen wir das im Nu!« Die Verantwortung, diese Struktur einzuhalten, liegt alleine bei Robert und ist nicht die Verantwortung der Kinder – das Bedürfnis nach Ordnung ist vermutlich allein Roberts und nicht das der Kinder. Die Kinder brauchen, um sich an Roberts Struktur halten zu können, Klarheit und liebevolle Führung. Erwachsene haben meist dann nicht ausreichend für sich gesorgt, wenn im Nachgang ein Groll zurückbleibt und sie den Kindern Vorwürfe machen. Manchmal ist es wichtig, Nein zu sagen, Kindern etwas nicht zu gewähren zugunsten der Verantwortung für die eigenen Bedürfnisse und Werte. Das ruft bei Kindern unter Umständen Frust hervor, ist für sie jedoch eine gute Möglichkeit, zu lernen, für seine eigenen Bedürfnisse einzustehen, auch wenn man sich dabei nicht unbedingt beliebt macht.

4.3 Werte leben, Orientierung finden

Um in der eigenen pädagogischen Haltung und in der eigenen Abgrenzung klar sein zu können, ist es wichtig, die eigenen Werte zu reflektieren. Fachkräfte dürfen sich fragen, welche Werte sie genau haben, was die Werte der Einrichtung sind und welche Botschaften sie den Kindern für ihr Leben und ihre Zukunft mitgeben wollen. Welche Werte in der heutigen Gesellschaft besonders hoch eingeschätzt werden, lässt sich beispielsweise am »Monitor Familienforschung« ablesen. Die wichtigsten Werte sind demzufolge Ehrlichkeit, Selbstständigkeit, Verlässlichkeit, Hilfsbereitschaft, Anstand, Verantwortungsbereitschaft, Freundlichkeit und Höflichkeit (vgl. BMFSFJ 2006). Die Bedürfnisorientierte Pädagogik stützt sich grundlegend auf folgende Werte:

Die 10 Werte einer Bedürfnisorientierten Pädagogik

1. Gleichwürdigkeit
2. Verbindung
3. Selbstbestimmung
4. Mitbestimmung
5. Dialog
6. Respekt
7. Mitgefühl
8. Integrität
9. Authentizität
10. Verantwortung

Vermutlich haben alle Menschen ähnliche Wünsche und Vorstellungen über die künftigen Kompetenzen der Kinder. Jeder möchte, dass die Menschen von morgen friedvoll miteinander umgehen, sich ineinander einfühlen können und Achtung voreinander haben. Kinder lernen Werte in allererster Linie am Modell, am Vorbild der Erwachsenen und in der Beziehung zu ihnen (vgl. Lindner 2018). An dieser Stelle ist oft ein Paradoxon zu beobachten, das näher erläutert werden soll:

Die dreijährige Miray bittet beim Anziehen Fachkraft Gabi, ihr die Handschuhe aus ihrem Fach rüberzureichen. Gabi antwortet mit: »Nein, das kannst du doch selbst!« Miray ist etwas geknickt und läuft selbst zu ihrem Fach und holt die Handschuhe heraus. In dieser Kurzsequenz ist bereits eine Menge an **Wertereflexion** möglich. Die Frage, die sich Fachkräfte in solchen Momenten immer wieder stellen dürfen, ist: »Was möchte ich den Kindern langfristig an Werten für ihr Leben mitgeben?« Und gleich im Anschluss: **»Was lebe ich gerade selbst vor?«** In der beschriebenen Situation vermittelt Gabi unbewusst die Werte Selbstständigkeit und Abgrenzung, aber auch, dass es nicht notwendig ist, hilfsbereit zu sein. Wenn man Gabi jedoch fragen würde, welche Werte ihr wichtig sind, würde sie vermutlich antworten, dass ihr Hilfsbereitschaft sehr wichtig sei. Selbst lebt sie diesen Wert jedoch nicht vor. Einen Wert anzustreben und ihn tatsächlich auch (vor) zu leben, sind zwei unterschiedliche Dinge. Ein anderes Beispiel: Fachkraft Marina ist es eigentlich besonders wichtig, friedvoll miteinander umzugehen und Respekt voreinander zu haben. An anderer Stelle handelt sie jedoch selbst wenig respektvoll. Sie reißt Joe in einem Konflikt beispielsweise gewaltvoll etwas aus der Hand, obwohl sie selbst nicht möchte, dass Dinge weggenommen werden. Für Kinder sind solche Doppelbotschaften sehr schwer nachzuvollziehen. Welcher Wert gilt denn nun? Ich darf nichts wegnehmen, aber du nimmst mir etwas weg. Du gehst über meine Grenzen, aber ich darf nicht über deine gehen. Du greifst mich verbal an, aber ich soll friedlich sein?! Fachkräfte sollten also so handeln, dass sie ihre Werte und die Werte der Einrichtung auch selbst leben. Wenn Fachkräften wichtig ist, dass Kinder höflich miteinander umgehen, sollten sie selbst auch höflich zu ihnen sein. Wenn Fachkräfte wollen, dass Kinder Empathie füreinander aufbringen, sollten sie selbst empathisch mit ihnen sein.

Immer wieder dürfen sich Fachkräfte fragen, handele ich **aus Prinzip oder, weil ein wichtiger Wert dahintersteht.** Kinder merken sofort, ob Fachkräfte etwas nur wollen, um sie zu erziehen, aus Prinzip, oder weil es ihnen ein inneres Anliegen ist. »Nein, ich will jetzt nicht, dass ihr weiter das Wasser laufen lasst. Macht den Wasserhahn bitte aus!« Diesen Satz formuliert Fachkraft Tim mit voller Überzeugung, weil es ihm wichtig ist, achtsam mit Ressourcen umzugehen. Er erklärt, warum ihm das ein inneres Anliegen ist. Die Kinder bemerken schnell, dass Tim aus einer tiefen

Werteüberzeugung heraus spricht und nicht, um die Kinder zu erziehen. Zugegebenermaßen ist es nicht leicht, herauszufiltern, an welcher Stelle man aus Prinzip und an welcher aus Überzeugung agiert. Immer wieder befinden sich Fachkräfte auch in einem **Wertedilemma.** Betrachtet man das Beispiel von Tim, darf sich eine jede Fachkraft innerlich, individuell auf die Kinder und die Situation zugeschnitten, fragen: »Was ist mir jetzt wirklich wichtiger, dass die Kinder Raum zur Exploration und zum Lernen haben oder dass der Wert der Ressourcenschonung relevant wird?« Das ist ein Balanceakt, erfordert ein ständiges Abwägen und eine sehr sensible Reflexion der eigenen Wertehaltung. Vielleicht greift Tim anschließend das kindliche Bedürfnis nach Exploration auf und lässt die Kinder an der Regentonne oder mit abgefüllten Wassereimern hantieren. Mit etwas Kreativität können Situationen umgestaltet und Kompromisse gefunden werden, die die Bedürfnisse vereinen. **Ein Nein zu etwas ist gleichzeitig auch ein Ja für etwas anderes.**

Neben der Reflexion der eigenen Werte und der Unterscheidung zwischen Prinzip und Überzeugung kommt noch hinzu, dass die eigenen **Wertvorstellungen** immer wieder **hinterfragt** und **überprüft** werden müssen. Fachkräfte sind hinsichtlich ihrer Wertvorstellungen durch ihre Kindheit geprägt und manche Maxime ist bei genauerer Betrachtung nicht sinnvoll. Die dreijährige Luise kippt Wasser auf den Boden und möchte darin ein Spielzeugboot schwimmen lassen. Die Fachkraft Robert spürt den sofortigen inneren Impuls, mit Luise zu schimpfen. »Das darf man doch nicht!« Nun stellt sich die Frage, welcher Wert bei Robert genau betroffen ist. Er würde vielleicht antworten, ihm sei Sauberkeit und Ordnung wichtig. Bei genauerer **Reflexion,** beispielsweise in einer Supervision, käme er jedoch zu dem Schluss, dass es sich um einen tief verankerten Wert aus seiner Familie handelt, den er bei genauerem Überlegen jedoch gar nicht mehr für wichtig hält. Er kommt aus eigenem Antrieb heraus zu dem Schluss, dass ihm Freiheit und das selbstgesteuerte Lernen der Kinder viel wichtiger sind als Ordnung.

Um in der Einrichtung eine einheitliche Werteorientierung zu vertreten, sollten gemeinsam im Team (eventuell auch mit den Kindern) **Leitlinien** für die pädagogische Arbeit entwickelt werden. Wichtig ist, genau zu besprechen, was die Werte für jeden Einzelnen bedeuten und wie sie praktisch umgesetzt werden können. Diskutiert werden kann beispielsweise, wenn der Leitpunkt »Höflichkeit« aufkommt, ob ein Kind bitte und danke, hallo und tschüss sagen muss oder ob der Wert des achtsamen Umgangs mit Grenzen (vgl. Kapitel 2.3) als wichtiger erachtet wird.

Indem Fachkräfte sich intensiv mit ihren eigenen Werten auseinandersetzen, gewinnen sie Klarheit darüber, welche erzieherischen Handlungsweisen sinnvoll sind und welche nicht. Die eigene Wertehaltung zu überdenken, kann dazu führen, dass Fachkräfte in manchen Situationen viel entspannter sein können. In anderen Momenten haben sie wiederum die nötige Klarheit, um mit voller Überzeugung sagen zu können: »Stopp, das will ich nicht!«

4.4 Selbstfürsorge und Selbstregulation üben

Es wurde bereits mehrmals erwähnt, dass Kinder ihre Selbstregulationsfähigkeit aufbauen, indem sie Ko-Regulation erfahren. Ko-Regulation findet im Miteinander statt (vgl. Weltzien et al. 2016, S. 15ff.). Das Kind kann in belastenden Momenten durch ein entspanntes Gegenüber, durch Einfühlung, Spiegelung und Unterstützung seine emotionale Stabilität wieder zurückerlangen. Was aber, wenn Fachkräfte selbst gestresst, genervt oder gar wütend werden? In diesem Fall gilt es immer, sich selbst zu regulieren, bevor die Ko-Regulation sinnvoll stattfinden kann. Selbst kann die Fachkraft nur mit der »**Alarmdeaktivierung**« unterstützen, solange ihr eigenes Alarmsystem entspannt ist (Shanker 2016, S. 213).

Auch mit viel Übung bleibt es nicht aus, dass Menschen in Übererregung geraten. Wichtig ist es, dies selbst wahrzunehmen und eigene Signale zu erkennen. Während der eine mit Herzrasen reagiert, spürt ein anderer Mensch beispielsweise einen Stich in der Brust (vgl. Körperreaktionen im Kapitel 2.1.5). Diese eigenen Erregungen gilt es rechtzeitig zu erkennen, um auftretende Impulse zu kontrollieren. Anstatt Gefühle zu verdrängen und Signale zu ignorieren, dürfen sie als Warnung erkannt und gedeutet werden, um rechtzeitig reagieren zu können. Wie ein innerer Kompass deuten sie auf Stress, Überforderung und/oder beispielsweise Schmerz hin – auf ein eigenes unerfülltes Bedürfnis. Bevor das eigene Fass nun sinnbildlich überzulaufen droht, gilt es, die **innere Stopp-Taste** zu drücken und für sich selbst zu sorgen.

Selbstfürsorge

Selbstfürsorge bedeutet in der Achtsamkeitslehre, wie das Wort schon sagt, für sich selbst zu sorgen, achtsam, freundlich und liebevoll mit sich zu sein und sich selbst zu nähren. Man spricht hier auch von Selbstmitgefühl (vgl. Neff & Germer 2022). Für sich selbst zu sorgen bedeutet, sich sichselbst zuzuwenden, als würde man sich einer guten Freundin zuwenden. Durch das Sprichwort »Der Esel nennt sich immer zuerst« haben viele gelernt, dass es besser sei, sich selbst zurückzunehmen. Aus diesem **Glaubenssatz** heraus könnte Selbstfürsorge nur etwas für Egoisten sein? Dabei liegt der Selbstfürsorge der Grundsatz zugrunde, dass nur der oder die achtsam und fürsorglich mit anderen Menschen umgehen kann, wer sich selbst ebenso liebevoll begegnet. Ein gern genommenes Vergleichsbild ist dafür die Flugzeugsituation mit den Sauerstoffmasken. Erwachsene sollten in Notsituationen zuerst sich selbst eine Maske aufsetzen, bevor sie sich um andere kümmern. Andernfalls könnte ihnen zu schnell der eigene Sauerstoff ausgehen. Gehen Fachkräfte also achtsam mit sich selbst und ihren eigenen Bedürfnissen um, können sie sich im stressigen Alltag auch achtsamer Eltern und Kindern zuwenden. Selbstmitgefühl bedeutet auch, einen liebevollen inneren Dialog zu führen, der nicht abwertend und kritisch, sondern liebevoll und unterstützend ist.

Im Akutfall

Im Akutfall, wenn die Gefühle einen überschwemmen, kann es helfen, bewusst tief ein- und auszuatmen, bis zehn zu zählen, eckige Gegenstände im Raum zu zählen, sich zu schütteln oder auch zu singen. Beim Singen atmen wir langsam und bewusst und erhalten wieder die eigene Kontrolle und Sicherheit zurück. Im Alltag mit Kindern sind dies leicht anwendbare Strategien, die auch den Kindern vorleben, wie sie in Übererregung handeln können. Die Idee solcher Techniken ist, das Emotionsgehirn, also die Amygdala, durch »stupide« Denkaufgaben zu beruhigen und den Kampf- oder Fluchtmodus zu umgehen (vgl. Kapitel 1.5). Bevor Fachkräfte kämpfen (schreien, aggressiv handeln, strafen) oder flüchten und die Kinder alleine lassen, nutzen sie eigene kognitive Möglichkeiten, um sich selbst zu beruhigen. Der Neurowissenschaftler Daniel Siegel würde sagen, es gelte, beide Hirnhälften zu integrieren, um nicht im Chaos oder in der Erstarrung zu verharren (vgl. Siegel & Bryson 2017). Aristoteles formulierte einst: »Wir können den Wind nicht ändern, aber die Segel anders setzen.« Achtsam mit sich selbst zu sein, den Blick nach innen zu richten, verändert automatisch mit etwas Übung die Sicht auf das Außen. Auch wenn diese Veränderungen nicht von heute auf morgen geschehen und geduldige **Übung und Wiederholungen** benötigen, so sind sie der wirksamste Schutz vor Überforderung und Stress.

Mögliche Selbstregulationsstrategien

Die innere Stopp-Taste drücken, eine bewusste Auszeit nehmen, bewusstes ein- und ausatmen, langsam bis 10 zählen, eckige Gegenstände im Raum zählen, sich schütteln, singen, einen Hampelmann machen, achtsam einen Schluck Wasser trinken, die Hände aneinander reiben, Stöpsel in die Ohren stecken.

Langfristige Strategien

Längerfristig ist es notwendig, eigene Stressfaktoren, die zur Alarmaktivierung im emotionalen Gehirn führen, zu erkennen und schließlich zu minimieren. Klassische Stressfaktoren entstehen im pädagogischen Alltag zu bestimmten Tageszeiten (Anziehen, Ausziehen, Essen, Schlafen), auch wenn diese individuell verschieden empfunden werden. Beobachtet die Fachkraft, dass sie regelmäßig in der Garderobe unter Schnappatmung leidet oder Kinder anmotzt, sollte sie mit Unterstützung schauen, wie sie diese Situation angenehmer gestalten kann. Andere reagieren empfindlich auf Lärm beim Essen oder auf grelles Licht. Manche Schwierigkeiten lassen sich durch eine Veränderung der Struktur oder organisatorische Überlegungen einfach verändern. Fachkräfte sollten ihre Verantwortung wahrnehmen und für ihre Bedürfnisse einstehen: Bei Lärmempfindlichkeit Ohrenschützer einführen, bei Lichtempfindlichkeit das Licht verändern oder andere kreative Möglichkeiten entwickeln. Für das eigene Wohl zu sorgen, ist genauso wichtig, wie auf das Wohl der Kinder zu achten.

Zur langfristigen Stärkung der inneren Balance ist es hilfreich, **Entspannungstechniken** zu erlernen. Empfehlenswert sind Yoga, Meditation, Spazierengehen, Sport, regelmäßige Pausen (Wechsel von Anspannung und Entspannung), die EFT-Klopftechnik (Klopftechnik der Energiepunkte zur emotionalen Befreiung von u. a. Stress und negativen Glaubenssätzen), *somatic experience* (körperorientierter Ansatz zur Lösung von traumatischem Stress), die Fünf Tibeter, Achtsamkeit und Entschleunigung üben und langfristige alternative Handlungsstrategien für Akutsituationen bereitlegen. Jeder darf seine Form der Entspannung finden. Eine Metaanalyse der American Mindfulness Research Association, eine Vereinigung, die sämtliche Studien zur Achtsamkeit sammelt und veröffentlicht, zeigt, dass Achtsamkeitstechniken sich nachweislich positiv auf Körper und Psyche des Menschen auswirken: Sie verringern Stress, fördern Wachheit und Konzentration, fördern positive Beziehungen zu sich und zu anderen, machen widerstandsfähiger, jünger und glücklicher. Das Gehirn funktioniert wie ein Muskel und kann durch regelmäßige Achtsamkeitsübungen lernen, schneller in einen Entspannungszustand zu gelangen. Typische Achtsamkeitstechniken sind folgende:

▸ **eigene Gefühle und/oder Gedanken wertfrei beobachten:** Dabei werden in meditativer Praxis Gedanken und/oder Gefühle beobachtet und als unabhängiger Teil des Seins erfasst: nicht »ich bin wütend«, sondern »ich spüre Wut, aber das bin nicht ich«. Gefühle/Gedanken dürfen da sein, werden willkommen geheißen und wieder losgelassen. Sie dürfen weiterziehen.

▸ **positive Sätze (Affirmationen) zu sich selbst sagen:** In herausfordernden Situationen können Fachkräfte diese oder andere Affirmationen, die ihnen helfen, zu sich selbst sagen, um so einen liebevollen inneren Dialog zu üben:

- Ich bin gut so wie ich bin.
- Ich kann alles erreichen, was ich möchte.
- Ich gebe mein Bestes, das reicht aus.
- Ich darf Fehler machen.
- Ich darf ein glückliches Leben führen.
- Ich darf ein gesundes Leben führen.
- Ich darf ein erfolgreiches Leben führen.

Konflikte dürfen sein. Jede:r kann für sich selbst ermitteln, welche Sätze für sie oder ihn stärkend sind.

▸ **Dankbarkeitsübung/Dankbarkeitstagebuch:** In einem ruhigen Moment können Fachkräfte sich Gedanken darüber machen, wofür sie dankbar sind. Das schüttet Glückshormone aus und stärkt für den stressigen Alltag. Folgende Fragen können als Orientierung dienen:

- Wofür bin ich in dem Moment dankbar?
- Was macht mich gerade glücklich?
- Was waren glücklich machende Momente in meinem Leben?
- Was sind meine besten Eigenschaften?

▸ **Körper »durchleuchten« (Body Scan):** In einem ruhigen Moment »durchleuchtet« die Fachkraft ihren Körper und geht mental von oben nach unten oder unten nach oben die einzelnen Köperteile oder -regionen durch. Sie schaut, wie sich der Kopf, Arm etc. anfühlt und fokussiert sich hiermit auf den Moment – vielleicht eine gelungene Übung für die Pause oder für die Begleitung in der Ausruhzeit.

▸ **Achtsames Riechen, Schmecken, Hören, Fühlen, achtsame Bewegung:** Im Alltag werden viele Tätigkeiten »so nebenbei« erledigt. Essen besteht oft aus schnellem Kauen und Herunterschlucken. Eine Einladung an dieser Stelle wäre es, langsam zu kauen, das Essen mit Genuss zu schmecken und beim Herunterschlucken den Weg der Nahrung zu beobachten. Es geht darum, sich auf eine Sache zu konzentrieren und diese mit Bedacht durchzuführen. Denn es ist ein Trugschluss, dass »Multitasking« dem Menschen hilft. Es hindert ihn an der Achtsamkeit und treibt ihn häufig in Stress. Auch das achtsame Gehen, Zähneputzen oder Ankleiden tut dem Körper gut und kann in den Alltag wunderbar integriert werden.

All diese Techniken können den Kindern vorgelebt und natürlich auch mit ihnen zusammen erlebt werden. Achtsamkeit im Kita-Alltag zu leben, Handlungen mit Bedacht auszuführen, im Hier und Jetzt zu sein, hilft zu entschleunigen und Stress abzubauen.

Der Kita-Podcast (Folge 35):
Achtsamkeit und Selbstfürsorge in der Kita mit Boris Bornemann

4.5 Das eigene innere Kind reflektieren

In der pädagogischen Arbeit bringt ein jeder sich als Mensch mit in Beziehungen ein. Die pädagogische Arbeit lebt davon, dass Menschen stabile Beziehungen zu kleinen und großen Menschen eingehen. Die professionelle Beziehung ist quasi das Handwerkszeug eines jeden Pädagogen oder einer jeden Pädagogin. Auch wenn die meisten Fachkräfte eine lange, intensive Ausbildung absolviert und sich in viele Fachthemen eingearbeitet haben, bringen sie immer sich selbst und die eigene Geschichte in die pädagogischen Beziehungen mit. Das eigene innere Kind, so nennt es die Psychotherapeutin Stefanie Stahl in ihrem Buch »Das Kind in dir muss Heimat finden« (vgl. Stahl 2015), ist hauptsächlich **geprägt von den eigenen familiären Erfahrungen,** aber auch von der eigenen Betreuungsbiografie und den Erlebnissen aus der Schulzeit. So kann Wissen aus der Ausbildung dazu beitragen, dass in manchen Situationen anders gehandelt wird, als man es selbst in der eigenen Kindheit erfahren hat. Deshalb verzichtet man dann beispielsweise darauf, dem Krippenkind die Hand beim Laufen lernen anzubieten, um ihm einen selbstgesteuerten Lernerfolg zu ermöglichen. Dennoch tragen Fachkräfte ihre tief liegenden Schemata (wie einen Fußabdruck) und Trigger (engl. »Auslöser«) (vgl. Roediger 2009, S. 21ff.) in sich und greifen darauf in bestimmten Momenten zurück, ohne sich dessen bewusst zu sein. Daniel Siegel nennt das »implizite Erinnerungen«, die im Gehirn abgespeichert, mit bestimmten Situationen verknüpft, aber nicht zugänglich sind, also unbewusst bleiben. Aus der Bindungsforschung ist bekannt, dass Menschen in stressigen Momenten am ehesten auf ihre innersten (impliziten), bekanntesten Handlungsstrategien aus der Kindheit zurückgreifen (Fonagy & Target 2003), auch wenn sie rational gesehen diese Handlung vielleicht nicht gutheißen würden. Unter Druck handeln sie folglich so, wie sie es viele Jahre in ihrer Kindheit gelernt haben, obwohl sie rational gesehen, unter fachlichen Gesichtspunkten, so nicht handeln würden. Stressige Momente bringen Menschen dazu, auf das unmittelbarste, bekannteste Verhaltensrepertoire zurückzugreifen. Das zeigt auch die Hirnforschung. In angstbesetzten Situationen reagiert das emotionale Gehirn mit Flucht, Kampf oder Erstarren. Das rationale Gehirn ist währenddessen gänzlich ausgeschaltet (vgl. Kapitel 1.5). Manche Menschen tragen jedoch so tief sitzende Traumata in sich, dass sie gewaltvolles Handeln selbst in entspannten Situationen als angemessene Verhaltensweise einschätzen würden, weil sie dies als normal einstufen. Aus ihrer eigenen Kindheit kennen sie nur diesen Umgang miteinander. Sie sind folglich fest davon überzeugt, dass Drohungen, Manipulationen oder Strafen ein fester Bestandteil von Erziehung seien.

Um sich selbst besser kennenzulernen und die **eigenen Handlungsmuster** zu erkennen, ist es also notwendig, dass pädagogische Fachkräfte sich mit ihrer eigenen Kindheit, ihren eigenen Schemata auseinandersetzen, wachsam für eigene Überreaktionen sind und sich immer wieder fragen: »Wie handele ich in welcher Situation und warum?«, so dass sie sich ihrer selbst bewusst werden (vgl. Wedewardt & Cantzler 2022a).

Psychotherapeut:innen sind in ihrer Ausbildung beispielsweise dazu verpflichtet, sich intensiv mit sich selbst auseinanderzusetzen. Selbsterfahrung und Supervision sind dabei ein wesentlicher Teil ihrer Ausbildung. Inhalte sind unter anderem der

Blick in die eigene Lebensgeschichte, emotionale Kompetenzen, Selbstwert, Tod, Trauer und Abschied. All diese konfliktreichen Themen spielen auch in der professionellen Begleitung von Kindern immer wieder eine Rolle. Der Grund für diese angeordnete Auseinandersetzung mit dem Selbst ist, dass ohne eine Aufarbeitung ungesunder Beziehungsmuster unbewusste traumatische Erfahrungen und Glaubenssätze in die Therapeut:innen-Klient:innen-Beziehung getragen werden können. Bestimmte Klient:innen, Konflikte oder Gefühle wie Wut, Ärger oder Scham können, falls sie nicht aufgearbeitet und integriert wurden, die Therapeuten triggern und sie in eine hilflose Situation bringen. Die daraus resultierende Unsicherheit oder Ohnmacht der Therapeutin kann dazu führen, dass dem Klienten nicht nur nicht geholfen, sondern geschadet werden kann. Der Therapeut:inn oder die Therapeutin verstrickt sich folglich in die Beziehungsangelegenheiten des Klienten. Sie vermag es dann kaum, ihm zu helfen, sich zu beruhigen, die Lage aus einer anderen Perspektive zu sehen, ihm eine Regulationsstütze zu sein oder seine Gefühle in realistischer Weise zu betrachten. Es wird für die Therapeutin demnach schwer, die Gefühle des Klienten zu spiegeln, weil eigenen Gefühle überschwemmt wird oder sie nur noch verschwommen und konfus erlebt werden können. Der Kontakt zum Klienten bricht schließlich für diesen Moment ab und es kann keine emotionale Unterstützung vonseiten der Therapeutin mehr gewährleistet werden.

In Kindertageseinrichtungen begeben sich Fachkräfte ebenso in vertrauensvolle Beziehungen mit Menschen, um ihnen eine Stütze zu sein, ihre Gefühle, Bedürfnisse, Anliegen wahrzunehmen, zu begreifen und gemeinsam mit ihnen Handlungsstrategien zu entwickeln, die sozial angemessen und für ihr eigenes Seelenheil am gesündesten sind. Fachkräfte sind der Anker, der Hafen, der Fels in der Brandung, der Ort des Trostes und der Motivation. Genau das sind auch die Aufgaben eines/einer Therapeut:in mit seinem/ihrem Klient:in.

Durch schlechte Rahmenbedingungen in Kindertageseinrichtungen kommt für die pädagogischen Fachkräfte die Erschwernis hinzu, dass Beziehungsarbeit selten in Ruhe, mit Muße, mit dem Fokus auf nur ein Kind möglich ist. Meist müssen sich pädagogische Fachkräfte auf mehrere Kinder gleichzeitig konzentrieren und zudem Lautstärke, Stress, Zeitdruck und Überforderung aushalten. Das bedeutet, eine pädagogische Fachkraft leistet eine ähnliche Arbeit wie ein/e Psychotherapeut:in, nur unter stressigeren Bedingungen. Somit ist die Wahrscheinlichkeit sehr hoch, dass sie ihre unbewussten Erfahrungen, Einstellungen zu Kindern, ihre (impliziten) Beziehungserfahrungen, Konflikterfahrungen und tief verankerten Glaubenssätze mit in die Interaktionen mit Kindern trägt. Sie hat somit einen unmittelbaren Einfluss darauf, welche Beziehungserfahrungen ein Kind selbst macht, welche Glaubenssätze und welche Handlungsstrategien es in Konflikten entwickeln kann.

Es lässt sich also sagen, dass es unabdingbar ist, dass jede Fachkraft sich mit sich und ihren inneren Überzeugungen auseinandersetzt. Aber, und das ist die gute Nachricht, innere Muster lassen sich durch tiefgreifende Reflexionen aufarbeiten und verändern (vgl. Kißgen & Suess 2005). »Wenn Sie Erfahrungen sinnvoll einordnen und [...] [Ihre] Verletztheit und eingeschränkte Beziehungsfähigkeit verstehen, dann können Sie den Kreislauf der Weitergabe eines solchen Schmerzes durchbrechen. Sie können beginnen, Ihre Erfahrungen zu reflektieren« (Siegel & Bryson 2017, S. 188).

Reflexion eigener Trigger und Glaubenssätze

Es gibt mehrere Möglichkeiten, sich selbst und die eigenen Strategien in den Blick zu nehmen und zu verändern. Neben professionell angeleiteten Reflexionen wie Teamsitzungen zu Reflexionsthemen, Supervisionen, Fortbildungen, in denen Fachthemen reflexiv aufgearbeitet werden, ist es möglich, sich selbst auf den Weg zu machen und sich seiner selbst bewusst zu werden (vgl. Wedewardt & Cantzler 2022a). Eine sehr intensive und sicherlich sehr effektive Form der Auseinandersetzung mit sich selbst ist eine individuelle Therapie. Es ist aber auch möglich, sich im Alltag selbst zu beobachten, um herauszufinden, welche Triggerpunkte ich habe, welche Themen es sind, die mich selbst »an die Decke« gehen lassen, »denn implizite Erinnerungen können Reaktionen auslösen, die uns in einer Weise handeln lassen, wie wir es eigentlich nicht wollen« (Siegel & Bryson 2017, S. 122). Eine weitere Möglichkeit ist, die eigenen Glaubenssätze zu ergründen und zu verändern.

Beobachten eigener Trigger

Trigger

DEFINITION

Ein Trigger (engl. »Auslöser«) beschreibt die Reaktivierung eines unbewusst gespeicherten schmerzhaften Erlebnisses in Zusammenhang mit einem bestimmten Reiz (beispielsweise das Aussehen, die starke Wut oder das Verhalten eines Menschen). Mit einer blitzschnellen emotionalen Reaktion versucht das Gehirn, sich vor einer erneuten Traumatisierung zu schützen (in Anlehnung an Sautter 2005).

Trigger erkennt man daran, dass die eigene Reaktion irrational und nicht angemessen auf die Situation ist. Starke Wut, Verzweiflung oder Fluchtgedanken können die Folge sein. Es fühlt sich an, als sei man wie im Nebel oder unter einer Käseglocke, es entstehen körperliche Symptome wie plötzliche Kopfschmerzen, Übelkeit, Atemnot oder starke Angst (vgl. Sautter 2005). Reagiert ein Mensch außergewöhnlich intensiv, wurde möglicherweise eine alte Verletzung geweckt. Das Komplizierte daran ist, dass es sich in dem Moment schwer erkennen lässt, ob das Gefühl durch die jetzige Situation ausgelöst wird oder durch eine frühere Verletzung. Um diesen schmerzhaften Gefühlen zu entkommen, entwickeln Menschen Bewältigungsformen wie das Kämpfen, Flüchten oder Erstarren (vgl. Roediger 2009, S. 47ff.; Wedewardt & Cantzler 2022a, S. 99).

REFLEXION

Triggerpunkte beobachten

Nehmen Sie sich vor, sich ganz genau im Alltag zu beobachten. Achten Sie darauf, in welchen Situationen Sie unsicher werden, in welchen Situationen Sie unangemessen handeln, überreagieren, wann Sie außerordentlich wütend werden und was Ihnen Angst macht. Spüren Sie in jeder Situation bewusst in sich hinein. Was triggert Sie?
Bekommen Sie beispielsweise **Angst**, wenn …

- Kinder zu viel essen, weil Sie denken, sie werden zu dick?
- Kinder kein »normales« Essen zu sich nehmen, weil Sie denken, das ist ungesund und sie werden krank?
- Kinder sich streiten, weil Konflikte mir Angst machen und Sie Harmonie möchten?
- Kinder alleine in einem Raum bleiben, weil Sie Sorge haben, sie könnten sich verletzen und Sie können nicht alles kontrollieren?
- Kinder sich hauen, weil Sie denken, sie werden später sonst aggressive Menschen?
- Kinder ihren Körper gegenseitig erkunden, weil Sie Angst vor Grenzüberschreitungen haben?
- Kinder weinen, »obwohl doch gar nichts Schlimmes passiert ist«, weil Sie denken, sie werden dann »Jammerlappen«, die wegen allem weinen?
- Kinder »Nein« sagen, weil Sie Angst haben, sie hören nicht und könnten Ihnen auf der Nase herumtanzen? Es wäre eine Schmach für Sie, wenn Sie es nicht schaffen, die Kontrolle zu behalten.

- in der Eingewöhnung sich die Mutter von ihrem Kind verabschiedet und Sie diesen Abschiedsschmerz kaum aushalten können?

Wenn Sie eine immer wieder auftretende herausfordernde Situation ausfindig gemacht haben, wissen Sie, das ist eines Ihrer **Themen,** die Sie genauer betrachten dürfen. Schreiben Sie Ihre Themen gerne auf.

Wenn Sie das Thema oder die Themen beobachtet und aufgeschrieben haben, können Sie

- **sich fragen, woher diese Angst kommt:** Durfte ich bspw. meine Wut in meiner Kindheit nicht so deutlich zeigen, sollte ich lieber brav und angepasst sein und nicht stören?
- **sich fragen, ob die Angst begründet ist:** Ist sie angemessen? Ist sie realistisch? Was könnte beispielsweise im schlimmsten Fall passieren? Setzen Sie Ihre Angst in Relation. Wenn Kinder sich alleine in einem Raum befinden, was könnte tatsächlich passieren? Wenn die Mutter in der Eingewöhnung geht, was kann schlimmstenfalls passieren?
- **Sicherheit gewinnen:** Sie können mit Kolleginnen oder Kollegen ins Gespräch gehen und fragen, wie sie eine solche Situation handhaben oder wie sie darüber denken. Es ist auch möglich, ein Fachbuch dazu zu lesen.
- **Glaubenssätze ermitteln** (vgl. Übung unten).

Glaubenssätze ermitteln und verändern

Glaubenssätze sind innere Überzeugungen, die in der eigenen Kindheit verinnerlicht wurden. Glaubenssätze können der eigenen Entfaltung unter Umständen im Weg stehen und die Beziehungsgestaltung positiv oder negativ beeinflussen.

Glaubenssätze verändern

REFLEXION

Beobachten Sie sich im Alltag und halten (auch schriftlich) fest, welchen inneren Dialog Sie führen, welche Sätze die innere Stimme zu Ihnen sagt. Solche inneren Glaubenssätze können sein:

- »Ich bin nicht gut genug!«
- »Das muss ich alleine schaffen!«

- »Nicht meckern, machen!«
- »Ein Indianer kennt keinen Schmerz.«
- »Ich muss perfekt sein!«
- »Ich muss stark sein!«
- »Ich muss beliebt sein.«
- »Ich muss alles unter Kontrolle haben!«

Diese belastenden, immer wiederkehrenden Glaubenssätze, können nun aufgeschrieben und umgekehrt werden, so zum Beispiel:

- Aus »Ich schaffe das nicht, durch den Tag zu kommen« wird **»Ich schaffe das, weil ich an mich glaube«.**
- Aus »Konflikte zwischen Kindern machen mir Angst« wird **»Konflikte zwischen Kindern sind gut und wichtig«.**
- Aus »Nicht meckern, machen« wird »Mir geht es nicht gut, ich darf mir Hilfe holen« oder **»Ich teile meine Grenze mit«.**
- Aus »Ein Indianer kennt keinen Schmerz« wird **»Kinder dürfen zeigen, wenn es ihnen nicht gut geht«.**
- Aus »Immer ruhig bleiben« wird **»Ich darf wütend sein«** oder auch »Kinder dürfen wütend sein«.

Glaubenssätze, die **belasten**, können innerhalb einer Übung auch auf einen Zettel geschrieben und als Symbol zerrissen oder verbrannt werden. Ein oder zwei **besonders stärkende** Glaubenssätze dürfen die Fachkräfte für sich als Schatz mitnehmen und einrahmen, damit sie sich immer wieder daran erinnern können.

Kindheit erleben Podcast (Folge 23):
Du bringst mich auf die Palme! Fea Finger im Gespräch mit einer Empathie- und Resilienztrainerin

Der Kita-Podcast (Folge 42 und 43):
Umgang mit den eigenen Gefühlen als Fachkraft

5.

Bedürfnisorientiertes Lernen

Die Themen in diesem Kapitel sind

→ wie bedürfnisorientiertes Lernen funktioniert

→ welche Bedingungen für kindliches Lernen erfüllt sein müssen

→ wie pädagogische Fachkräfte kindliches Lernen begleiten können

Um genaue Auskunft darüber geben zu können, was **bedürfnisorientiertes Lernen** heißt, muss zunächst der Frage nachgegangen werden: Wie lernen Kinder eigentlich? Heute ist bekannt, dass Lernen, wie es noch im letzten Jahrhundert verstanden wurde, überholt ist. Der Nürnberger Trichter, bei dem das passive Kind von außen mit Wissen gefüllt wird, funktioniert nicht langfristig, genauso wenig wie Skinners Idee einer **Fremdmotivation** durch Belohnung und Bestrafung. Aber dazu später mehr.

Dank der Neurowissenschaft lässt sich mittlerweile sehr genau beschreiben, wie Lernen bei Menschen möglich ist. Durch bildgebende Verfahren von Kernspintomografen kann genau beobachtet werden, welche Hirnbereiche unter welchen äußeren Einflüssen wie reagieren und wie Lernen am effektivsten geschehen kann (vgl. Spitzer 2007).

Lernen verstehen

EXKURS

Expertinnen und Experten aus Neurowissenschaft, Psychologie und Pädagogik sind sich heute einig darüber, dass Kinder wie folgt lernen:

- Lernen ist ein **natürlicher Prozess,** der immer stattfindet, da bei jeder Erfahrung neuronale Verbindungen im Gehirn entstehen. Es ist also nicht möglich, nicht zu lernen (vgl. Spitzer 2007).
- Lernen ist ein **aktiver Prozess.** Das Kind lernt im selbstbestimmten und selbstgesteuerten, aktiven Tun. Es ist also kaum möglich, von außen zu bestimmen, was das Kind wann lernen soll (vgl. Schäfer 2004).
- Am effektivsten ist Lernen, wenn dabei **positive Emotionen** wie Neugier, Interesse, Freude oder Stolz empfunden werden (vgl. Spitzer 2007).
- Lernen ist dann gut möglich, wenn das Lerninteresse **intrinsisch** geleitet ist, wenn die Initiative aus dem Kind selbst entsteht (vgl. Schiefele & Schreier 1994).
- Bei Erfolgserlebnissen wird das **Belohnungssystem** des Gehirns aktiviert und der Neurotransmitter Dopamin ausgeschüttet. Dieser erzeugt ein inneres Glücksgefühl und animiert das Kind zum Weitermachen. Dieser Botenstoff wird insbesondere bei Erreichen eines herausfordernden, passenden, selbst gesteckten Zieles ausgeschüttet (vgl. Spitzer 2007), in sogenannten Flow-Momenten (vgl. Kapitel 5.3).
- Wissen verfestigt sich, wenn Tätigkeiten immer wieder **wiederholt** und dadurch »die kleinen Fäden« im Gehirn zu immer kräftigeren neurona-

len Strängen verknüpft werden (vgl. Spitzer 2007). Das lässt sich gut an Kleinkindern beobachten, die eine Tätigkeit aus sich heraus tausendfach wiederholen (z. B. Laufen lernen, eine Treppe erklimmen), bis die neuronale Verknüpfung stark genug und verinnerlicht ist. Erst dann widmen sie sich einer anderen Lernaufgabe.

- Lernen ist dann gut möglich, wenn **bisherige Fähigkeiten mit neuen Anregungen** verbunden werden können.
- Menschen sind soziale Wesen und lernen am liebsten in sozialen Gruppen, **in Beziehung** und in direkter sozialer Interaktion (Ko-Konstruktion) (vgl. Schäfer 2004).
- Kinder lernen am **Vorbild** (vgl. Stangl 2021).

Insgesamt wird deutlich, dass Lernen ohnehin stattfindet. Kinder müssen grundsätzlich nicht dazu motiviert werden, sie sind dazu geboren zu lernen, sie motivieren sich selbst. Menschen sind hirnphysiologisch so aufgebaut, dass sie lernen wollen und können, wenn man sie nur lässt, ihnen den Raum, die Beziehung und die nötige Anregung dafür bietet.

Emotionen und Lernen

REFLEXION

Erinnern Sie sich an Ihre Schulzeit und stellen sich Ihr unbeliebtestes Fach vor, das mit viel Frust und Ärger verbunden war. Jetzt überlegen Sie, wieviel Sie in diesem Fach lernen konnten, das Ihnen noch heute als Wissen zur Verfügung steht.

Stellen Sie sich nun ein äußerst beliebtes Fach in der Schule vor, mit einer netten Lehrerin oder einem netten Lehrer, mit für Sie spannenden Themen, das wirklich Freude bereitete. Und denken Sie auch an ein wundervolles Ereignis in Ihrem Leben, beispielsweise einen unvergesslichen Urlaub, und überlegen Sie, wieviel Sie von diesen Ereignissen noch in Erinnerung haben. In welchen Momenten konnten Sie mehr erinnern und in Ihr Langzeitgedächtnis abspeichern? Vermutlich sind es die Situationen, die mit Freude und Neugier verknüpft sind, und nicht solche mit Frust und Ärger.

5.1 Unter welchen Umständen ist Lernen schwer?

Kinder lernen so oder so, das zeigt die Hirnforschung (vgl. Spitzer, 2007). Es gibt allerdings Umstände, die dazu führen können, dass die natürliche Lernmotivation gehemmt ist und Lernen nicht mehr so natürlich stattfinden kann.

WISSEN

Hemmende Lernfaktoren sind

Frust, Wut, Ärger, Angst, Scham, Stress, Druck, Zwang, Ohnmacht, unerfüllte Bedürfnisse (Hunger, Durst, Schlaf, fehlende Wertschätzung und Sicherheit), Unterbrechungen von Lernmomenten von außen, zu wenig passende Anreize, Über- oder Unterforderung (vgl. Spitzer 2007).

Lernen wird also dann schwierig, wenn die Bedürfnisse von Kindern nicht ausreichend befriedigt sind (vgl. Kapitel 1.3). Wenn Kinder sich beispielsweise emotional nicht sicher fühlen, können sie nicht lernen. Dann werden Emotionen wie Angst, Wut, Ärger, Frust und Scham aktiviert, welche wiederum die Verinnerlichung des Gelernten erschweren. Das emotionale Gehirn ist dann so aktiv, dass der Zugriff auf das Denken (präfrontaler Cortex) und das Gedächtnis (Hippocampus) versperrt sind. Der Neurowissenschaftler Daniel Siegel spricht von einer versperrten Treppe, einem versperrten Zugang zum oberen rational denkenden Gehirn und gibt zu bedenken, dass Momente emotionaler Überflutung nicht die besten Augenblicke seien, um etwas zu lernen (vgl. Siegel & Bryson 2017, S.45) (vgl. Kapitel 1.5).

BEISPIEL

Florian ärgert sich fürchterlich über seinen Kumpel Patrick, weil er gerade konzentriert an einer kniffligen Aufgabe saß und von Patrick gestört wurde. Er schreit ihn an und ist von Sina, seiner Bezugserzieherin, kaum zu beruhigen. Wegen seines hohen Erregungszustands hat Florian in dem Moment nicht mehr die Möglichkeit zu lernen. Einige Bedürfnisse sind bei ihm unerfüllt: nach Ruhe, Konzentration, vielleicht hat er bereits Hunger oder Durst? Um weiter an seiner kniffligen Aufgabe arbeiten zu können, ist es notwendig, dass Florian sich beruhigen kann und den Zugang zu seinem denkenden Gehirn wiedererlangt. Er benötigt die Regulationsunterstützung von Sina. Sie kann ihm helfen, seine Gefühle zu verstehen, zu integrieren und den Zugang zu seinem Denken und seinem Lernapparat wiederzuerlangen. Sie unterstützt die Jungen bei der Lösung ihres Konflikts und sorgt dafür, dass Florian etwas essen kann. Im Anschluss kann Florian sich wieder beruhigt und mit befriedigten Bedürfnissen seiner Lernaufgabe widmen.

5.2 Die intrinsische Motivation erhalten

Ist es notwendig, Kinder zum Lernen zu motivieren? Geht das überhaupt, andere zum Lernen zu motivieren?

BEISPIEL

Fachkraft Robert möchte, dass heute alle Kinder ein Osterei ausschneiden, denn das Fest steht vor der Tür und die Eltern freuen sich über ein Ostergeschenk. Robert ist hoch motiviert und hat die Ostereier genau vor Augen. Gleichzeitig denkt er: »Dann können die Kinder noch Schneiden lernen und üben, wie man nicht über den Rand malt«. Sein Lernziel ist klar gesteckt, und er freut sich auf das gemeinsame Basteln. Die Kinder sitzen alle am Tisch, sie haben feine Antennen und merken, dass Robert von seinem Vorhaben begeistert ist. Sie wollen ihn nicht frustrieren und vermeiden, dass er sauer wird wie beim letzten Mal, als er einigen Kindern sagte, dass sie noch nicht viel gelernt hätten und so nicht zur Schule gehen könnten. Fast alle Kinder schneiden das Ei ohne Murren aus. Wer fertig ist, wird von Robert ausgiebig gelobt. Er ist erleichtert und zufrieden, er hat das Gefühl, die Kinder haben etwas gelernt, sind gut auf die Schule vorbereitet und er hat schöne Geschenke für die Eltern. Als sie fertig sind, fragen die Kinder »Darf ich jetzt aufstehen?« und laufen anschließend schnell in die Spielecke. Den Rest des Tages bleibt der Basteltisch leer.

Die Frage ist, was haben die Kinder in dieser von Robert initiierten Situation wirklich gelernt? Wie viel Motivation hatten sie tatsächlich für diese Aufgabe? Haben sie wirklich ausgeschnitten, weil sie es wollten? Was bleibt im Endeffekt hängen? Welche Verknüpfung entsteht mit der Bastelsituation? Schneiden die Kinder wirklich aus, weil es ihnen etwas bringt, weil sie dabei für sich etwas Wichtiges lernen oder weil sie Robert nicht enttäuschen wollen? Die Lernsituation war durch Robert von außen bestimmt und das Lernthema sowie das Lernziel waren klar vorgegeben. Robert bestrafte in einer ähnlichen Situation Kinder, wenn sie nicht nach seinen Vorstellungen mitmachten mit erniedrigenden Worten, und lobte sie, wenn sie die Bastelaufgabe nach Vorschrift erledigten. Um die Situation genauer analysieren zu können, lohnt sich ein Blick auf die Motivationsforschung.

Die **Motivationsforschung** unterscheidet zwei Arten von Lernmotivationen: die intrinsische Motivation und die extrinsische Motivation. **Intrinsisch** motiviertes Lernen geschieht von innen heraus aus eigenem Antrieb, um der Tätigkeit willen, weil das Lernen an sich Freude bereitet. Sie ist vor allem dann aktiv, wenn Menschen sich dadurch ihre Ich-Bedürfnisse nach Autonomie, Selbstwirksamkeit und Selbstverwirklichung erfüllen können (vgl. Deci & Ryan 2008; Maslow 1962). Wenn Menschen intrinsisch motiviert sind, empfinden sie die Tätigkeit an sich als sinnhaft. Die Forschung zur intrinsischen Motivation betrachtet Menschen als neugierige, aktive, spielende Subjekte, die aus sich heraus bereit sind zu lernen. Der Mensch benötigt dabei grundsätzlich also zunächst keine Motivation von außen (extrinsisch) (vgl. Richard et al. 2000).

Lernen nach dem Prinzip der **extrinsischen Motivation** (wie das Beispiel oben) funktioniert entsprechend der operanten Konditionierung nach Skinner. Das Lernen ist nach außen gerichtet. Die Kinder lernen, um ein Ziel im Außen zu erreichen, um eine Belohnung zu erhalten oder einer Bestrafung zu entgehen.

WISSEN

Lernen durch Konditionierung

Das operante Konditionieren wurde in den 1930er Jahren durch den Psychologen B. F. Skinner als eine Form des Lernens in einem Experiment nachgewiesen. Darin zeigte Skinner, dass Ratten eine Fähigkeit (Hebel drücken) lernen, wenn sie dafür mit Zucker belohnt werden, und die gleiche Handlung unterlassen, wenn sie bestraft werden (lautes Geräusch oder Strom). Dieses Lernkonzept wurde auf Menschen übertragen und wird noch heute in der Bildung unreflektiert eingesetzt.

Das **behavioristische Lernen** nach Skinner ist häufig auch heute noch in der Kinderbetreuung (und Schule) zu beobachten. Kindergartenkinder werden mit Bildern, Aufklebern, Gummibärchen oder verbalem Lob belohnt, wenn sie gestellte Lernaufgaben der Erwachsenen erfüllen. Gleichzeitig ist zu beobachten, dass Kinder in der Kinderbetreuung bestraft werden, wenn sie Lernaufgaben (pädagogische

Angebote) der Fachkräfte verschmähen oder stören. Zum Glück ist den meisten pädagogischen Fachkräften heute klar, welche psychischen Auswirkungen Strafen auf Kinder haben. Oft ist aber nicht ganz klar, welche Handlungsweisen und Worte genau als Strafen kategorisiert werden können (vgl. Kapitel 3.6). Neben der Diskussion über die Sinnhaftigkeit von Lernen durch Lob und Strafe ist es also notwendig, über deren langfristige Konsequenzen nachzudenken. Pädagogische Fachkräfte sollten darüber reflektieren, welche negativen Auswirkungen Lob und Tadel auf das Selbstbild der Kinder und damit auf ihre psychische Gesundheit haben. Lob kann als eine Form der Sprachgewalt bezeichnet werden (vgl. Wedewardt 2022, S. 61).

Mittlerweile lässt sich nachweisen, dass Lernmotivation und effektives Lernen bei Menschen durch ganz andere Faktoren bestimmt werden als durch Beeinflussung von außen über Belohnung und Bestrafung. Es lässt sich insgesamt sagen, dass innere (intrinsische) Lernmotivation für Menschen nachhaltiger und zufriedenstellender ist als von außen gesteuertes, extrinsisches Lernen. Das belegen mehrere Studien:

Extrinsische Motivation hemmt die Lernlust

In einem psychologischen Experiment untersuchten Marc Lepper und sein Team (vgl. Lepper et al. 1982) Vorschulkinder hinsichtlich der Auswirkung extrinsischer Verstärker auf die intrinsische Motivation. In drei Vergleichsgruppen malten die Kinder mit attraktiven Filzstiften ein Bild. Der ersten Gruppe wurde eine Belohnung (Süßigkeiten, Aufkleber und Lob) versprochen, die die Kinder im Anschluss an das Malen bekamen. Die zweite Gruppe erhielt eine unerwartete **Belohnung,** die vorher nicht angekündigt war. Die dritte Gruppe erhielt für das Malen des Bildes keine Belohnung. Die Ergebnisse zeigten, dass die Gruppe ohne Belohnung am längsten malte. Die Gruppe, welche eine Belohnung erwartete, wies eine starke Abnahme der Malmotivation auf, insbesondere als die Belohnung einmal ausblieb. Die Kinder der Gruppe ohne Belohnung malten hingegen im Durchschnitt doppelt so lange mit den Filzstiften. Diese Studie zeigt, extrinsische Belohnungen verringern die intrinsische Motivation oder setzen sie gänzlich aus (Korrumpierungseffekt).

Es wurde ebenso herausgefunden, dass Menschen intrinsisch geleitete Tätigkeiten weniger gerne und weniger ausdauernd ausübten, wenn sie im Vorhinein darum gebeten wurden, das Ziel im Blick zu behalten, nicht den Handlungsprozess und das Erlebte an sich. Probanden, die sich hingegen auf die Tätigkeit fokussierten, übten diese lieber und ausdauernder aus (vgl. Fishbach & Choi 2012).

Dopaminausschüttung eher bei intrinsisch geleitetem Lernen

Es wurde herausgefunden, dass bei intrinsisch geleitetem Lernen der Botenstoff Dopamin im Gehirn aktiviert wird. Insbesondere bei großer Neugier, großer Lernlust, individuellen Herausforderungen und erfolgreicher Bewältigung eines selbst gestellten Problems wird dieser Stoff ausgeschüttet. Er sorgt im Körper für ein wohltuendes **Glücksgefühl**, ist also das eingebaute Belohnungssystem des Gehirns. Dopamin wirkt wie eine Droge und bringt uns in einen Zustand des **Flow-Erlebens** (vgl. Kapitel 5.3). Dopamin bewirkt, dass die Lust am Weiterlernen und weiter Ausprobieren freigesetzt wird. Bei Ausschüttung des Botenstoffs ist die Transferierung des Gelernten in das Langzeitgedächtnis (Hippocampus) sehr viel leichter möglich und hat somit zur Folge, dass das Gelernte besser abgespeichert werden kann. Dopamin wird dann ausgeschüttet, wenn interessengeleitet gelernt und Herausforderungen gemeistert werden (vgl. Spitzer 2007).

Für Lernen sind »Biss« und Begeisterung ausschlaggebend

Die Neurowissenschaftlerin Angela Lee Duckworth forschte in Amerika lange Zeit über die Gründe für erfolgreiches Lernen von Kindern. Am Ende zeigten die Ergebnisse, dass Durchhaltevermögen und Begeisterung sich als die ausschlaggebenden Kriterien für einen langfristigen Erfolg herausstellten. Das bedeutet, die Fähigkeit leidenschaftlich und ausdauernd für ein Thema zu brennen, erhöhte ihren Beobachtungen nach den späteren Erfolg der Kinder (schulisch und beruflich). Duckworth betrachtete in ihren Forschungen darüber hinaus verschiedene erfolgreiche Menschen und untermauerte damit ihre Forschungsergebnisse. Zu den entscheidenden Erfolgsfaktoren zählten nicht etwa Intelligenz oder Glück. Eines vereinte all diese Menschen: Sie alle hatten ein selbst gestecktes Ziel vor Augen und verfolgten dieses mit einem inneren Feuer, Leidenschaft, innerer Motivation und langfristigem Durchhaltevermögen (vgl. Duckworth et. al. 2007).

Sinnhaftigkeit als größtes Kriterium für Lebenszufriedenheit

Eine der größten Studien der Welt des Meinungsforschungsinstituts Gallup befragte 1,7 Millionen Menschen in 166 Ländern nach ihrer Lebenszufriedenheit. Eines der drei wichtigsten Ergebnisse ist, dass Zufriedenheit durch Sinnhaftigkeit zu erreichen ist. Wenn wir Menschen also etwas tun können, das für uns persönlich Sinn ergibt, sind wir sehr zufrieden (vgl. Jebb et al. 2020). Wir sind dann in der Lage, dabei wirkliche Freude zu empfinden und das eigene innere Belohnungssystem zu aktivieren.

Was zeigen nun all diese Studien? Es lässt sich zusammenfassen, dass Menschen, also auch Kinder, **interessengeleitet** am effektivsten und am lustvollsten lernen. Sie empfinden dann am meisten Freude am Lernen, wenn sie für sich einen Sinn erfahren, etwas lernen können, das für sie und ihre Lebensrealität passend ist. Lernen durch Belohnung und Bestrafung ist hingegen nicht langfristig wirksam, sondern bewirkt vielmehr, dass die intrinsische Motivation auf Dauer verloren geht. Hinzu kommt, dass extrinsische Beeinflussung die Lernfreude der Kinder hemmen kann sowie eine Negativverknüpfung mit Lernen im Gehirn abgespeichert werden kann.

Zurück zum vorhergehenden Beispiel: Robert meint es mit seiner Bastelsituation als Lernmoment durchaus gut. Er bemerkt dabei jedoch nicht, dass er einige negative Effekte in Bezug auf Lernen bei den Kindern auslöst:

- Für viele Kinder der Gruppe wird das Ausschneiden kein intrinsisch geleitetes Lernziel sein, deshalb wird dabei kaum Dopamin ausgeschüttet und dies verhindert eine starke neuronale Verknüpfung. Manche Kinder lernen nichts dabei.
- Die Bestrafung und Belohnung bewirken, dass die Kinder die Aufgabe erledigen, um der Bestrafung zu entgehen und die Belohnung zu erhalten. Sie basteln also nicht, weil sie eine innere Lernfreude empfinden, sondern aus Angst vor der Bestrafung und um Robert nicht zu enttäuschen.
- Die meisten Kinder werden durch die extrinsische Motivation den Spaß am Basteln nach und nach verlieren (Korrumpierungseffekt). Sie entwickeln eventuell eine Negativverknüpfung in Bezug auf Ausschneiden und Ausmalen und meiden diese Tätigkeiten in Zukunft lieber oder erledigen sie nur, wenn sie danach ausgiebig gelobt werden.
- Die intrinsisch geleitete Motivation fürs Basteln schwindet, weil das Produkt im Zentrum steht und nicht das Tun an sich.
- Bei einem für die Kinder unpassenden Lernauftrag (Überforderung/Unterforderung, anderes Interesse) entstehen Frust, Ärger und Wut. Diese Emotionen verhindern ebenfalls Lernen.

Um Kindern Lernen zu ermöglichen, braucht es also keine von Erwachsenen konzipierten Lernsituationen. Sie brauchen auch keine äußeren Anreize wie Stempel, Bildchen, Gummibärchen oder verbales Lob, damit sie etwas lernen. Was sie für ihr Lernen brauchen, sind Lernräume, in denen sie sich entfalten können, in denen sie genügend Anregung haben, frei sein dürfen, sich ausprobieren können und auch mal aus der Perspektive von Erwachsenen irritierende Dinge tun können. Die Entscheidung darüber, was sie wann lernen, liegt ganz allein beim Kind. Erwachsene können Kinder nur eingeschränkt von außen motivieren, Kinder motivieren sich vielmehr selbst. Sie wollen sich selbst, die anderen und die sie umgebende Welt kennenlernen, das treibt sie an. Es ist tief in ihnen verankert, lernen und sich entwickeln zu wollen. Das formulierten bereits sämtliche Reformpädagog:innen. Die Aufgabe von pädagogischen Fachkräften ist es deshalb, wahrzunehmen, was die Kinder genau lernen wollen und was sie dabei von ihnen brauchen. Nicht die Fachkräfte bestimmen, was gelernt wird, sondern die Kinder selbst, und die Erwachsenen folgen den Kindern. Auf diese Weise ist sichergestellt, dass sich das Gelernte langfristig positiv im Gehirn verknüpft und verankert. Fachkräfte dürfen die bereits angeborene, natürliche Lernfreude, das innere Lernfeuer der Kinder erhalten, entfachen und sollten es nicht von außen löschen. Am Ende ist es eigentlich ziemlich einfach: Bedürfnisorientiertes Lernen bedeutet also, dass Kinder das lernen dürfen, was ihrem Bedürfnis entspricht. Die Erwachsenen können das Lernbedürfnis wahrnehmen und »füttern«.

5.3 Das Flow-Erleben

Der **Flow** (engl. »to flow« = fließen, rinnen, strömen) bezeichnet ein als beglückend erlebtes Gefühl einer völligen Vertiefung (Konzentration) und ein restloses Aufgehen in einer Tätigkeit, die wie von selbst geschieht. Der Flow ist ein Zustand höchster neuronaler Aktivität im Gehirn, höchster Konzentration und am Ende ein Zustand des puren Glücks. In diesem Moment ist das eigene innere Belohnungssystem des Menschen hoch aktiv, Dopamin wird ausgeschüttet und motiviert, weiterzumachen und an sein Ziel zu kommen. Vergleichbar ist das Dopamin von der Wirkung her mit Kokain. Die beiden Stoffe ähneln sich in ihrer Struktur und Wirkweise (vgl. Spitzer 2007).

Manchmal gibt es Momente, in denen Kinder wie weggetreten sind, so vertieft, dass es kaum möglich ist, sie anzusprechen. Dann befinden sie sich im Flow-Kanal.

Kinder vergessen sich in diesem Moment gänzlich, verlieren den Bezug zur Außenwelt sowie das Gefühl für Raum und Zeit. Ihr Bewusstsein und Handeln verschmelzen miteinander und sie lernen so effektiv wie sonst nur selten. Bereits Maria Montessori erkannte den hohen Wert des Moments höchster Lernaktivität und nannte ihn die **Polarisation der Aufmerksamkeit**. Ist es nicht großartig, dass Kinder alleine durch Lernen ein solches Glücksgefühl empfinden können?

Kinder können den Flow-Moment immer dann erreichen, wenn sie sich genau in der Mitte zwischen Über- und Unterforderung befinden. Das bedeutet, wenn sie auf eine Herausforderung treffen, die exakt zu ihren bisherigen Fähigkeiten passt und gleichzeitig eine anregende **Spanne an neu Erlernbarem** bietet. Geraten Kinder zu sehr in den Bereich der Unterforderung, langweilen sie sich oder werden traurig, deprimiert oder aggressiv (vgl. Haug-Schnabel 2020). Bei zu starker Überforderung erleben Kinder hingegen einen Kontrollverlust und geraten in einen Zustand der Angst, der ebenso Lernen verhindert.

Solche Momente dürften bekannt sein: Kinder stellen eine Frage, als Erwachsener versucht man sie detailliert zu beantworten, und sie laufen dann plötzlich einfach weg. Kinder steigen aus Lernsituationen aus, wenn sie überfordert sind. Das äußert sich ganz konkret durch Zeichen wie weggehen, plötzlich von etwas ganz anderem erzählen, hibbelig werden, den Blick abwenden, andere Kinder ärgern, durch Zeichen von Frust oder Wut.

Wenn hingegen im Gehirn alles passt, Kinder genau das lernen können, was ihrem Interesse, ihren Fähigkeiten und ihrer inneren Motivation entspricht, erleben sie ein Kohärenzgefühl, ein Gefühl voller Glück und Zufriedenheit. Diese Empfindung prägt sich ein, begleitet ein Leben lang und hinterlässt die Erinnerung: Lernen macht glücklich.

BEISPIEL

Lisa aus der Krippengruppe krabbelt immer wieder zur Tür und möchte aus dem Gruppenraum entweichen. Die pädagogische Fachkraft Petra erwischt sie dabei immer wieder und ermahnt sie mit strengem Ton: »Hier wird nicht so einfach abgehauen. Ich hab dich schon durchschaut, Lisa, du Schlingel!« Mehrmals ist es schon vorgekommen, dass Petra Lisa bereits an der Treppe vor dem Gruppenraum wieder eingesammelt hat. Lisa weint dann meist bitterlich und wirkt äußerst frustriert. Ihren Ärger kann sie nur schwer verarbeiten und weint im Gruppenraum noch eine ganze Zeit weiter. Aber Petra möchte das nicht mit sich machen lassen. Sie denkt, Lisa möchte sie testen und schauen, wie weit sie gehen kann.
An anderen Tagen, wenn Charlotte zur Aushilfe in der Krippe arbeitet, freut sich

Lisa sehr, denn Charlotte hat schon des Öfteren bemerkt, dass Lisa ein unendlich großes Interesse an der Treppe hat. Sie zieht sie magisch an. Lisa möchte mit allen Mitteln dorthin, um endlich ihr unbewusst gestecktes Lernziel verfolgen zu können, nämlich die Treppe zu erklimmen. Das zeigt Lisa deutlich: Sie klopft an die Tür, krabbelt zielstrebig zur Treppe. Als sie dort ankommt, strahlt sie, schaut zu Charlotte, die ihr bestärkend zunickt, und lächelt. Lisa krabbelt nun mit vollem Eifer die Treppe hinauf, erst ein bisschen langsamer und dann immer schneller. Nach einem kurzen Blick der Rückversicherung ist sie ganz in ihrem Lernmoment und klettert unermüdlich die Stufen hinauf. Als sie oben angekommen ist, dreht sie sich um und strahlt übers ganze Gesicht. Sie klatscht in die Hände und ist sichtlich stolz. Dreimal darf Lisa noch hoch- und herunterklettern, bevor Charlotte wieder mit ihr in den Gruppenraum zurückgehen muss, weil ihre Hilfe gebraucht wird. Lisa ist ein wenig traurig und zeigt, dass sie noch immer bei der Treppe bleiben will. »Du liebst es so sehr, die Treppe hochzuklettern, stimmt's?«, bedauert Charlotte und versucht, Lisa wieder in den Raum zu locken. Sie nimmt die Trauer von Lisa ernst, tröstet sie ein wenig und erinnert sie an die Treppe an der Hochebene, auf der sie auch hochklettern könnte. Lisa zeigt sich einverstanden und kommt mit, schließlich konnte sie ja nun ein wenig ihr Bedürfnis stillen, herauszufinden, ob sie die große Treppe besteigen kann. Lisa ist an diesem Tag viel ausgeglichener und zufriedener als sonst, auch wenn sie so gerne noch hundertmal die Treppe hoch- und runtergestiegen wäre.

In der Situation zeigt sich zunächst, dass Fachkraft Petra die kleine Lisa in ihrem Lerninteresse immer wieder hemmt. Sie frustriert sie vielmehr als dass sie die Lernfreude des Kindes wahrnimmt und aufgreift. Innere Glaubensmuster wie »Kinder müssen gehorchen, sonst tanzen sie mir auf der Nase herum« führen bei Petra dazu, dass sie die große Neugier von Lisa nicht bemerkt und sogar als Provokation versteht. Außerdem entstehen negative Emotionen des Kindes, die nur schwer überwunden werden können. Die Lernmöglichkeit ist für diesen Vormittag für Lisa verstrichen. Auch die Beziehung zwischen Petra und Lisa leidet darunter. Lisa nimmt für sich mit: »Petra versteht mich nicht. Wenn ich meine Bedürfnisse zeige, bekomme ich nicht, was ich brauche, und werde immer wieder frustriert.«

Im zweiten Teil des Beispiels hat Charlotte die Signale von Lisa wahrgenommen und verstanden. Sie ermöglicht Lisa, ihrem Lerninteresse zu folgen, und vertraut ihr, dass sie sich selbst gut einschätzen kann. Lisa erlebt dann im Zusammenhang mit Lernen ein Glücksgefühl und wahre Freude. Sie merkt, dass sie selbst etwas erreichen und bewirken kann. Lisa lernt, dass sie die Möglichkeit hat, sich ihr Bedürfnis nach Lernen selbst zu erfüllen. Sie erlebt sich im Flow, ihr Gehirn erstellt viele neue neuronale Verbindungen, und das Glückshormon Dopamin wird ausgeschüttet. Dadurch wirkt Lisa im Anschluss zufriedener und ausgeglichener als sonst.

5.4 Wahrnehmung und Unterstützung individueller Lernmomente

Um für die Kinder in der Kinderbetreuung eine optimale Lernumgebung zu schaffen, brauchen Fachkräfte vor allem eines: eine gute Beobachtungsgabe. Sie sollten die Lernbedürfnisse der Kinder wahrnehmen und ihre Antennen schulen, um genau zu bemerken, um was es dem Kind geht. Sie dürfen in die Welt der Kinder eintauchen, ihnen auf ihrer **Lernspur** folgen, staunen, forschen und sich fragen:

- Was tut das Kind (wertfrei)?
- Was ist das Thema des Kindes/der Kindergruppe?
- Was ist das Lernbedürfnis des Kindes?
- Was braucht das Kind/die Kinder, um seinem/ihrem Interesse nachgehen zu können?

BEISPIEL

Die Kindergartengruppe von Fachkraft Christine kommt gerade vom Außenbereich herein, die Kinder ziehen sich aus und sollen sich die Hände waschen. Im Waschraum gehen alle Kinder ihren Aufgaben nach. Nur der dreijährige Lasse steht am Handtuchregal und zieht sein Handtuch mit höchster Konzentration durch ein etwas größer ausgefrästes Loch. Ausdauernd steckt er den Handtuchzipfel von oben in das Loch und zieht ihn mühsam von unten wieder heraus. Er ist wie weggetreten, nicht ansprechbar, wie im Flow (vgl. Kapitel 5.4). Während die anderen Kinder bereits alle fertig sind, tüftelt Lasse noch immer am Handtuchständer. Christine ruft Lasse, er solle mit in den Gruppenraum kommen, weil es Mittagessen gebe. Schließlich ermahnt Christine ihn mehrere Male: »Lasse, komm jetzt!«, aber der Junge reagiert nicht. Christine kommt nach kurzer Zeit in den Waschraum zurück, erst als sie ihn direkt mit forschem Ton anspricht, erwacht der Junge aus seinem Spiel. Er ist ganz verwirrt, weil Christine ihn zum Waschbecken schiebt und ihm die Hände wäscht.

Christine hat einen straffen Zeitplan, der vorsieht, dass nun das Mittagessen auf den Tisch kommt. Sie hat nicht die Möglichkeit, dieser wundervollen Lernsituation Raum zu geben. Vielleicht hatte die Fachkraft Christine auch keine Wahrnehmung dafür, dass in den letzten 15 Minuten etwas Magisches für Lasse passiert ist. Wenn Christine gewusst hätte, dass in seinem Gehirn gerade ein Feuerwerk aus synaptischen Verbindungen entstand und er ein pures Glücksgefühl empfand, hätte sie das Feuerwerk mit ihrer Handlung nicht so schnell ausgelöscht. Wenn Christine gewusst hätte, welche Bedeutung diese Situation für Lasse und sein Lernen hatte, wie vertieft er seine Fähigkeiten erprobte, sich eine Aufgabe gestellt und ohne Unterlass an der Lösung arbeitete, hätte sie sicherlich anders gehandelt. Sie hätte versucht, eine flexible, kreative Lösung zu finden, um für Lasse diesen so wichtigen Lernmoment zu erhalten.

Was hätte Christine tun können?

Es wäre für Lasse grandios gewesen, wenn er in Ruhe weiter tüfteln und selbst aus der Situation hätte aussteigen können. Für ihn wäre es die pure Freude und ein Zeichen von tiefer Achtung gewesen, leise von Christine zu hören: »Ich sehe, du bist noch sehr beschäftigt. Lass dir Zeit, du kannst im Bad bleiben, bis du fertig bist. Danach kommst du zu uns in den Gruppenraum.« Und wenn Lasse nach fünf Minuten selbstständig in den Gruppenraum gekommen wäre, hätte Christine gefragt: »Ich habe dich am Handtuchständer gesehen. Du hast immer wieder versucht, das Handtuch in das Loch zu bekommen, oder was hast du genau ausprobiert? Ich bin ganz neugierig, erzähl mal!« Mit diesen Worten hätte Christine gleich mehrere positive Botschaften an Lasse gesendet:

1. Ich sehe, was dir wichtig ist (Wertschätzung).
2. Du hast ein Recht darauf, deinem **Lernbedürfnis** zu folgen (Selbstbestimmung, Mitbestimmung).
3. Ich sehe, dass du noch Zeit brauchst (Achtsamkeit für individuelle Bedürfnisse).
4. Ich vertraue dir, dass du hier alleine bleiben kannst und den Weg in den Gruppenraum findest (Förderung der Selbstständigkeit).
5. Du darfst selbst **über dich bestimmen** und selbst entscheiden (Selbstbestimmung, Selbstwirksamkeit).

Fachkräfte sollten ihre **Wahrnehmung** darin **schulen,** welches Lernbedürfnis Kinder in bestimmten Momenten haben, und dafür flexibel Räume und Material zur Verfügung stellen. In diesem Beispiel könnte man Lasse nach Bedarf immer wieder erlauben, alleine im Waschraum sein zu dürfen, auch wenn vielleicht gerade nicht die Zeit zum Waschen ist. Aber dann gerät doch alles durcheinander, denken manche jetzt vielleicht, dann wollen alle Kinder im Waschraum spielen. Diese Sorgen sind unbegründet! Kinder verstehen, wenn andere Kinder einem eigenen Bedürfnis nachkommen; sie entwickeln Verständnis dafür, dass Lasse ein paar Minuten später kommt. Fachkräfte können den Kindern erklären, dass Lasse gerade noch etwas Wichtiges lernen möchte und gleich nachkommt. Auch die Sorge, Lasse würde dieses Spiel jeden Tag spielen, ist unbegründet. Ein Bedürfnis besteht immer nur so lange, bis es gestillt ist. Vielleicht möchte er sein Forschungsanliegen mit dem Handtuch noch ein bis zwei weitere Tage verfolgen, bis sich genügend Synapsen für sein Lernthema gebildet haben. Sobald die Forschungsarbeit des Jungen ein für ihn selbst zufriedenstellendes Ergebnis aufweist und sich im Gehirn verankert hat, wird er sich eine neue Aufgabe suchen, die höchstwahrscheinlich nicht mehr im Waschraum stattfindet.

Es ist auch möglich, Lasses Lernthema zu erfassen und ihm im Gruppenraum Alternativen anzubieten. Die Bezugsfachkraft Christine beobachtet Lasse in seinem Tun und bemerkt, dass er immer wieder verschiedene Dinge durch Löcher zieht. Im Garten zieht er beispielsweise das Springseil durch die Öse am Trettraktor oder im Gruppenraum versucht er, ein großes Tuch durch die kleine Öffnung am Spielhaus zu ziehen. Dann ist klar: Lasses Lernbedürfnis bezieht sich momentan darauf, Dinge durch Öffnungen zu ziehen. Vielleicht möchte er das Innen und Außen erforschen oder seine Feinmotorik? Er zeigt bei diesem Thema höchstes Interesse, Engagement, probiert immer wieder aus, findet Lösungen und überwindet Schwierigkeiten. Hans Leu und Katja Fläming beschreiben diese individuellen Lernprozesse in ihrem Buch »Bildungs- und Lerngeschichten« (vgl. ebd. 2007). Viele Kindertagesstätten wenden diese Lerngeschichten bereits in ihrer Praxis an, weil sie auf so wundervolle Weise die individuellen Lernthemen der Kinder bemerken und durch die Formulierung einer Lerngeschichte an sie rückmelden.

Um Lasse bedürfnisorientiert in seinem Lernthema unterstützen zu können, eignet sich auch eine Lerngeschichte. Auf diese Weise kann Wertschätzung ausgedrückt sowie sein **individuelles Lernen** unterstützt und dokumentiert werden. Eine solche **Lerngeschichte** kann wie folgt lauten:

BEISPIEL

»Lieber Lasse, ich habe gesehen, wie du gestern mit großer Ausdauer das Handtuch durch das Loch gezogen hast. Es hat nicht sofort geklappt, aber du hast weitergemacht und hast es immer und immer wieder versucht. So lange hast du es weiter probiert, bis es geklappt hat. Und auch im Garten hast du das Seil durch die Öse vom Trettraktor gezogen. Weißt du das noch? Ich habe dich dabei beobachtet und war sehr beeindruckt. Du magst Seile und Tücher, die durch ein Loch gezogen werden können, oder? Weißt du, ich habe mir mal überlegt, wenn wir am Donnerstag in der Sporthalle sind, da zeige ich dir mal, wieviele Seile und Tücher es dort gibt, und du findest sicherlich viele Öffnungen, durch die du sie ziehen kannst. Hast du Lust?«

Die pädagogische Fachkraft kann mit Lasse ins Gespräch kommen und ihm wertfrei rückmelden, was sie gesehen hat. Auf dieser Grundlage hat sie die Möglichkeit, von ihm zu erfahren, was er wichtig findet an seinem Lernthema. Wie am Ende der Lerngeschichte beschrieben, kann die Fachkraft nun, da sie das Lernthema von Lasse erspäht hat, neue thematisch passende Anregungen bieten. Eine Möglichkeit ist der Vorschlag in der Sporthalle. Ob Lasse dieses **Angebot** annimmt und für seine Forschungsarbeiten verwenden kann, bleibt ihm allein überlassen.

5.5 Lernziele sind nicht immer sichtbar

Fachkräfte betrachten die Lernthemen der Kinder allzu oft aus ihrer erwachsenen Perspektive und vergessen dabei, dass sie selbst die Welt bereits gut kennen, vieles schon wissen und eine Menge Erfahrungen gemacht haben. Kurzum, sie wissen, »wie der Hase läuft«. Hier erinnert Antoine de Saint-Exupéry mit seinem Satz einen jeden an die eigene Kindheit: »Alle großen Leute waren einmal Kinder, aber nur wenige erinnern sich daran.« Die vergessene Kindheit führt manchmal dazu, dass Erwachsene ihren Fokus nur darauf legen, was in ihren Augen sinnvoll und wichtig erscheint. Wenn etwas aus ihrer Perspektive sinnlos anmutet, versuchen sie schnell, die Situation zu unterbinden.

Es stimmt, Kinder tun manchmal Dinge, die Erwachsene nicht verstehen: Jakob kippt das Wasser aus seinem Trinkbecher auf den Boden, Lina wirft ihre Schuhe in der Garderobe durch die Gegend, zwei Kinder rammen sich immer wieder mit ihren Fahrzeugautos, im Turnraum hängt eine Gruppe Kinder ein anderes Kind an seinen Hosenträgern an die Sprossenwand, zwei Mädchen kämpfen miteinander und so weiter. Es gibt nun zwei Möglichkeiten: Entweder verhindern Fachkräfte die Situationen, weil sie denken, das gehört sich nicht, das ist doch nicht normal, oder sie gehen mit dem Vertrauen in die Situation: Kinder wollen sich mit jedem Tun ein Bedürfnis erfüllen, sie wollen mit jeder Tätigkeit etwas lernen!

Die pädagogischen Fachkräfte können versuchen zu verstehen, was das Ziel der kindlichen Aktivität ist. Mit achtsamer, beobachtender **Aufmerksamkeit** gelingt es ihnen meistens auch, das Lernziel der Kinder zu begreifen. Manchmal ist es jedoch sinnvoll, sich mit der Gewissheit zurückzulehnen: Die Kinder wissen, was sie lernen wollen. Das, was sie tun, hat Sinn, auch wenn ich es in diesem Moment vielleicht nicht verstehe. Diese Gewissheit kann entlastend sein. Selbstverständlich haben Erwachsene auch hier die Verantwortung, darauf zu achten, dass die Grenzen aller gewahrt werden. Fachkräfte sollten einschreiten, wenn sie selbst oder eines der Kinder signalisiert, dass seine Grenze überschritten ist (vgl. Kapitel 2.3.1).

Es ist oft erstaunlich, was Kinder in einem zunächst sinnlos erscheinenden Spiel alles lernen. Selbstverständlich kann die Fachkraft das Lernziel der Kinder immer nur erahnen und es nie sicher wissen. Die Fachkraft kann sich allerdings auf den Weg machen und mutmaßen, was das Lernziel des Kindes und die zu lernenden Kompetenzen sein könnten. Lasse lernt in der Handtuchsituation vielleicht selbstständig zu sein, ein selbst gestelltes Problem zu lösen, **Lösungsstrategien** zu entwickeln, Ausdauer und Fingerfertigkeit zu üben, Konzentration und Selbstvertrauen zu entwickeln. Wenn Jacob absichtlich seinen Becher umkippt, möchte er vielleicht etwas über physikalische Gesetzmäßigkeiten lernen und der Frage nachgehen, warum das Wasser dann aus dem Becher läuft und das immer auf die gleiche Weise nach unten. »Immer, wenn ich das Glas umkippe, läuft das Wasser heraus«, bemerkt Jacob. Ähnlich ist es bei Linas Lernen, die ausprobieren möchte, ob der Schuh die Flugbahn beibehält. Die beiden Kinder, die sich rammen, machen vielleicht folgende Erfahrung: »Jedes Mal, wenn wir aufeinanderprallen, schüttelt das meinen Körper durch (vestibuläre Erfahrungen). Das probiere ich gleich nochmal. Ist es dann immer noch so?« Die Kinder fühlen sich selbstwirksam und empfinden Spaß dabei. »Immer wenn ich den anderen ramme, lacht er.«

Es gibt viel mehr **Lernbereiche**, als sich viele Erwachsenen bewusst sind. Neben den Klassikern Schneiden, Schreiben, Ausmalen, Zahlenverständnis wollen Kinder oft (unbewusst) die Fähigkeiten ihres Körpers testen, **physikalische** und **chemische Gesetzmäßigkeiten** ausprobieren: Wenn ich das Wasser auf die Steine kippe, werden sie dunkel. Oder Kinder erstellen (unbewusste) **Ursache-Wirkungs-Analysen:** Wenn ich diesen Stein in dieser Geschwindigkeit auf die Platte werfe, klingt er lauter, als wenn ich ihn neben mir fallen lasse. Wenn ich ihn hingegen auf das Gras werfe, macht er fast gar keine Geräusche. Erwachsene nehmen in solchen Situation häufig nur das unerhörte Verhalten wahr, beispielsweise das Steinewerfen, und nicht die initiierte Lernabsicht des Kindes. Kinder erproben sich auch gerne im **sozialen Umgang,** schließlich wissen sie noch nicht, wie Menschen in bestimmten Situationen reagieren. Viel zu selten nehmen Fachkräfte die sozial-emotionalen Lernbedürfnisse der Kinder als ebenso wichtige Lernmomente wahr wie beispielsweise den Namen schreiben zu können oder sich alleine die Schuhe zuzumachen. Was kann ich tun, damit ich gehört werde? Wie reagieren meine Freunde, wenn ich nicht mehr mit ihnen spiele? Was passiert, wenn ich Leonis Burg kaputt mache? Alles in allem kann man sagen, Kinder brauchen Freiraum für ihr Lernen und die Möglichkeit, in den Augen der Erwachsenen auch Ungewöhnliches oder Unnützes auszuprobieren. Die pädagogischen Fachkräfte dürfen sich darin üben, in den Handlungen der Kinder positive Lernabsichten zu erwarten, und seien sie noch so wenig nachvollziehbar.

Lernen braucht Vertrauen

Um bedürfnisorientiert lernen zu können, brauchen Kinder das Vertrauen der Erwachsenen, dass sie grundsätzlich **positive Lernabsichten** verfolgen und keinen »Mist« machen. Kinder brauchen Erwachsene, die darauf vertrauen, dass die Kinder selbst auf sich aufpassen können und sich nicht verletzen. Spüren sie das Vertrauen der Fachkräfte, werden die Kinder auch an sich selbst glauben. Fachkräfte dürfen im Rahmen der Aufsichtspflicht und ihrer Verantwortung Kindern mehr zutrauen, wie zum Beispiel, sich ihre Lernräume selbst zu erschließen und auch selbstständig in einen anderen Raum, in die Garderobe oder in den Garten zu gehen. Auch die **Aufsichtspflicht** lässt solche selbstbestimmten Lerngänge unter Berücksichtigung der körperlichen, kognitiven, emotionalen und sozialen Fähigkeiten der Kinder zu. Münder (1991) betont, die Aufsichtspflicht sei nur eine Nebenpflicht. Viel wichtiger sei die Erziehung der Kinder zur Selbstständigkeit. Vertrauen ermöglicht Lernen, andernfalls schränken wir Kinder in ihrer Autonomie und ihrem bedürfnisorientierten Lernen ein. Kindern einen Raum zum Lernen zu eröffnen bedeutet jedoch nicht, sie sich selbst zu überlassen.

Für die Lernsituation einstehen

Jan möchte unbedingt nochmal die Treppe hochgehen, Lisa möchte noch nicht aufräumen, Amelie will auf keinen Fall mit in den Garten, Benjamin will unbedingt noch weiter Hände waschen. Diesen Bedürfnissen verleihen Kinder Nachdruck, indem sie weinen, schreien, nicht hören, nicht mitkommen.

Solche Situationen sind aus dem Kindergartenalltag allzu bekannt und können pädagogische Fachkräfte hin und wieder verunsichern. Fachkräfte stellen dann meist unbewusst verschiedene Vermutungen auf, woran das liegen könnte, warum Kinder in solchen Momenten nicht das tun, was sie von ihnen wollen, nicht hören und Gefühle wie Wut und Ärger zeigen. Eigene Kindheitserfahrungen oder Glaubenssätze bringen die Fachkräfte mitunter zu folgenden Annahmen:

- Die Kinder wollen Grenzen austesten und schauen, wie konsequent ich bin.
- Die Kinder sind von zu Hause verwöhnt und bekommen immer, was sie wollen. Ich lasse das nicht mit mir machen!
- Die Kinder halten sich nicht an die Regeln. Ich muss ihnen beibringen, sich an Regeln zu halten. In der Schule müssen später auch Regeln befolgt werden.
- Die Kinder wollen mich provozieren. Das muss ich unterbinden.

Kinder wollen in solch einer Situation nicht provozieren oder sind verwöhnt. Vielmehr stehen sie vehement für ihr Lernbedürfnis ein. Sie befinden sich in einem wichtigen intrinsisch motivierten Lernmoment und haben ihre selbst gestellte Lernaufgabe noch nicht abgeschlossen. Sie lernen gerade etwas für sie Essenzielles über das Leben und ihre Wirklichkeit. Die Kinder befinden sich in einem Flow-Moment, der sie zufriedenstellt, ihnen wichtige Erkenntnisse, um die Welt noch ein Stückchen besser zu verstehen. Aus diesem wertvollen Lernmoment werden Kinder nicht selten herausgerissen, ohne dass sie Zeit haben, sich auf den Übergang in den Kita-Alltag einzustellen. Es ist nur zu gut verständlich, dass Kinder mit Wut und Ärger reagieren, nichts hören, weil sie sich im Flow-Kanal befinden und keine Reaktion zeigen. Sie sind in ihr Tun vertieft. Durch die häufig unflexible Tagesstruktur, starre Erwartungen an einen Kindergartenalltag und die Vorstellung, Kinder müssten all diesen Vorgaben Folge leisten, werden Kinder in ihren Lernmomenten unterbrochen oder sie werden ihnen sogar verbaut. Anstatt in solchen Momenten zu denken, wie unerzogen Kinder sind, dürfen Fachkräfte darüber staunen, mit welcher Vehemenz Kinder sich dafür einsetzen, das lernen zu dürfen, was sie in dem Moment für ihren individuellen Entwicklungsschritt brauchen.

Um Kindern diese Lernmomente zu ermöglichen, ist es wichtig, Tagesstrukturen flexibel zu gestalten, Übergänge (Mikrotransitionen) weich und flüssig zu halten, **Bedürfnisse auszuhandeln** und Kindern Vertrauen zu schenken, wenn sie beispielsweise noch einen Moment länger im Gruppenraum bleiben wollen.

Wenn Kinder etwas lernen, brauchen sie mitunter tausende **Wiederholungen,** um sich eine Handlung einzuprägen und zu verinnerlichen. Nur durch ständiges Wiederholen wird der Pfad im Gehirn immer breiter und fester und führt zu einem sicheren Weg. Deshalb ist es für Jan enorm wichtig, nun auch noch zum zehnten Mal die Treppe hochzugehen, Lisa möchte unbedingt ihren Turm fertig bauen, anstatt aufzuräumen, und Benjamin möchte noch zum hundertsten Mal den Wasserhahn aufschrauben.

5.6 Die Angebotspädagogik hinterfragen

Sicherlich ist der Cartoon bekannt, in dem verschiedene Tiere, ein Affe, ein Hund, ein Elefant, ein Vogel, ein und dieselbe Aufgabe gestellt bekommen: Alle sollen auf denselben Baum klettern. Wer zuerst oben ist, hat gewonnen. Diese Aufgabe ist für manche Tiere sehr einfach lösbar wie für den Affen und für manche unlösbar wie für den Elefanten. Jedes Tier bringt unterschiedliche Voraussetzungen mit, um auf einen Baum klettern zu können.

Abb. 15: Unterschiedliche Kompetenzen wahrnehmen

Genau dieses Sinnbild lässt sich hervorragend übertragen. Jedes Kind bringt andere Voraussetzungen mit, hat **unterschiedliche Stärken** und Fähigkeiten. Jedes Kind kann zu einem unterschiedlichen Zeitpunkt etwas anderes gut und braucht in einem anderen Bereich mehr Unterstützung. Diese Erkenntnis untermauerte der Schweizer Kinderarzt Remo Largo in mehreren Langzeitstudien (Züricher Longitudinalstudien). Er machte deutlich, dass Kinder sich höchst unterschiedlich entwickeln. Die Fähigkeiten weichen voneinander ab und bilden sich in verschiedenen Zeitfenstern heraus. Jede der erhobenen Kategorien (Kognition, sozial-emotionale Entwicklung, Motorik) fällt unterschiedlich beim einzelnen Kind aus. Während ein Kind beispielsweise motorisch besonders fit ist, zeigt es im Bereich der Sprache kein großes Interesse. Ein anderes hat noch Schwierigkeiten mit der Impulskontrolle und ist auf Ko-Regulation angewiesen, versteht aber bereits zwei Sprachen. Jedes Kind ist individuell und möchte auch so gesehen werden.

Was bedeutet das nun für die Angebotspädagogik? Noch immer wird der Gestaltung von Lernangeboten ein enorm großer Stellenwert eingeräumt – sowohl in der Ausbildung als auch in der Praxis. Es werden aufwendige Angebote für die Kinder geschaffen, in denen jedes Kind die gleiche Aufgabe mit den gleichen Herausforderungen auf die gleiche Art erfüllen soll. Meist hat das Angebot ein festgelegtes Produkt zum Ziel. Das wurde auch im Beispiel von Robert (vgl. S. 126f.) deutlich, der mit guter Absicht ein aufwendig gestaltetes Angebot machen wollte.

Die Wichtigkeit von Lernangeboten wird oft überschätzt: Erstens impliziert ein vorbereitetes Angebot die Annahme, dass jedes Kind das Gleiche zum gleichen Zeitpunkt lernen soll. Wie bereits erklärt, ist das jedoch nicht möglich, weil die Kinder unterschiedliche Kompetenzen aufweisen. Zweitens liegt die Fokussierung häufig auf dem Produkt und nicht auf dem Tun und der Lernfreude an sich. Das wiederum hemmt die intrinsische Lernmotivation der Kinder (vgl. Kapitel 5.3).

Noch heute definieren sich Fachkräfte häufig über die Besonderheit ihrer pädagogischen Angebote. Bereits in der Ausbildung lernen sie, welch hohe Relevanz Angebote in der Kinderbetreuung haben. Sie erhalten Noten für die Planung eines Angebots, die nicht selten einer Unterrichtsvorbereitung nahekommt. Oft verinnerlicht sich so der Glaubenssatz: »Nur wenn ich viele ereignisreiche Angebote mit den Kindern durchführe und am Ende vorzeigbare Produkte (für die Eltern) entstehen, bin ich eine gute Pädagogin oder ein guter Pädagoge.« Darin liegt eine Tücke. Fachkräfte planen aufwendige Angebote und haben folglich unbewusst die Erwartung, dass die Kindergruppe das Angebot mag und zur eigenen Zufriedenheit durchführen soll. Wenn Kinder das Angebot in irgendeiner Form jedoch ablehnen, kann es dazu kommen, dass Fachkräfte enttäuscht, frustriert oder gar wütend werden. Das spiegelt sich wiederum zum Teil in einem wenig feinfühligen Handeln der

Fachkräfte wider. Auch die Sorge um die Schulfähigkeit der Kinder plagt Fachkräfte dabei immer wieder und trägt dazu bei, dass sie mehr oder minder verpflichtende Angebote durchführen wollen und besonders stolz sind, wenn alle Kinder beispielsweise einen Engel korrekt ausgeschnitten haben. Zu groß ist die Angst, die Kinder könnten in der Schule nicht konzentriert an etwas arbeiten. Wenn Fachkräfte es jedoch schaffen, die passenden Lernanreize zu bieten, um dem Lerninteresse eines Kindes nachzukommen, wird schnell deutlich, dass die Kinder dann konzentriert bei der Sache sein können.

REFLEXION

Reflexionsübung Angebote

- Wie wichtig sind mir Angebote?
- Warum sind sie mir wichtig?
- Sind sie den Kindern wichtig?
- Wie flexibel gestalte ich Angebote?
- Kann ich eine Ablehnung der Kinder akzeptieren oder reagiere ich mit Frust und Enttäuschung?
- Kann ich darauf vertrauen, dass das Kind trotzdem die notwendigen Fähigkeiten für die Schule lernen wird?

Es ist notwendig, dass Fachkräfte sich die unterschiedlichen Voraussetzungen, Fähigkeiten und **Interessen der Kinder** immer wieder bewusst machen. Jedes Kind ist anders und jedes Kind hat zu einem anderen Zeitpunkt Lust, etwas zu malen, zu basteln, zu schneiden oder zu puzzeln. Deshalb sollte ein pädagogisches Angebot immer freiwillig sein. Kinder, die ihre Fähigkeiten bei diesem Angebot passend erweitern können, werden an dem Angebot mit Freude teilnehmen. Kinder, für die eine andere Lernaufgabe zu dem Zeitpunkt relevanter ist, werden das Angebot nicht in Anspruch nehmen. Angebote dürfen verstanden werden wie die Situation im Supermarkt: Ich kann etwas nehmen oder auch ablehnen. Wenn Kinder ein Angebot ablehnen, bedeutet das nur: Das Thema entsprach nicht dem Lernbedürfnis des Kindes und es braucht Raum für eine andere Lernaufgabe. Das ist in Ordnung und hat nichts mit der Kompetenz oder der Beliebtheit der Fachkraft zu tun. Es ist notwendig, dass Fachkräfte darauf vertrauen, dass die Fragen der Kinder von ganz alleine kommen, dass sie sich von selbst mit Themen auseinandersetzen, die für die Schule, aber insbesondere für ihr Leben relevant sind. Auch hier ist es jedoch nochmal wichtig zu betonen, dass Kinder sich nicht selbst überlassen werden, sondern von Fachkräften beobachtet und in ihrem Lernvorhaben unterstützt werden. Die Fachkräfte tragen die Verantwortung dafür, dass Kinder in der Schule bestehen können. Das ist zugegebenermaßen ein Balanceakt, in dem die eigenen Ängste reflektiert, aber auch die Bedarfe der Kinder mit Blick auf die Schule erkannt werden müssen.

Welche Angebote machen Sinn?

Insbesondere bei einem eingeschränkten Personalschlüssel ist es eine Herausforderung für Fachkräfte, vielfältige Angebote zu schaffen und individuell zu arbeiten. Sitzen alle Kinder einmal ruhig am Tisch und arbeiten konzentriert, kann die Fachkraft womöglich einen Moment aufatmen. Es macht aber aus lerntheoretischer Sicht mehr Sinn, wenn den Kindern **vielfältige Angebote** zur Auswahl stehen, denen sie sich anschließen – oder die sie auch ablehnen können. Es gibt wundervolle, ansprechende Möglichkeiten, um Kindern mit vorbereiteten Aufgaben Lust aufs Ausprobieren zu machen: Aufgaben auf Aktionstabletts, Materialien in der Kreativecke zur freien Verfügung, altersentsprechende und bereits bekannte Gesellschaftsspiele, Experimente, die die Kinder in Begleitung erleben dürfen. Der Fantasie der pädagogischen Fachkraft sind keine Grenzen gesetzt. Große Begeisterung empfinden Kinder bei Herausforderungen und Materialien, die ihnen sonst verwehrt bleiben: das Spiel mit echtem Werkzeug, Materialien wie Rasierschaum, Wasser, Mehl, Farbe und Malen in großen Dimensionen (große Pinsel, Leinwände auf dem Boden, mit dem ganzen Körper). Insbesondere wenn Kinder eine **vorbereitete Umgebung** vorfinden, also Räume, die kindgerecht eingerichtet und die Nutzung der verschiedenen Bereiche für Kinder bekannt, selbsterklärend und klar sind, ziehen sie sich selbstständig in die Kreativecke zurück oder kommen ihrem Interesse im Rollenspiel nach, während die Fachkraft sich einer Kindergruppe zuwendet, die beispielsweise mit ihrer Begleitung malt. Spielen und Lernen geschehen freiwillig und nur in Momenten des völligen Wohlbefindens (vgl. Kapitel 5.4). Einige Kitas arbeiten offen, so dass die Kinder sich frei in den **Funktionsräumen** bewegen und dort unter Begleitung ihren Interessen nachgehen können. So befindet sich beispielsweise die pädagogische Fachkraft Tim aufgrund seiner eigenen Vorliebe fürs Bauen vermehrt als Ansprechpartner im Konstruktionsraum. Dort baut er mit den Kindern Türme, schiefe Ebenen und bringt den Kindern durch seine eigene Begeisterung spielerisch Physik und Statik bei. Seine Kollegin Marina hält sich lieber im Kreativraum auf. Sie liebt es zu basteln, kleben und schneiden, das ist ihre Leidenschaft, die sie gerne an die Kinder weitergibt. Die Kompetenzen der Fachkräfte können bereits in der Personalplanung berücksichtig werden.

Andere Einrichtungen entwickeln an den Interessen der Kinder ausgerichtete Projekte, die sich teilweise über Wochen ziehen. So gehen sie einem Thema auf vielseitige Weise auf den Grund. In verschiedenen Stufen eignen sich die Kinder aus eigener Motivation und unter Begleitung der Erwachsenen ein umfassendes Fachwissen an, das sie anwenden und selbst zu kleinen Forscherinnen und Forschern werden lässt. Sie entwickeln ihr Wissen und ihre Fähigkeiten weiter, meist nebenbei und im Flow. Sehr gelungene, anschauliche Beispiele liefert dazu immer wieder die Reggio-Pädagogik. Eindrücklich wird darin dokumentiert, wie Kinder sich beispielsweise im Projekt »Schuh und Meter« vornehmen, einen Tisch auszumessen, um die Maße an den Schreiner übermitteln zu können. Aus eigenem Antrieb und mit der Unterstützung der Erwachsenen haben die Kinder herausgefunden, wie sie dem Schreiner die Maße mitteilen können (vgl. Reggio Children 2002).

Aber das müssen sie doch lernen?!

BEISPIEL

Die pädagogische Fachkraft Gabi unterhält sich in der Pause manchmal mit ihrem Kollegen Tim. Die beiden unterscheiden sich stark in ihrer pädagogischen Haltung, verstehen sich dennoch ausgezeichnet. Sie diskutieren auch über strittige Arbeitsthemen. So unterhalten sie sich dieses Mal über die pädagogischen Angebote in ihrer Einrichtung. Tim meint zu Gabi, dass er seine pädagogischen Angebote reduzieren möchte. Ihm sei das alles zu viel Vorbereitung und es stresst ihn, wenn Kinder unmotiviert dabei sind. Er möchte den Kindern mehr Freispielzeiten ermöglichen und nur einige ausgewählte Angebote zur Verfügung stellen. Er hätte das Gefühl, dass die Kinder dabei viel mehr lernen, als wenn er mit allen Kindern beispielsweise etwas für Weihnachten basteln würde, weil es gerade dran sei. Tim spürt, dass es dem Lernen und der Beziehung zwischen ihm und den Kindern nicht guttut, wenn er sie ermahnt, mitzumachen. Die Angebote würden sowohl bei ihm selbst als auch bei den Kindern mehr zu Frust als zu Lust führen. Gabi hört sehr aufmerksam zu, sieht ihren Arbeits- und Bildungsauftrag aber anders. Sie meint, es sei wichtig, immer wieder Fähigkeiten wie das Schneiden oder das Stifthalten mit allen Kindern zu üben, weil sie Sorge hat, sie würden sonst nicht den Anforderungen der Schule gerecht werden. Sie möchte verhindern, dass dies auf sie zurückfällt. Sie spürt einen inneren Druck. Es sei in ihren Augen notwendig, dass die Kinder auch mal eine Vorgabe erfüllen, konzentriert und gemeinsam am Tisch sitzen lernen. Es müsse auch geübt werden, dass es

nicht immer nach dem Willen der Kinder gehen kann. Auch für Tim ist es wichtig, dass die Kinder sich über einen bestimmten Zeitraum konzentrieren und regelmäßige Lerninputs erhalten.
Die Ansichten der beiden gehen recht weit auseinander. Hinter ihrer jeweiligen Haltung stehen zwei unterschiedliche Kindbilder. Gabi hat das Gefühl, sie ist verantwortlich für die Fertigkeiten der Kinder und hat dafür Sorge zu tragen, dass alle Kinder zu einem bestimmten Zeitpunkt das Gleiche können. Tim hingegen hat Vertrauen in die Kompetenzen der Kinder, gesteht ihnen zu, eigene Lernwege zu finden. Er hat einen tiefen Respekt gegenüber der Einzigartigkeit eines jeden Kindes und seinen Entwicklungspotenzialen. Tim gesteht den Kindern zu, unterschiedlich sein zu dürfen sowie unterschiedliche Fähigkeiten zu einem individuellen Zeitpunkt selbstgesteuert erwerben zu können. Das Nein eines Kindes zu akzeptieren, fällt ihm nicht schwer.

Es geht an dieser Stelle nicht darum, den einen und richtigen Weg aufzuzeigen. Vielmehr darf jede Fachkraft reflektieren, welche **Erwartungen** sie an die Kinder stellt und wie sie diese begründet.

Kinder zu Tätigkeiten anzuhalten, weil sie diese gegebenenfalls in der Schule benötigen, ist kritisch zu überdenken. Vermutlich erzeugt dies einen **ungesunden Druck** auf die Fachkraft, den sie wiederum an das Kind weitergibt. Hinsichtlich eines verpflichtenden pädagogischen Angebots sollten Fachkräfte und Auszubildende sich unbedingt vor Augen führen, dass beim Erzwingen von Tätigkeiten wie dem Schneiden, Malen oder Basteln nur eines erzeugt wird: Das Kind verliert die Freude und die intrinsische Motivation an der Tätigkeit. Es wendet sich also zukünftig vermutlich eher von dieser Art Tätigkeit ab, als sich ihr mit Freude zuzuwenden. Kinder hingegen zu motivieren und Lernanreize zu unterbreiten, ist Aufgabe der Fachkraft.

Wenn darauf geschaut wird, was Kinder für ihre Zukunft an Fähigkeiten brauchen, gehört nicht dazu, dass alle das Gleiche zum gleichen Zeitpunkt in derselben Weise erfüllen können. Es werden Menschen gebraucht, die kreativ sind, Erfindergeist mitbringen, einzigartig sind und die wissen, wo ihre individuellen Stärken liegen. »Ein weitere Schwerpunktbereich, sowohl für den Kindergarten als auch für die Schule, ist die Fähigkeit, zu erforschen und zu erschaffen, und die Entwicklung von Kreativität, Innovation sowie die Fähigkeit zum kritischen Denken und Lösen von Problemen« (Helle & Fløgstad 2020, S. 217). Und gleichzeitig werden die Kinder auch den Stift halten lernen und auf der Linie schneiden, wie es für Gabi wichtig ist. Finden die Kinder eine entsprechende Lernumgebung vor und erhalten Lernanreize, wenden sie sich diesen Themen zu, sobald sie den Sinn darin sehen und sich aus sich heraus motiviert fühlen. Dieses Umdenken erfordert Mut, Kraft und Vertrauen in die Kinder und auch in sich selbst als Fachkraft. Jede Fachkraft möchte einen guten Job machen und gibt zu jedem Zeitpunkt ihr Bestes.

Einige Situationen und Erfahrungen ließen Gabi in der letzten Zeit an ihrer Arbeitsweise zweifeln. So beispielsweise das Bastelangebot, in dem sie alle Kinder der Gruppe zum Engelfalten aufforderte und letztlich frustriert über die wahrgenommene Verweigerungshaltung war. Gabi musste noch länger über das Gespräch mit Tim nachdenken. Sie war verunsichert und gleichzeitig interessiert an seiner Arbeitsweise. Beim nächsten Pausengespräch gab sie sich schließlich einen Ruck und fragte ihren Kollegen Tim, ob sie einmal bei ihm hospitieren dürfe. Sehr gern würde sie seine Arbeitsweise kennenlernen. Tim stimmte sofort zu und freute sich über ihr Vertrauen.

5.7 Die Schätze der Kinder zum Leuchten bringen

Aus großer Sorge über die Anforderungen der Schule legen Fachkräfte ihren Fokus oft darauf, was Kinder noch nicht können. Sie fühlen sich verantwortlich für das, was die Kinder werden und können sollen und betonen dabei immer wieder, was sie noch lernen müssten: »Du musst lernen, dass nicht alles nach deinem Willen geht!«, »Du musst lernen, ruhig am Tisch zu sitzen!«, »Sie müssen auch mal Schneiden üben!«, »Du musst lernen, dich an Regeln zu halten!«. Unter einem solchen Druck lässt sich jedoch nicht leichter lernen. Stress, Druck und Frustration führen eher dazu, dass Lernen gehemmt wird (vgl. Kapitel 5.1).

BEISPIEL

Die fünfjährige Mara interessiert sich sehr für Krankheitsbilder von Menschen. Ihre Mama ist Ärztin und Mara fragt ihrer Mutter regelmäßig Löcher in den Bauch, um noch mehr über die spannenden Krankheiten zu erfahren. Immer wenn ein Kind wegen Krankheit nicht in die Kita kommt, fragt sie neugierig, was das Kind denn für eine Krankheit hätte, wenn es zu Hause bleibt. Die Fachkraft Leonie reagiert dann häufig sehr genervt. Sie kann nichts mit Maras Fragerei anfangen.

»Was fragt sie mich denn immer? Ich habe doch keine Ahnung, was die Kinder für Krankheiten haben.« »So etwas muss ein Kind doch nicht wissen!«, pflegt sie Mara dann zu antworten. »Sei nicht so eine Schlaufee«, wertet sie Mara ab. Auch in einer späteren Situation frustriert Leonie Mara, indem sie ihr sagt, sie solle nicht immer so viele Fragen stellen. Mara ärgert das sehr. War sie gerade noch so voller Wissensdurst, Energie und Tatendrang, empfindet sie nun nur noch Traurigkeit und ein wenig Ärger. Geknickt geht sie zu ihren Freundinnen und muntert sich selbst dadurch auf, dass sie mit ihnen Krankenhaus spielt. Sie erklärt ihren Freundinnen, dass der Teddy Multiple Sklerose, die Puppe einen Bandscheibenvorfall und der Elefant den Norovirus hätte.

Anstatt darauf zu schauen, was Kinder noch nicht können, ist es sinnvoller darauf zu blicken, was sie schon alles können. Anstatt die Defizite im Blick zu haben, dürfen Fachkräfte sich den Ressourcen der Kinder zuwenden. Anstatt darauf zu schauen, ob das Kind einen bestimmten Standard erreicht hat, es »normal« ist oder nicht, sollten Fachkräfte ihre Wahrnehmung darin schulen, zu sehen, wo die Schätze der einzelnen Kinder liegen und sie ans Licht befördern.

BEISPIEL

Wenn Tim, Maras Lieblingserzieher, in der Gruppe aushilft, freut sie sich immer sehr. Denn Tim fragt jedes Mal neugierig nach: »Also, meine Oma ist jetzt dement. Was ist Demenz nochmal ganz genau? Kannst du mir das erklären? Und welche Heilungsmethoden gibt es dabei? Hat meine Oma überhaupt eine Chance, wieder gesund zu werden?« Mit diesen Fragen trifft Tim genau ins Schwarze, Mara ist in ihrem Element und kann von all ihrem Wissen erzählen. Dank Tims Laienwissen kann Mara auch immer noch etwas hinzulernen. Er geht mit ihr ins Gespräch und erklärt ihr, dass das kranke Kind aus der Kindergartengruppe jetzt die Kinderkrankheit Windpocken hätte. Tim zählt gemeinsam mit Mara auf, welche Kinderkrankheiten es noch gibt. Dann haben die beiden gemeinsam eine Idee: »Wir könnten doch morgen am Bibliothekstag mal nach einem Buch über Krankheiten schauen, um unser Wissen noch zu vertiefen.« Mara ist begeistert.

Diese beiden Beispiele zeigen deutlich, wie schnell es passiert, dass das Lerninteresse des Kindes im Keim erstickt werden kann. Zwei kleine Sätze von Leonie haben ausgereicht, um Maras Lernneugier verebben und sie mit einem unguten Bauchgefühl zurückzulassen. Auf der anderen Seite hat die offene Haltung von Tim und seine Bereitschaft, mitzulernen, dazu beigetragen, dass Mara ihr Wissen festigen, Neues dazulernen und voller Stolz, Freude und Glückseligkeit sein konnte. Tim hat Maras **Spezialwissen** und ihren Schatz erkannt. Er hat dazu beigetragen, dass Mara sich ihrer **besonderen Fähigkeit** bewusst ist, und sie darin bestärkt, ihr Wissen auszubauen. Solche besonderen individuellen Könner werden in der Zukunft unbedingt gebraucht – keine Menschen, die durchschnittlich sind und mit dem Strom schwimmen. Es braucht Expertinnen wie Mara mit besonderen Fähigkeiten. Später könnte sie vielleicht – wer weiß – dazu beitragen, falls ihr Interesse für Medizin anhält, schwere Krankheiten zu verstehen und neue Behandlungsmethoden zu entwickeln.

Die Autorinnen Béa Beste und Stephanie Jansen führen in ihrem Buch »Gemeinsam schlau statt einsam büffeln« (Beste & Jansen 2020) verschiedene Bereiche auf, in denen Kinder schlau sein können. Sie stellen damit eine Bandbreite an Fähigkeiten zur Verfügung, die es Erwachsenen leichter macht, die einzelnen Schätze der Kinder wahrzunehmen. Für gewöhnlich erkennen Erwachsene nur die typischen Begabungen wie frühes Lesen, eine Begabung für Musik oder für Zahlen. Dabei gibt es so viel mehr Bereiche, in denen Kinder schlau sein können: Wort-schlau (**Sprache**), Musik-schlau, Zahlen-schlau (**abstraktes Denken**), Bild-schlau (Raumvorstellung), Körper-schlau (**Bewegung**), Hand-schlau (**Problemlösung mit den Händen**), Ich-schlau (**Umgang mit Gefühlen**), Wir-schlau (**andere Menschen verstehen**), Umwelt-schlau (**Naturphänomene beobachten**), Welt-schlau (**Leben hinterfragen**), und Ihnen fallen sicher noch mehr ein.

Fachkräfte sollten immer wieder reflektieren, welche Fähigkeiten die einzelnen Kinder haben, und diese wahrnehmen, wertschätzen und unterfüttern. Zur besonderen Herausforderung wird es, Schätze dort zu erkennen, wo Kinder als anstrengend, unfähig, aggressiv oder unerziehbar bewertet werden. In diesem Fall dürfen Fachkräfte die Negativbrille absetzen und eine **Positivbrille** aufsetzen. Sie sind dazu aufgefordert, aktiv danach zu schauen, was das Kind kann, was es mag und was an ihm liebenswürdig ist. Jeder Mensch ist besonders und somit wird auch jedes Kind eine besondere Fähigkeit haben; die Frage ist nur, mit welcher Perspektive Fachkräfte auf Kinder blicken. Wenn ein Kind besonders gut im Steinewerfen ist, hätte es vermutlich in der Südsee hohe Anerkennung bekommen. Hierzulande wird diese Fähigkeit jedoch als unnütz oder sogar störend wahrgenommen. Es ist alles eine Frage der Perspektive.

Schätze wahrnehmen

REFLEXION

Angenommen, Sie haben mit einem herausfordernden Verhalten eines Kindes in Ihrer Kindergruppe zu kämpfen. Dann stecken Sie sich fünf kleine Steinchen in ihre linke Hosentasche. Das sind Ihre Schätze. Mit diesen Schätzen gehen Sie in den Alltag und lassen jedes Mal, wenn Sie mit diesem Kind einen schönen Moment erleben, einen Stein in die rechte Hosentasche wandern. Damit schulen Sie Ihren positiven Blick und werden erstaunt sein über die Wirkung.

5.8 Freispiel als bedürfnisorientiertes Lernen

Das freie Spiel ist etwas ganz Wunderbares und wird in seiner Wirkung häufig völlig unterschätzt. Es kann als die natürlichste, freudvollste Art und Weise verstanden werden, zu lernen. Im Zentrum pädagogischer Diskussionen steht deshalb die Besonderheit des freien Spiels Kinder können sich im freien Spiel völlig vergessen. Durch die hohe intrinsische Motivation kann währenddessen das Belohnungssystem des Gehirns aktiviert werden. Menschen können durch das freie Spiel pure Lebensfreude empfinden und verlieren das Gefühl von Angst. Sie können ganz im Hier und Jetzt sein, sich kreativ entfalten und ihre Potenziale nutzen. Kinder überwinden im Spiel die Welt des Notwendigen, der Erfordernisse, des Drucks und des Zweckdienlichen und erschließen sich die Welt des Möglichen. Im Spiel dürfen sie einfach sein, können sich lustvoll dem Tun widmen und sich frei fühlen. Wenn man sich nun in Erinnerung ruft, wie Lernen am besten möglich ist, trifft das auf all diese beschriebenen Zustände zu: intrinsisch motiviert, selbstgesteuert, mit positiven Emotionen verknüpft, im Flow und frei von Angst oder Zwang (vgl. Kapitel 5.1).

Das freie Spiel ist also die natürlichste Form des Lernens, in dem die Kinder ganz sie selbst sein können, selbstbestimmt entscheiden können, was sie lernen wollen, um sich aus sich selbst heraus genau den **Lernbereichen** widmen zu können, die ihrem Lerninteresse entsprechen. Das untermauert auch der amerikanische Psychologe Scott Barry Kaufmann: »Spielen macht Spaß und ist die einfachste, natürlichste und schönste Weise, unbewusst und ganz nebenbei zu lernen.« Das freie Spiel kann demzufolge als die bedürfnisorientierte Form des kindlichen Lernens verstanden werden, weil das Kind sich selbst entsprechend seiner Bedürfnisse und individuellen Entwicklungsaufgaben Lernfelder suchen und bespielen kann. Die Kinder können sich dabei zudem Bedürfnisse wie Selbstbestimmung, Selbstwirksamkeit, Autonomie, Zugehörigkeit, Beziehung, Kooperation und viele mehr selbstständig erfüllen.

Im freien Spiel lernen Kinder all die Fähigkeiten, die sie für die Zukunft brauchen. Das bescheinigt nun auch eine Studie des Meinungsforschungsinstituts Forsa. Die benötigten **Schlüsselkompetenzen** für die Zukunft, die »21st Century Skills«, sind demzufolge Kreativität, Problemlösekompetenz, Kommunikationsfähigkeit, Teamfähigkeit und Empathie. Das freie Spiel bietet viele Möglichkeiten, um genau diese Fähigkeiten zu erproben.

WISSEN

Welche Kompetenzen fördert das freie Spiel?

- Kreativität: Im Spiel entwickeln die Kinder neue Ideen, erschaffen kreative Räume und Figuren, probieren sich in kreativen Rollen und Welten aus, entwickeln kreative Lösungen für Probleme und sind dabei im kreativen Denkprozess.
- Kommunikationsfähigkeit: Im Spiel kommunizieren Kinder untereinander, tauschen sich aus, debattieren darüber, welches Spiel gespielt wird und welche Rolle jeder Einzelne einnimmt. Dabei sind Kinder gefordert, sich verbal und nonverbal klar auszudrücken sowie die eigene Meinung und die eigenen Bedürfnisse argumentativ zu vertreten.
- Problemlösefähigkeit: Immer wieder kommt es im Spiel zu Herausforderungen, die gelöst werden wollen. Es wird ein Spielzeug gebraucht, das momentan nicht erreichbar ist, es entstehen Konflikte unter den Spielenden, das Spiel wird in irgendeiner Form gestört oder es braucht Lösungen für die Herausforderungen der Spieltätigkeit an sich (z. B., wenn etwas gebaut wird).
- Teamfähigkeit: Das Spiel stellt große Herausforderungen an die Kooperations- und Teamfähigkeit der Kinder. Kinder suchen sich automatisch Spielpartner, mit denen sie kooperieren können. In diesem Spielteam werden sämtliche Fähigkeiten erprobt, die für die Teamfähigkeit notwendig sind: das Einbringen von individuellen Stärken, das Aushandeln von Rollen, das Abwägen von Argumenten, gegenseitiges Verständnis und Einfühlungsvermögen.

- **Durchsetzungsvermögen:** Im Spiel handeln Kinder untereinander Aktivitäten aus, tauschen Argumente darüber aus und am Ende setzt sich die beste Spielidee durch. Wer die eigenen Interessen und Bedürfnisse klar anbringen und vertreten kann, ist im Vorteil. Im Spiel können Kinder auf natürliche Weise ausprobieren, wie sie sich durchsetzen können, und gleichzeitig, wie sie mit Niederlagen und Frustration umgehen können, wenn es ihnen nicht gelingt, sich durchzusetzen, und dabei nicht den Mut zu verlieren.
- **Empathie:** Sich in andere hineinzuversetzen, ist eine Fähigkeit, die besonders im Spiel gelebt wird. Im Rollenspiel schlüpfen Kinder in verschiedene Figuren und probieren sich aus: Sie übernehmen die Rolle der sorgenvollen Krankenschwester, des wütenden Nachbarn oder des tröstenden Großvaters. Im Spiel leben und probieren sie ihre Gefühle aus. Gleichzeitig werden sie mit Reaktionen ihrer Spielpartner und Spielpartnerinnen konfrontiert. Empathisches Handeln kann durchaus geübt werden, und am Vorbild gelingt es am allerbesten.
- **Eigeninitiative:** Spiel entsteht meist durch die Eigeninitiative der Kinder. Kinder sind so frei und ideenreich, sie entwickeln ihre eigenen Spielideen und kommen diesen nach. Viel braucht es dafür nicht: In einer anregungsreichen und geschützten Spielumgebung, in der sie sich sicher und geborgen fühlen, ist dem kindlichen Spiel kaum eine Grenze gesetzt.

Wieso müssen wir das freie Spiel retten?

Unsere Leistungsgesellschaft, das ständige Streben nach mehr und die Idee, in allem noch besser und effizienter zu werden, geht nicht spurlos an der Erziehung der Kinder vorbei. Eltern fördern Kinder schon früh in typisch schulischen Fächern wie Englisch, Mathematik, Musik, Schreiben. Auch wenn die meisten Kindertagesstätten dem Spiel einen hohen Stellenwert einräumen, ist immer noch häufig zu beobachten, dass künstlich erschaffene Lernarrangements einen wesentlichen Stellenwert einnehmen. Es ist wirklich paradox. Erwachsene unterbrechen Kinder allzu oft in ihrem Spiel und somit in ihrem natürlichen Lernprozess, um anschließend mit ihnen ein in ihren Augen »echtes« Lernangebot durchzuführen, bei dem nur wenige Kinder etwas für sich mitnehmen können. Um es auf den Punkt zu bringen:

Durch künstlich erschaffene Lernsituationen wird den Kindern ihre eigentliche Lernzeit geraubt.

BEISPIEL

Der zweijährige Rafael spielt in seiner Kindergartengruppe mit verschiedenen Spielsachen. Per Zufall entdeckt er ein Schraubglas und versucht, den Deckel abzuschrauben. Dass das möglich ist, hat er immer wieder bei seiner Mama gesehen und auch bei Fachkraft Charlotte. Nun läuft er jeden Morgen in der Freispielzeit direkt in den Raum mit den verschiedenen Schraubgläsern, die Charlotte achtsamerweise für ihn vorbereitet hat. Mit höchster Konzentration sitzt er dort und versucht, die Gläser aufzubekommen. Als die Freispielzeit vorbei ist und die Kinder alle an den Tisch zum Malen kommen sollen, ist er ein wenig traurig, aber Charlotte wird schon wissen, was für ihn gut ist. Weil er Charlotte vertraut und sie nicht enttäuschen möchte, macht er beim Malen mit.

Rafael hat sich sein Lernfeld im freien Spiel bedürfnisorientiert gesucht. Dank der Wahrnehmung seines Lerninteresses hat Charlotte für ihn ein passendes Materialangebot geschaffen. Gleichzeitig verhindert das anstehende, angeleitete Malen wiederum sein eigentliches Lerninteresse für die Feinmotorik an den Schraubgläsern. In den meisten Fällen interessieren sich die Kinder für spannende Angebote vonseiten der Fachkräfte und freuen sich über neue Impulse. Manchmal, und das sollten Fachkräfte immer wieder reflektieren, verhindern sie dadurch jedoch auch die eigentlichen Lernmomente der Kinder. Im freien Spiel hingegen können sich die Kinder, bei passendem Materialangebot, immer für das Spiel entscheiden, welches ihnen (unbewusst) für ihre Entwicklung am passendsten erscheint.

5.9 Lernen in Beziehung

BEISPIEL

Emelys Kaninchen ist kürzlich gestorben. Sie ist noch sehr traurig darüber und erzählt ihrer Bezugsfachkraft Cora immer wieder von dem Ereignis. Seitdem möchte sie alles über den Tod wissen und löchert Cora regelrecht mit Fragen. Weil Emely sich bei ihrer Bezugsfachkraft sicher fühlt und weiß, dass sie mit ihrer Trauer, aber insbesondere mit all ihren Fragen ernst genommen wird, traut sie sich, ihr

Interesse für das Thema Tod zu zeigen. Sie möchte viel darüber lernen und bleibt häufig in Coras Nähe, um ihr immer wieder Fragen stellen zu können. Cora hat Emelys Neugier wahrgenommen. Sie begreift Emelys Lerninteresse und bietet ihr Bücher zum Thema Tod an und schlägt vor, dass sie als Kindergartengruppe mal einen Friedhof besuchen könnten. Manchmal philosophiert Cora mit Emely und den anderen Kindern, die sich ebenfalls brennend für das Thema interessieren. Cora nutzt die Möglichkeit, um die Kinder zum Philosophieren anzuregen und in ihrem Denken herauszufordern: »Was passiert, wenn wir sterben, und wo gehen wir dann alle hin?«

Vertraute Menschen sind wichtige Lernpartner und Lernpartnerinnen. Ihnen können Kinder alle Fragen stellen, die sie über sich, über die Welt und das Universum haben. In sozialer Interaktion machen Kinder sich ein Bild über sich und ihre Umgebung. Im Dialog und im sozialen Miteinander kreieren sie Vorstellungen über das eigene Leben und die Welt um sie herum (**Ko-Konstruktion**). Wenn »Kinder gleichen Alters untereinander agieren, zusammen ihre Erfahrungen mit sich selbst und der Welt verarbeiten, ihre daraus gewonnenen konstruierten Erkenntnisse den anderen Kindern mitteilen und aus den Rückmeldungen wiederum Erkenntnisse ziehen« (Vollmer 2021, S. 142), so spricht man von Ko-Konstruktion unter Kindern. Kinder lernen, wie in einer Lerngemeinschaft gemeinsam Probleme gelöst, Bedeutungen ermittelt und Verständnis von Dingen gewonnen werden. Kinder lernen also mit Erwachsenen und anderen Kindern in Beziehung und im ständigen verbalen Austausch.

Bindung vor Bildung

Bevor Kinder lernen können, brauchen sie ein inneres Gefühl von Sicherheit. Lernen kann folglich nur gelingen, wenn emotionale Beziehungen zu wichtigen Bezugspersonen hergestellt werden können und klar ist, welcher sichere Hafen bei Gefahr angesteuert werden kann. Eine bekannte Umgebung und eine sichere Bindung ermöglichen schließlich Explorationsverhalten und damit Lernen. Das hat einen evolutionär begründbaren Sinn: Nur wenn sichergestellt ist, dass der Säbelzahntiger nicht in der Nähe ist, kann ich mich darauf konzentrieren zu überlegen, wie das Feuer anzufachen ist. Gefahren verhindern Lernen. Unbekannte Menschen, unsichere Situationen, starke Gefühle und ein inneres Unbehagen führen folglich bei Kindern dazu, dass das Bindungssystem aktiviert wird und die Bindungs-Explorations-Wippe den Fokus auf das Bindungsverhalten legt. In diesem Fall ist Lernen nicht möglich (siehe S. 21). Bevor das denkende Gehirn wieder zugänglich und zum Lernen fähig ist, brauchen Kinder also zuerst Unterstützung bei der Regulation und der Erfüllung ihrer psychischen Grundbedürfnisses nach Bindung und Sicherheit (vgl. Eser 2014, S. 14f.).

Der Kita-Podcast (Folge 3):
Die Angebotspädagogik auf dem Prüfstand

Der Kita-Podcast (Folge 36):
Wie Kinder lernen

6.

Konflikte und starke Gefühle bedürfnisorientiert begleiten

Die Themen in diesem Kapitel sind

→ wie pädagogische Fachkräfte das eigene Konfliktverhalten reflektieren können

→ wie mit Konflikten und starken Gefühlen bedürfnisorientiert umgegangen werden kann

→ wie Konflikte unter Kindern begleitet werden können

→ welche Konfliktlösestrategien Sinn machen – und welche nicht

Bei dem Thema Konflikte geht es einer Vielzahl von Menschen ähnlich: Sie möchten sie am liebsten umgehen. Kinder, die miteinander harmonieren und kooperativ miteinander spielen, werden gern als »lieb« beschrieben, während Streit und konflikthafte Auseinandersetzungen als anstrengend und herausfordernd empfunden werden. Verständlich, denn in Konflikten – egal ob mit oder ohne Aggressionen – werden pädagogische Fachkräfte gefordert. Sie haben in der Regel keine andere Wahl und müssen blitzschnell reagieren. Das bereits geschilderte Grundlagenwissen über Gefühle, Bedürfnisse und eigene Bewertungen ist bei der Begleitung von Konflikten überaus wertvoll. Es ermöglicht der Fachkraft, die Standpunkte der Kinder oder des Kindes wertfrei zu erkennen und die Konfliktursache zu ergründen. Konflikte hingegen zu vermeiden oder im Keim zu ersticken, nimmt den Kindern und Erwachsenen eine wichtige **Lernchance.** Denn ein Konflikt an sich zeigt grundsätzlich auf: »Ich habe eine andere Meinung, vertrete einen anderen Standpunkt und möchte dies äußern.« Singer und Hännikäinen (2002) definieren Konflikte als Vorfälle, in denen mindestens ein Kind protestiert, jemanden angreift oder sich gegen die Handlung eines anderen Kindes zur Wehr setzt. Wie Menschen mit Konflikten umgehen, ob sie diese als Motor der Veränderung wahrnehmen oder bevorzugt erstarren, weglaufen oder überstürzt reagieren, hängt im Wesentlichen von ihren frühen Erfahrungen und ihrer Erregung ab. Wie so oft lernen Kinder von ihren Vorbildern und ahmen Erlebtes nach.

Konflikterfahrene Kinder benötigen daher unbedingt Menschen an ihrer Seite, die ihnen vorleben und zeigen, wie Konflikte gewaltfrei und für alle Beteiligten zufriedenstellend gelöst werden können. So lernen sie unterschiedliche Sichtweisen kennen und erfahren, wie sie sozialkompetent handeln können, ohne die Werte der Gemeinschaft zu verletzten. Denn der Konflikt an sich ist nie problematisch, sondern vielmehr der Umgang mit Konflikten.

6.1 Das eigene Konfliktverhalten verstehen

Kommen Menschen mit Konflikten in Kontakt, werden unterschiedliche Gefühle geweckt. Einige fühlen sich leicht überfordert, hilflos oder gar ohnmächtig. Menschen jeden Alters beobachten Konflikte in ihrem Umfeld sehr genau, dies wiederum prägt die eigene Konfliktfähigkeit (vgl. Kelch 2009, S. 10f.; Focali 2011, S. 56ff.). Daneben spielen auch die eigene Persönlichkeit, das Temperament, die Kultur sowie die Position im Streit eine Rolle (vgl. Mayer 2007, S. 44).

Fehlende Konfliktlösekompetenzen führen zu Konfliktvermeidung, einem Herunterspielen von Situationen bis hin zu destruktiven Streitereien. Das Ignorieren oder Leugnen von Konflikten führt wiederum zu inneren Konflikten bis hin zu seelischen Störungen und Krankheiten (vgl. Boeckh 2008, S. 83; Hohmann 2018).

Für pädagogische Fachkräfte bedeutet dies, dass sie von Zeit zu Zeit ihr eigenes Konfliktverhalten reflektieren sollten, um die eigene Einstellung zu Konflikten sowie die erlebten **Konfliktmuster** zu hinterfragen (vgl. Kapitel 4.5).

Damit Kinder in der Lage sind, eine Konfliktfähigkeit zu erlangen, sind sie auf Erwachsene angewiesen, die einen Konflikt als Motor für Wachstum anerkennen. Sätze wie »Hört auf zu streiten und vertragt euch schnell!« helfen ihnen dabei nicht weiter.

Das eigene Konfliktverhalten reflektieren

Eigenes Konfliktverhalten:

REFLEXION

1. Wie erlebten Sie Konflikte im Elternhaus in der Kindheit?
2. Welche Konflikte haben Sie geprägt? An welche Konflikte erinnern Sie sich?
3. Welche Bedeutung haben Konflikte für Sie?
4. Wie begegnen Sie Konflikten grundsätzlich?
5. Wie reagieren Sie (vermeidend, kämpferisch)?
6. Haben Sie ein ständiges Bedürfnis nach Harmonie? Möchten Sie die Harmonie in einer Gruppe erhalten? Woher kommt dieses Bedürfnis?
7. An welches positive Vorbild im Umgang mit Konflikten erinnern Sie sich?
8. Wünschen Sie sich weitere Kompetenzen im Umgang mit Konflikten?

6.2 Umgang mit Konflikten und starken Gefühlen

BEISPIEL

Leo und Mar spielen in der Puppenecke und kleiden und füttern die Puppen ausgiebig. Rafael beobachtet das Spiel aus der Ferne interessiert. Er selbst findet an diesem Morgen kein Spiel, an dem er sich erfreuen kann. Die Fachkraft Pina unterhält sich mit Leonie und plant den Tag. Aus dem Augenwinkel sehen beide, wie Rafael plötzlich zu Leo läuft und ihn kräftig schubst. Leo fällt, stößt sich seinen Kopf an der Kinderküche und weint.

Eine Situation, die so oder ähnlich in Kindergruppen mit jüngeren Kindern häufig passiert. Sie haben ungefähr fünf bis acht Konflikte in der Stunde (vgl. Hay 1984), und es ist nicht unüblich, dass Konflikte unter Umständen mit Handgreiflichkeiten verbunden sind. Als **Konfliktanlässe** sind unter anderem bei acht Monate alten Kindern Konflikte aufgrund einer unterbrochenen Handlung oder aus Neugier und Exploration zu beobachten. Ein halbes Jahr später kommen Motive von erweckten Bedürfnissen durch ein anderes Kind und der Wunsch nach Selbstbehauptung hinzu. Bei ungefähr zweijährigen Kindern werden Besitzstreitigkeiten, Hierarchiemotive und Langeweile relevant (vgl. Haug-Schnabel 2011, S. 53ff.).

Bei den zwei- bis dreijährigen Kindern sind die Konflikte aufgrund von Besitzunstimmigkeiten besonders hoch (ca. 80 Prozent). Hinzukommt, dass sie ihre Gefühle noch schwer regulieren können, und daher führen Konflikte schneller zu impulsiven Auseinandersetzungen. Diese nehmen mit zunehmendem Alter langsam ab. Bei den drei- bis fünfjährigen Kindern lassen sich noch zu 60 Prozent Streitigkeiten um einen Besitz beobachten (vgl. ebd., S. 59). Konflikte können mit zunehmendem Alter mit immer weniger Unterstützung durch einen Erwachsenen gelöst werden.

Eine wichtige Erkenntnis für pädagogische Fachkräfte ist, dass **Aggressionen** (wie hauen, beißen, schubsen) immer eine Ursache haben. Leider gehen noch immer einige pädagogische Fachkräfte im Trubel des Alltags davon aus, ein Kind handle (schubst, wie im Beispiel) aus Böswilligkeit und dürfe daher mit diesem Verhalten nicht »durchkommen«. Es müsse spüren, dass dieses Verhalten nicht akzeptiert wird und erhält eine Bestrafung in irgendeiner Form. Es muss etwas tun, was es nicht mag, oder den Anweisungen der Fachkraft folgen. Konfliktlösestrategien erfährt es auf diese Weise nicht. An dieser Stelle sei Vorsicht geboten und es gilt, das vermeintlich absichtsvolle Handeln genau zu betrachten. Es ist dabei unausweichlich, entsprechend dem Alter, der entwicklungspsychologischen Reife, der Fähigkeit zur **Impulskontrolle,** dem angeborenen Temperament und dem Charakter individuell zu prüfen, welche Form der Unterstützung das Kind braucht. Einem Kind absichtsvolles Handeln zu unterstellen, würde voraussetzen, es verfügt über eine ausgereifte Perspektivübernahme und kann die kausalen Zusammenhänge begreifen. Da sich diese Reifung aber erst im Grundschulalter und darüber hinaus entwickelt, ist ein absichtsvolles Verhalten im ursprünglichen Sinne mehr als fraglich (vgl. Kapitel 1.5). Das Kind reagiert, indem es ein anderes Kind schubst. Es tut dies möglicherweise auch bewusst, nicht aber, um das andere Kind zu schädigen, sondern vielmehr, um sich selbst zu schützen.

Aggressionen wie das Schubsen geschehen daher nie grundlos, sondern es geht diesen Handlungen immer etwas voraus. In der Regel sind es ein oder mehrere unerfüllte Bedürfnisse, die im Kind ein Gefühl freisetzen. Dieses Gefühl ist wie ein Zündstoff, der eine Handlung auslöst. Werden Gefühle größer und stärker, so kann es zudem passieren, dass das emotionale Gehirn die »Überhand gewinnt« und sich das rationale Gehirn, welches für die Sprache und den Verstand zuständig ist, »ausschaltet«. Es wird innerlich »das Gaspedal getreten«, nicht aber, um bewusst einem anderen Kind Schmerz zuzufügen, sondern vielmehr, um den selbst empfundenen Schmerz zu lindern.

Erst mit circa drei Jahren lernt das Kind, heftige Gefühle zu steuern und innerlich zu regulieren. Zuvor versuchen Kinder in Stresssituationen, das Außen zu verändern, sie lassen also sinnbildlich »Dampf ab«. Ist Ilse wütend, so beschimpft sie ein anderes Kind und ruft: »Du bist so doof!«, statt in sich zu hören und die Wut zu regulieren. Bis dies überwiegend gelingt, vergehen viele Jahre. Erst ab dem zwölften Lebensjahr erfolgt die Regulation intensiver Gefühle überwiegend im Inneren. Dieser Reifungsprozess ist überaus komplex und benötigt neben viel Übung eine Menge Zeit (vgl. Haug-Schnabel 2011; Posth 2016).

Im Fall von Rafael (siehe Seite 178ff.) kann es sein, dass er sich einsam fühlte und möglicherweise Langeweile verspürte. Ein unerfülltes Bedürfnis in ihm machte sich breit und ihn übermannten wahrscheinlich tiefe Gefühle. Wünschenswert wäre es, wenn der kleine Junge zu Leo gelaufen wäre und zu ihm gesagt hätte: »Leo, mir ist langweilig und euer Spiel sieht so spannend aus. Zu gern würde ich auch so ausgelassen spielen und mit euch zusammen sein. Dürfte ich mitspielen?« Sätze, bei denen pädagogischen Fachkräften das Herz aufgeht. Sätze, die Kinder durchaus sagen, vielleicht etwas abgewandelt, aber vom Inhalt genau so. Diese kleinen Zaubermomente tauchen auf, wenn Kinder vielzählige Situationen erleben durften, in denen sie feinfühlige, achtsame und wertschätzende Begleitung erfahren haben. Besonders kleine Kinder benötigen viele Anlässe, um den Umgang mit Konflikten zu üben. Sie sind auf Bezugspersonen angewiesen, die ihnen bei der **Übersetzung ihrer Gefühle** helfen. Erwachsene, die die dahinter liegenden unerfüllten **Bedürfnisse erspüren** und die Kinder in diesen schweren Momenten begleiten. Diese kleinen lernenden Menschen benötigen Erwachsene, die sie nicht bestrafen, sondern ko-regulieren und sie mit ihren starken Gefühlen annehmen. Eine pädagogische Fachkraft hat die herausfordernde Aufgabe, den wilden Gefühlssturm mit dem Kind auszuhalten, denn besonders in diesen Momenten braucht das Kind Sicherheit und Halt. Es benötigt eine Person, die es mit all seinen Gefühlen annimmt, hält und schützt.

6.3 Konflikte unter Kindern begleiten

Einen solchen Konflikt wie zwischen Rafael und Leo zu begleiten, ist nicht einfach. Häufig spüren Fachkräfte dabei selbst herausfordernde Gefühle wie Wut, Ärger oder Frustration und reagieren erregt. Leo spielte in Ruhe, »aus heiterem Himmel« fällt er und stößt sich den Kopf. Eine Situation, in der es verständlicherweise schwerfällt, nicht wertend einzuschreiten und Kinder in »gut« und »böse« oder Täter und Opfer einzuteilen. Und genau an dieser Stelle ist es so wichtig, dieses Muster zu erkennen. Es ist nicht die Aufgabe der Fachkraft, solche Situationen juristisch zu bewerten. Kinder brauchen keine Richter oder Richterinnen. Vielmehr hat sie die Aufgabe, die Kinder behutsam und vor allem individuell zu begleiten. Die eigene Wertung erschwert dabei ein professionelles Handeln, in dem sich jedes Kind gesehen fühlt. Es steht außer Frage, dass die Situation für Leo schmerzhaft und ungünstig verlief. Leider wird in der Praxis aber der Schmerz, den Rafael in sich trägt, übersehen. Alle am Konflikt beteiligten Kinder gilt es, wertfrei zu begleiten und vor Gewalt zu schützen. Leo benötigt in diesem Fall Trost, Schutz und vermutlich kann es ihm helfen, wenn er selbst versteht, was gerade geschehen ist. Er darf auch erfahren, dass er keine Schuld trägt. Rafael braucht vermutlich ebenso Trost, Halt und, sobald er sich beruhigen konnte, einen Erwachsenen, der mit ihm altersentsprechend die Situation bespricht und Strategien entwickelt. Pädagogische Fachkräfte fungieren an dieser Stelle als Übersetzer und dürfen gemeinsam mit dem Kind erforschen, was gerade geschehen ist. Mit vorschnellen Ratschlägen sollten sich Fachkräfte zurückhalten; schließlich braucht es eine Lösung, die für Leo und Rafael annehmbar ist.

Werden Kinder hingegen in diesen Notsituationen gedemütigt, ausgegrenzt oder anderweitig bestraft, erfahren sie selbst Aggression durch einen Erwachsenen. Diesen Teufelskreis gilt es zu durchbrechen, da bekanntlich Kinder das Verhalten ihrer Bezugspersonen nachahmen. Daher sollte Gewalt unter keinen Umständen mit Gewalt beantwortet werden (vgl. Kapitel 3).

Wird der Mensch als ein Wesen wahrgenommen, welches unentwegt nach Liebe und Autonomie sowie nach Kontakt und Selbstbehauptung strebt, geht es vorrangig um die Aufdeckung eines Konfliktes. Die Aggression macht lediglich auf etwas aufmerksam und nimmt nach der Konfliktlösung in der Regel wieder ab (vgl. Dornes 2013).

BEISPIEL

Die Fachkräfte Pina und Leonie sehen den Sturz aus dem Augenwinkel. Sie unterbrechen sofort ihr Gespräch und laufen zu den Kindern. Pina bittet Leonie, Leo in Ruhe zu trösten, und kann so ihre volle Aufmerksamkeit Rafael widmen. Dieser ist selbst erschrocken und irritiert vom Geschehen. Pina kniet sich bewusst auf den Boden, um ihm zu signalisieren: Ich bin für dich da, und ich möchte verstehen, was du gerade brauchst. Sie beobachtet Rafael einen Moment, um einschätzen zu können, welche Form der Ko-Regulation er benötigt und streckt sanft ihre Hand aus. Etwas verunsichert nimmt der Junge diese an und kniet sich zu ihr. Plötzlich bricht es aus ihm heraus und er weint bitterlich. Dankend legt er sich in Pinas Arm, die bewusst ganz ruhig atmet und sanft über seinen Rücken streicht. Dieses Mal scheint Rafael die Nähe zu suchen, manchmal zeigt er aber auch klar, dass er Abstand benötigt. Heute aber scheint sein Bedürfnis nach Halt und Nähe so groß zu sein, dass er sie sofort annimmt. Nachdem er sich beruhigt hat, beginnt Pina sanft zu reden: »Irgendetwas hat dich gerade mächtig geärgert, oder? Warst du frustriert? Fühltest du dich einsam? Und dann ging alles ganz schnell, oder?« Pina kann fühlen, wie Rafael innerlich entspannt und aufatmet. Nachdem sie sich mit ihm verbinden konnte, beginnt der Junge zu erzählen, und beide überlegen, wie er das nächste Mal in einer solchen Situation reagieren könnte. Anschließend fragt Pina Rafael, ob sie gemeinsam schauen möchten, wie es Leo geht. Als Rafael zustimmend nickt, gehen sie zu dem Jungen und sprechen in Ruhe mit ihm. Pina erklärt Leo, was passiert ist, und geht auch mit ihm in Verbindung. Anschließend fragt sie, ob sie mit ihm, Leo und Mar einen großen Turm bauen kann, und die Kinder holen sofort die große Bausteinkiste hervor.

Vier Schritte zur Konfliktlösung

Um Konflikte gewaltfrei zu lösen, haben sich in der Praxis die folgenden vier Schritte sehr bewährt. Diese gehen meist ineinander über und überlappen sich. Möchten pädagogische Fachkräfte ihr bisheriges Vorgehen, wie sie Konflikte begleiten, überdenken und eventuelle Affekthandlungen (wie ein vorschnelles Eingreifen und Schlichten) verändern, so kann es empfehlenswert sein, die folgenden vier Schritte zu üben:

1. Situation einschätzen:

Zu Beginn ist es immer wichtig, die Situation zu beobachten und zu entscheiden, ob ein Eingreifen in diesem Moment nötig ist. Kinder brauchen die Möglichkeit, Konflikte selbstständig zu lösen. Es ist aber immer Achtung geboten, wenn schädigendes oder gewaltvolles Handeln beobachtet wird. Dann muss in jedem Fall schützend eingegriffen werden. Bedienen sich Kinder gewaltvoller Strategien, egal ob verbal oder körperlich, gehen sie eindeutig über psychische oder physische Grenzen (vgl. Kapitel 2.3). Respektieren sie diese nicht, so ist dies immer ein Zeichen dafür, dass die Kinder Unterstützung bei der Konfliktlösung benötigen. Kann die Situation hingegen als konstruktiv und gewaltfrei bewertet werden, kann der Konflikt mit etwas Abstand behutsam beobachten werden. Die Konfliktlösung muss nicht zwingend mit der eigenen Wunschlösung harmonieren. Teilen sich Kinder beispielsweise die Spielzeuge auf und das eigene Empfinden sagt, es sei ungerecht, dass ein Kind fünf und ein anderes drei erhält, aber diese zufrieden auseinandergehen, ist ein Eingreifen nicht notwendig. Fachkräfte sollten feinfühlig auf Zeichen achten, die signalisieren: »Ich brauche Hilfe!« (Blickkontakt suchen, rufen, weinen, angelaufen kommen, über den Konflikt berichten). Wenn Kinder Hilfe einfordern, ist die Unterstützung der Fachkraft auf jeden Fall gefragt. Droht der Konflikt unter den Kindern bereits zu eskalieren, sie jedoch nicht aktiv Hilfe einfordern, darf die Fachkraft auch fragen: »Braucht ihr meine Hilfe?« Eine Ablehnung der Hilfe durch beide Kinder ist durchaus möglich und zu respektieren.

2. Situation begleiten

Wenn eine Konfliktbegleitung nötig ist, so geht es darum zu ergründen, was die Kinder brauchen und welche Bedürfnisse unerfüllt sind oder welche Grenzen verletzt worden sind. Die Fachkraft sollte sich auf Augenhöhe begeben oder sogar noch etwas weiter runter, um zu signalisieren: »Ich bin für dich/euch da, und ich möchte verstehen, was du/ihr braucht«. Sind Kinder erregt und in tiefe Gefühlen verstrickt, benötigen sie eine Form der Ko-Regulation. Diese Momente stellen für Kinder einen großen Stress dar und sie befinden sich selbst in einem Notzustand. Oft schaltet sich das kognitive Gehirn für einen Moment aus und das emotionale Gehirn übernimmt die Führung. Es gilt erst einmal, das Kind in die Beruhigung zu begleiten. Dies ist an die jeweilige Situation und das jeweilige Kind anzupassen. Dabei gilt es, immer zu beachten, dass jedes Gefühl erlaubt ist und achtsam begleitet wird.

3. Situation besprechen und lösen

Konnte sich das Kind beziehungsweise konnten sich die Kinder beruhigen, kann die Situation in Ruhe besprochen werden. Dies setzt eine wertschätzende, durch Offenheit und Sicherheit geprägte Haltung voraus. Hierbei sollte die Fachkraft auf Augenhöhe bleiben und auf einen angstfreien Raum achten. Die Funktion der Fachkraft gleicht einem Sprachrohr und Vermittler, nicht der eines Richters. Aktives Zuhören ist ähnlich wichtig wie wertfreies Bündeln und Übersetzen. Gehörtes kann zusammengefasst und die Kinder können um Zustimmung oder Korrektur gebeten werden (»Ich habe gehört, du fühlst dich ausgeschlossen. Ist das so?«). In Konflikten gibt es verschiedene Standpunkte, die gesehen werden möchten. Es geht hingegen nie um Schuld oder die Bestimmung von Tätern oder Opfern.

Beim Besprechen der Gefühle und Bedürfnisse können entsprechende visuelle Unterstützungen hinzugezogen werden. Bei der Konfliktmoderation dient die Gewaltfreie Kommunikation als Richtungsweiser.

Statt Fehler zu suchen, dürfen Lösungen in den Blick genommen werden, die für alle Beteiligten auf Zustimmung stoßen. Die Ideen zur Lösungsfindung dürfen – je nach Alter – bei den Kindern entstehen. Bestimmte Fragen können dabei unterstützen: Was meint ihr, könnte euch nun helfen? Wie könnt ihr die Situation lösen, damit es allen gutgeht?

Nach der Konfliktlösung ist es hilfreich, die Maßnahme im Nachhinein auf ihre Funktionalität zu überprüfen. Hat sich die Lösung bewährt? Sind alle damit zufrieden?

Schauen Sie zudem, ob die Kinder wieder zurück in ihr Tun, in ihr Spiel finden. Möglicherweise benötigen sie noch Unterstützung im Kontaktaufbau. Auch bei einem gelösten Konflikt bevorzugen einige Kinder danach lieber etwas Distanz und Ruhe statt Nähe und Spiel. Nicht vergessen: Konflikte können sehr nervenaufreibend und anstrengend sein.

4. Achtsamkeit üben

Aber nicht nur für Kinder sind diese Auseinandersetzungen aufregend, denn auch die Begleitung erfordert viel Aufmerksamkeit, Feinfühligkeit und Präsenz und laugt Fachkräfte manchmal aus. Es ist in jedem Fall immer wieder ratsam, in sich selbst zu spüren und zu überprüfen, wie es einem gerade geht. Falls Stress und Erschöpfung überwiegen, dürfen Fachkräfte für sich selbst sorgen (vgl. Kapitel 4.4). So macht es nach mehreren begleiteten Konflikten vielleicht Sinn, sich die eigenen Bedürfnisse nach Ruhe, Erholung und Entspannung durch eine Pause zu erfüllen. Die Begleitung kann nur feinfühlig gelingen, wenn die Fachkräfte selbst im Gleichgewicht sind. Den eigenen emotionalen Akku regelmäßig zu kontrollieren und in den Fokus zu rücken, hilft beim rechtzeitigen Aufladen. Falls die Kraftreserven schwinden, sollten Fachkräfte sich Unterstützung holen, um sich selbst vor einer Überreaktion zu schützen. Denn auf Konflikte und Aggressionen sollten sie selbst, wenn möglich, nicht mit Aggressionen reagieren (vgl. Hohmann 2020, 2021).

WISSEN

Die vier Schritte der Konfliktlösung

1. Situation einschätzen: Sind Grenzen überschritten? Brauchen die Kinder Unterstützung oder können sie den Konflikt selbst lösen?
2. Situation begleiten: Gefühle benennen, unerfüllte Bedürfnisse ergründen (beispielsweise mit dem Ja-Mantra)
3. Situation besprechen und lösen: Perspektiven der Kinder einander gegenüberstellen und Unterstützung leisten beim Finden gemeinsamer Lösungen
4. Achtsamkeit üben: Dafür sorgen, dass die eigenen Bedürfnisse nach Ruhe, Erholung und Entspannung erfüllt werden können

Konflikte sollten **nie mit Gewalt** beantwortet werden, denn Kinder gucken sich das Verhalten der Erwachsenen ab. Die Pädagogin Grete Helle und der Pädagoge Rune Fløgstad schreiben sogar, dass es sich bei Kindern um »fortgeschrittene Kopiergeräte« handelt (2020, S. 195). Kinder beobachten ganz genau, wie Erwachsene untereinander sprechen, und scannen deren Mimik und Gestik. Diese Beobachtungen haben Einfluss auf die Kinder und ihr Konfliktverhalten, vielleicht sogar für den Rest ihres Lebens. Helle und Fløgstad betonen, dass pädagogische Fachkräfte nicht nur einen überaus wichtigen Job haben, sondern auch einen sehr gefährlichen, denn sie »beeinflussen die Zukunft einer Reihe von Kindern. Spiegelung, Nachahmung und Kopieren sind wesentliche Bestandteile der kindlichen Entwicklung« (ebd., S. 195). Kinder **spiegeln** vorrangig sozial akzeptiertes Verhalten von Personen, denen sie vertrauen. Ahmen sie etwas nach und werden darin bestärkt und empfinden die Kinder ihr Vorgehen als sinnvoll, so schüttet der Körper Dopamin aus. Bei Wiederholung bilden sich Pfade im Gehirn. Wir wissen, dass angelegte Pfade dazu einladen, ein Verhalten zu wiederholen. Dabei ist nicht gesagt, dass dieser Weg und das Verhalten des Kindes aus Sicht der Fachkräfte geeignet sind. Kinder spiegeln leider nicht nur positive, sondern auch negative Vorbilder. Wichtig für eine Einrichtung ist es, dass sie auch bei unerwünschten Verhaltensweisen eines Kindes – also negativ beobachteten Spiegelungen – eine gemeinsame Haltung entwickelt hat, wie damit umzugehen ist. Zudem sollten sie bemüht sein, in Konfliktsituationen mit positivem Beispiel voranzugehen (vgl. ebd., S. 196f.).

Bedeutet dies, dass Fachkräfte sich immer achtsam verhalten sollten und nie Macht ausüben dürfen? Es gibt eine wichtige Ausnahme, denn **schützende Gewalt** ist wichtig und erlaubt (vgl. Rosenberg 2016, S.177ff.).

Schützende Gewalt

WISSEN

Übergriffiges, grenzüberschreitendes Verhalten von Fachkräften wird als gewaltvoll (vgl. Kapitel 3.1) eingeschätzt. Besteht jedoch eine Gefahr für Leib und Leben, sollte unbedingt auch körperlich eingeschritten werden. Schützende Gewalt darf angewandt werden, wenn:

1. die körperliche Unversehrtheit von Fachkräften oder Kindern bedroht ist
2. die psychische Unversehrtheit von Fachkräften oder Kindern bedroht ist
3. die Gesundheit der Kinder bedroht ist
4. die Aufsichtspflicht bedroht ist

Wichtig: »Das Ziel der beschützenden Anwendung von Macht ist einzig zu schützen – weder zu bestrafen noch zu beschuldigen oder zu verurteilen« (Rosenberg 2016, S. 177). Von welcher Haltung das Einschreiten begleitet wird, vom **Schutzgedanken** oder einem strafenden Gedanken, ist ganz entscheidend für die Wirkung der Handlung. Es gilt genau abzuwägen: Kann eine Situation noch gewaltfrei mit dialogischen Mitteln begleitet werden oder besteht eine tatsächliche Gefahr, bei der die Anwendung von schützender Gewalt notwendig wird. Wird in Momenten eingegriffen, die es nicht zwingend notwendig machen, handelt es sich um Adultismus (vgl. Kapitel 3.6).

In Konflikte der Kinder eingreifen - sinnvoll oder störend?

Ist zu beobachten, dass ein Konflikt oder eine Situation durch Gewalt gekennzeichnet ist, so ist es unumgänglich das Kind oder den Gegenstand vor Gewalt zu schützen. So halten wir die Hand eines Kleinkindes bei Gefahr an der Straße fester und gehen **schützend** zwischen Kinder, wenn Gefahr im Verzug ist. Wirft ein Kind mit Bausteinen um sich und hört bei verbaler Ansprache damit nicht auf, so ist es die Aufgabe der Fachkraft, andere Kinder und Gegenstände vor dieser Gefahr zu schützen (schützende Gewalt). Natürlich dürfen Fachkräfte dann die Hand festhalten oder sogar einen Ortswechsel anstreben. Es ist für das Kind, welches seine Impulse in diesem Moment nicht kontrollieren kann, nicht angenehm, wenn es gewaltvoll reagiert. Oft ist im Nachhinein die Scham bei einer Verletzung oder Zerstörung so groß, dass es auch im Interesse des Kindes wichtig ist, es vor weiteren Impulsausbrüchen und unangenehmen Erfahrungen zu schützen. An einem anderen Ort in Verbindung mit einer vertrauten Person gelingt die Gefühlsregulation meist besser als im Rampenlicht der Gruppe. In diesem Fall kann man von **Fremdregulation** sprechen, einem schützenden Eingreifen von außen.

Singer und Hännikäinen beobachteten in einer Studie 29 Kinder im Alter zwischen zwei und vier Jahren in ihren Konflikten in der Kita. Die Daten umfassten 237 Konfliktepisoden, darunter 92 Konfliktepisoden, in denen die pädagogischen Fachkräfte eingriffen (39 Prozent). Interessant dabei ist, dass Konflikte, in denen eine Fachkraft eingriff, durchschnittlich zweieinhalb Minuten länger anhielten als solche ohne Eingreifen. Durchschnittlich dauerte ein Konflikt 37 Sekunden ohne eine Intervention seitens der Fachkräfte. Fachkräfte griffen meist dann ein, wenn sich die Vorfälle der Konflikte wiederholten, der Konflikt sich also in mehrere Episoden teilte. Griffen sie nicht ein, so konnte ein Konflikt meist nach einem Vorfall beendet werden. Andersherum kam es meist erst zur Wiederholung des Konflikts nach dem Eingreifen der Fachkraft.

In der Forschung konnten **drei Interventionsstrategien** beobachtet werden:

1. Die **fachkraftzentrierte Mediation** ist gekennzeichnet durch die Initiative der Konfliktlösung seitens der Fachkraft. Sie versucht den Konflikt zu lösen, indem sie die Gefühle und Rechte des einen Kindes klärt und dem anderen Kind Kompromisse vorschlägt, wodurch sie versucht, den Konflikt zu lösen.
2. In der **kindzentrierten Mediation** erhalten die Kinder in der Konfliktlösung eine aktive Rolle. Die Fachkraft hört sich die Standpunkte der Kinder an und fordert diese auf, eigene Gefühle und Wünsche zu verbalisieren.

3. Bei der **machtvollen Strategie** (»high power strategy«) verfolgt die Fachkraft ihren Weg der Konfliktlösung, um die Ordnung und Struktur wiederherzustellen, ohne dabei die Beziehung zwischen den Kindern zu berücksichtigen oder eine für alle Kinder akzeptable Lösung zu finden (vgl. Singer & Hännikäinen 2002).

Die Forschung konnte zum einen belegen, dass es wichtig ist, einen Konflikt zuerst auf der Beziehungsebene durch positive Bestätigung der beteiligten Kinder zu klären, bevor es um die inhaltliche Lösung gehen kann. Es wirkt unterstützend, wenn die Fachkraft sich verstärkt auf das Spiel der Kinder konzentriert statt diese auf ihr Fehlverhalten (Hauen, Treten etc.) hinzuweisen. Vermittelnde Interventionsstrategien führten viel häufiger zu konstruktiven Ergebnissen als es bei der machtvollen Intervention der Fall war. Bei der machtvollen (»high power«) Strategie waren verstärkt negative Kontakte zu beobachten. Die Fachkraft nutzte strenge, wütende Worte und wies das Kind, welches scheinbar den Konflikt entfachte, zurecht. Der Konflikt wurde überwiegend durch einen bösen Blick seitens der Fachkraft oder eine Beschimpfung beendet – teilweise ohne sich dabei in die Kinder einzufühlen und dem Konflikt auf den Grund zu gehen. Setzt die Fachkraft ihre Autorität ein, so glaubt sie, den Konflikt auf diese Weise lösen zu können. Die Forschung aber zeigt, dass der Konflikt meist in eine weitere Runde geht und nicht beendet ist, meist genau dann, wenn Kinder die Anweisung der Fachkraft nicht akzeptieren. Der Konflikt wird fortgesetzt oder spitzt sich sogar zu.

Um einen Konflikt unterstützend zu begleiten, ist es wichtig, sich auf die Kinder einzustellen und sich für sie und ihr Spiel zu interessieren. Konflikte können nur konstruktiv geklärt werden, wenn die Fachkraft einen tiefen Einblick in die Konfliktsituation erhält. Das setzt eine feinfühlige Blickschulung und Präsenz der Fachkraft voraus. Kinder fühlen sich dann gut begleitet, wenn sie der Bezugsperson vertrauen und sie als fair und verständnisvoll wahrnehmen. Singer und Hännikäinen kommen zu der Überzeugung, dass eine kindzentrierte Mediation aus entwicklungspsychologischer Sicht erfolgreich ist. Durch diese wird sowohl die Konfliktlösekompetenz gestärkt als auch die freundschaftliche Beziehung zwischen den Kindern. Erfreulicherweise mündet diese Strategie am häufigsten im gemeinsamen Spiel (vgl. ebd.).

6.4 Die Kompetenz des Teams nutzen

Pädagogische Fachkräfte kämpfen oft für sich allein, statt die Kraft und Kompetenz des gesamten Teams zu nutzen. Durch Sätze wie »Dein Kind hat heute wieder meins gehauen« wird eine der Fachkräfte für das Verhalten eines Kindes verantwortlich gemacht. Es ist empfehlenswert, den Umgang mit Konflikten, Aggressionen und Gewalt in der pädagogischen Konzeption zu verankern. So kann im Konfliktfall überlegt gehandelt werden. Fachkräfte verschaffen sich auf diese Weise eine gemeinsame Haltung, reagieren sicherer und professioneller. Insbesondere in herausfordernden Momenten und bei Aggressionen unter Kindern, die meist als herausfordernd wahrgenommen werden, geraten Fachkräfte unter Druck und Stress. Diese Stressfaktoren machen es meist schwer, achtsam und ruhig zu agieren.

Eine im Team durchdachte Konflikthaltung schafft Sicherheit und lässt den gemeinschaftlichen und durch Respekt geprägten Blick auf alle wachsen. Statt über »deine« und »meine« Kinder zu diskutieren, kann in einer Teamsitzung mittels einer kollegialen Fallbesprechung gemeinsam ein Verhalten beobachten werden. Der Fokus liegt dabei auf den Kindern, welche bestmögliche Begleitung aller Teammitglieder benötigen. Im Trubel des Alltags geschieht es leicht, dass Fachkräfte verstärkt auf die Spitze des Eisbergs (das Verhalten) schauen und die Ursachen (die unerfüllten Bedürfnisse) verborgen bleiben (vgl. Kapitel 2). Besonders wenn man viel Zeit mit einem Kind verbringt, fehlt manchmal der wertfreie Blick. Nach dem Motto »Man sieht den Wald vor lauter Bäumen nicht mehr« scheint der achtsame Weg zum Kind versperrt. Eine Möglichkeit, sich hier wieder eine klarere Sicht zu verschaffen, ist die kollegiale Beratung in der Teamsitzung.

Die kollegiale Fallberatung als Konfliktlösung

Alle Teammitglieder tragen zur Lösung der Situation bei. Ein Fallbringer oder eine Fallbringerin stellt einen Fall, verbunden mit dem dazugehörigen Problem und dem »persönlichen Entwicklungs- und Lernwunsch« (van Kaldenkerken 2014, S. 228) vor. Die Moderation wird von einer Fachkraft übernommen, er oder sie achtet auf den Ablauf, den Zeitrahmen und behält den roten Faden im Blick. Zudem wird durch sie oder ihn an die Kommunikationsregeln erinnert und in regelmäßigen Abständen werden die Informationen zusammengefasst. Die anderen beteiligten Personen dienen als Berater und Beraterinnen. Sie hören aktiv zu, stellen Fragen und teilen im Anschluss ihre Beobachtungen und Hypothesen mit. Wichtig:

Sie bewerten nicht vorschnell und präsentieren auch keine flinke Lösung. Sie sind als »ideenreiche Unterstützer für den Fallbringer« (ebd., S. 229) zu verstehen. Ein Mitglied protokolliert die wesentlichen Punkte des Falls.

Die Beratung verfolgt einen klaren Ablauf und startet mit einer Anfangsphase, in der der Moderator abfragt, welche Themen die Gruppe beschäftigen. In der zweiten Phase wird ein Anliegen von der Gruppe ausgewählt. In der dritten Phase erläutert der Fallbringer die Situation. Der Moderator begleitet den Fallbringer bzw. die Fallbringerin dabei, seine/ihre Ziele und die Leitfrage zu formulieren. In der vierten Phase bleibt Raum für Verständnisfragen durch die Gruppe. Es geht an dieser Stelle noch nicht um Tipps oder Lösungen.

Im folgenden Schritt geht es um die Bearbeitung des Falls. Der Fallbringer sitzt nun etwas außerhalb und die Berater besprechen den Fall und tauschen sich über Wahrnehmungen, Gefühle, Vermutungen aus. Der Fallbringer/die Fallbringerin hört in dieser Phase nur zu, während der Moderator versucht, das Gesagte zu sammeln und zu visualisieren. Ein wertschätzendes und einfühlendes Miteinander hat oberste Priorität. Im Anschluss erhält der Fallbringer die Möglichkeit, seine neuen Gedanken und Impulse zu äußern und herauszustellen, an welchen Hypothesen er oder sie arbeiten möchte. Abschließend sammeln die Berater und Beraterinnen Lösungen, die vom Fallbringer/der Fallbringerin anschließend ausgewählt werden können. Nach Abschluss des Falls findet eine **gemeinsame Reflexion** statt und die Beteiligten werden aus ihren Rollen verabschiedet. Es ist anzuraten, im Team auch über eigene Grenzen zu sprechen, um im Konfliktfall Hilfe bei den anderen Fachkräften holen zu können (vgl. Hohmann 2020; van Kaldenkerken 2014, S. 228ff.). So weiß das Team beispielsweise, dass es Fachkraft Pina schwerfällt, bei Bissverletzungen die Ruhe zu bewahren, und Gabi spürt innere Trigger, wenn Kinder laut schreien. Die eigenen Grenzen wahrzunehmen, ist eine Stärke und die Begleitung von Konflikten mit aggressivem Verhalten ist eine große Herausforderung. Ein pädagogisches Team ist so vielseitig und stark, dass es erleichternd und entlastend ist, wenn alle zusammenarbeiten und sich gegenseitig stärken. So erleben die Kinder Vorbilder, die eigene Grenzen erkennen, sich Unterstützung holen und auf Erwachsenenebene achtsam miteinander umgehen, um so die Kinder bestmöglich zu begleiten.

6.5 Entschuldigung muss nicht sein – oder doch?

BEISPIEL

»Jens hat Lisa mit Absicht gehauen und nun lässt du ihn einfach weiterspielen? Ich finde, er sollte sich bei ihr entschuldigen. Das ist doch das Mindeste!«, meint Marina zu Tim. Tim ist sich bewusst darüber, dass Jens im Hinblick auf seine Entwicklung noch gar nicht in der Lage ist, aus Boshaftigkeit und mit Berechnung zu hauen. Er möchte nicht, dass der Junge sich entschuldigt, um die Situation zu bereinigen. Der Fachkraft Tim ist vielmehr daran gelegen, Lisa im Beisein von Tim zu trösten und mit den Kindern über die Situation zu sprechen. Ihm ist es wichtig, dass die Kinder sich von ihm ein empathisches Miteinander abschauen können, und nicht, dass er machtvoll beschließt, was zu tun ist. Zu oft hat er zudem beobachten können, wie Kinder die klassische Entschuldigung wie einstudiert nutzen, ohne sich über den Sinn bewusst zu sein. Erst vorhin sah er, wie ein dreijähriger Junge sich die Schaufel eines anderen Kindes nahm. Dieses begann zu weinen, woraufhin ihm der Junge ein »Entschuldigung!« entgegenschmetterte. Er hat erfahren, dass er Situationen schnell überwinden kann, wenn er seine Handlung entschuldigt. Erfahrungen, die Tim zeigen, dass die Entschuldigung bei Kleinkindern oft zweckentfremdet wird und/oder als systematisch eingesetzte Floskel fungiert.

Vermutlich entstehen solche Szenarien, wenn Kinder das »Sich-entschuldigen-Müssen« als feststehende Regel verinnerlichen, ohne den Sinn dahinter zu verstehen. Der entstandene Schaden – hier durch das Hauen – soll damit wieder gutgemacht werden. Dabei können Kinder sich erst im Laufe der Entwicklung mit einsetzender Perspektivübernahme und Empathiefähigkeit (vgl. Kapitel 1.5) überhaupt in andere hineinversetzen und bekommen ein Gefühl dafür, was Wiedergutmachung bedeutet. Das Einfordern einer Entschuldigung vonseiten der pädagogischen Fachkraft lässt das Kind unter Umständen in eine unangenehme Situation geraten. Es spürt die Macht der Fachkraft, die Erwartung, die Schuld einzugestehen und sich damit automatisch abzuwerten. Wie wir erfahren durften, kämpfen Kinder in Konflikten vorrangig für sich selbst und greifen aus Unwissenheit und Überforderung teilweise auf aggressive Verhaltensstrategien zurück. Nicht aber, weil sie einem anderen schaden möchten, sondern vielmehr, weil sie es noch nicht besser können. Es geht also darum, gemeinsam mit den Kindern Einfühlung zu üben, in den direkten Austausch zu gehen und die Situation aufzulösen, damit es allen Konfliktbeteiligten besser geht.

Betrachtet man das **Wort EntSCHULDigung** genauer, so wird ersichtlich, dass darin der Begriff Schuld enthalten ist. Doch jeder Mensch gibt in jedem Moment sein Bestes und möchte zum Wohle der Gemeinschaft beitragen (vgl. Kapitel 1.2). Es kann also keinen Schuldigen geben, nur Menschen, die Strategien anwenden, um sich Bedürfnisse zu erfüllen. Es kann sein, dass die gewählten Strategien sozial unangemessen sind und der Mensch in dem Moment keine passenden Strategien zur Verfügung hat. Kinder haben entwicklungsbedingt oft noch keine Strategien zur Hand, die als sozial angemessen eingeschätzt werden (Hauen, Beißen, Schubsen etc.). Sie tragen dadurch keine Schuld, brauchen hingegen wohlwollende, fehlerfreundliche Erwachsene, die ihre Unterstützung anbieten.

Deshalb ist es weder nötig, dass Kinder sich entschuldigen, noch ist es notwendig, dass Erwachsene sich für ihr Verhalten bei den Kindern entschuldigen. Was aber möglich ist, ist, sein Bedauern darüber auszudrücken, dass man entgegen der eigenen Werte selbst nicht so gehandelt hat, wie man es sich gewünscht hätte. Anstatt: »Entschuldigung, dass ich vorhin nicht mehr zu dir gekommen bin!« eher: »Ich **bedauere** sehr, dass ich vorhin nicht mehr zu dir gekommen bin, obwohl ich es versprochen hatte. Mir ist es wichtig, Versprechungen einzuhalten. Ich versuche, mich nächstes Mal daran zu halten. Vielleicht kannst du mir dabei helfen und mich erinnern?«

BEISPIEL

Fachkraft Tim wendet sich Jens und Lisa zu und ergründet den Konflikthergang. Jens wollte Lisa nicht wehtun, vielmehr wollte er sein Auto zurückholen, welches ihm sein Papa am Tag zuvor gekauft hatte. Doch er wusste nicht wie. Der Junge spürt, dass die Fachkraft Tim seinen Besitzverlust ernst nimmt und auch ihm Trost schenkt. Tim bespricht die Situation mit beiden Kindern. Anschließend schauen sie gemeinsam die schmerzende Stelle von Lisa an. »Lisa, darf Jens da mal pusten? Würde dir das helfen?« Lisa nickt und Jens pustet sanft. Das Mädchen spürt, dass Jens ihr nichts »Böses« wollte und kann beruhigt weiterspielen. Tim und Jens stecken das Auto in Jens' Rucksack, damit es in Sicherheit ist.

Was aber, wenn ein Gefühl der Scham einsetzt?

Bricht ein Kind eine Regel, empfindet es häufig ein Gefühl der Scham. Und Scham führt durch ein Bedauern der eigenen Handlung zu einer empfundenen Schuld, etwas bewusst oder unbewusst entgegen der »geforderten Regeln der Gemeinschaft« (Posth 2012, S. 42) getan zu haben. Das Gefühl der Schuld erzeugt beim Kind Stress, den es abbauen möchte. Durch die empfundene Schuld verstärkt sich die Scham. Kinder erfahren, dass wir uns in unserer Gesellschaft gerne der Schuld entledigen, wenn wir etwas wiedergutmachen (z. B. durch Trösten) oder etwas nicht wiederholen. Kinder, die sich verantwortungsvoll der Regeln annehmen, greifen auf diese Formen der **Wiedergutmachung** gern zurück, weil sie sich dadurch letztlich gestärkt und zugehörig fühlen. »Geschehen diese Abläufe in sich folgerichtig durch adäquates Reagieren der Gemeinschaft und fallen beim Kind auf fruchtbaren Boden, dann ergibt sich die folgende Gefühls- und Empfindungskonstellation: Die Scham für das Fehlverhalten wird Ausgangspunkt für das Bedürfnis nach der Vermehrung von Stolz durch bereitwillig geübte Wiedergutmachung. Das ist ein hoher Gewinn für das Kind, denn es spürt, vor Fehlern und eigennützigem Streben nie sicher geschützt zu sein.« (Ebd., S. 41f.) Es erfährt, dass es durch die empfundene Scham sich selbst eine Schuld eingestehen und diese in selbstwirksamen Stolz verwandeln kann. Wie beschrieben, ist es wichtig, dass diese Wiedergutmachung nicht autoritär eingefordert, sondern **freiwillig** ausgeübt wird und von der klassischen verbalen Entschuldigung abweichen kann. So erfährt das Kind, wie es die eigene Scham in Stolz verwandeln kann, ohne dabei sich selbst aufzugeben oder herabzuwürdigen. Eine Entschuldigung kann daher wirkungsvoll und wichtig für Kinder sein, sollte aber mit Bedacht begleitet werden, damit sie auch einen stärkenden Nutzen trägt. Entscheidet sich ein Kind gegen eine Wiedergutmachung, ist das auch möglich.

WISSEN

Grinsen als Zeichen der Scham

Kinder wissen normalerweise genau, welche Regeln und welche Umgangsformen erlaubt und welche eher unpassend sind. Deshalb grinsen sie manchmal, wenn sie aus Versehen ein anderes Kind verletzt haben. Sie wissen, dass das Verhalten nicht erwünscht ist, konnten aufgrund ihrer mangelnden Impulskontrolle jedoch nicht anders und verspüren folglich Scham und Verlegenheit. Als Wiedergutmachungsgeste setzen sie ein Grinsen auf nach dem Motto: »Das wollte ich nicht, können wir wieder Freunde sein?« Es handelt sich also nicht um Provokation, wie viele meinen, sondern um eine Beschwichtigungsgeste, genauso, wie den Kopf auf die Seite zu legen. Diese Formen der Wiedergutmachung stecken evolutionär betrachtet tief in uns und lassen sich auch bei Schimpansen beobachten (vgl. Harris 2007, S. 29).

6.6 Teilen kommt von alleine

Wie bereits erwähnt, entstehen die meisten Konflikte bei Kleinkindern ab circa zwei Jahren überwiegend aufgrund von Besitzunstimmigkeiten (vgl. Kapitel 6.2). In diesem Alter und mit fortschreitender Ich-Entwicklung möchte das Kind beliebte Gegenstände oder Spielzeuge selbst in den Händen halten. Kinder nutzen verstärkt das Pronomen »meins« und machen so auf ihre Besitztümer aufmerksam. Ab circa drei Jahren sammeln sie erste Erfahrungen mit dem freiwilligen Teilen, im Vorschulalter fällt es ihnen zunehmend leichter. Kinder teilen sichtlich bereitwilliger, wenn sie liebevoll darum gebeten werden. Fordert man sie dazu hingegen auf, so lehnen sie die Aufforderung eher ab (vgl. Dollase 2015, S. 55ff.). Sie brauchen den Raum für **Selbstbestimmung** und eine **eigenständige Entscheidung.** Im Hinblick auf das Teilen tragen Erwachsene gern eine große Erwartung an Kinder heran. Das Lieblingsstofftier abzugeben kann – aus Erwachsenensicht – doch nicht so schwer sein? Stellt man sich aber einmal die Frage, wie bereitwillig Erwachsene ihr Auto, ihren Laptop oder ihr heimisches Kopfkissen teilen, kommen sie sicherlich an einen ähnlichen Punkt. Manche Dinge möchte man nicht teilen, und das darf so sein. Wird den Kindern hingegen vorgelebt, wie Erwachsene mit ihrem Hab und Gut umgehen, so haben Kinder die Möglichkeit, am Beispiel zu lernen. Die pädagogische Fachkraft Tim bringt daher zum Spielzeugtag in der Einrichtung auch gern sein Lieblingsauto mit und lebt einen achtsamen Umgang damit vor. Tatsächlich kommt die Bereitschaft zum Teilen ganz von allein und sollte **nicht erzwungen** werden. Im Gegenteil: Erzwungenes Teilen fördert den Drang, Dinge für sich behalten zu wollen.

BEISPIEL

In einer Kindergruppe möchte Frauke auch mit dem Plüschelefanten spielen, mit dem Finn gerade beschäftigt ist. »Das ist meiner!«, sagt Finn. Er möchte ihn nicht aus der Hand geben und macht deutlich, dass er das Spielzeug für sich beansprucht. Fachkraft Leonie läuft zu dem kreischenden Finn und sagt: »Teilt euch den Elefanten. Einmal darf der eine mit ihm spielen und dann wieder der andere!« Aber Finn möchte den Elefanten nicht teilen, er möchte ihn ganz für sich behalten. Nach einer Weile kommt Fachkraft Pina hinzu und formuliert die Grenze von Finn. »Ach, du sagst Nein! Du willst den Elefant für dich behalten, stimmt's? Du willst ihn nicht teilen, das habe ich gesehen. Es ist in Ordnung, dass du das sagst!« Auf diese Weise respektiert Pina Finns Grenze und bestärkt ihn darin, sie zu zeigen.

Darauf folgend könnte Pina auch die Bedürfnisse von Frauke benennen, sie unter Umständen trösten und Handlungsstrategien mit ihr entwickeln. Gemeinsam mit den Kindern könnte Pina nun Lösungen suchen, zum Beispiel Finn fragen, ihm ein anderes Spielzeug anbieten, ein gemeinsames Spiel mit dem Elefanten vorschlagen (vgl. Kapitel 6.3).

Der Kita-Podcast (Folge 49 und 50):
Konflikte unter Kindern bedünisorientiert begleiten mit Sabrina Dittmann

Der Kita-Podcast (Folge 10 und 11):
Aggressionen in der Kinderbetreuung begleiten mit Kathrin Hohmann

Podcast »Auf die ersten Jahre kommt es an!« (Folge 15):
Umgang mit aggressivem Verhalten von Kindern. Kathrin Hohmann im Gespräch mit Dr. habil. Gabriele Haug-Schnabel

7.

Die zehn häufigsten Irrtümer über Bedürfnisorientierte Pädagogik

Die Themen in diesem Kapitel sind

→ was die häufigsten Irrtümer über Bedürfnisorientierte Pädagogik sind

→ wie diese Irrtümer aufgelöst und entkräftet werden können

1. Bedürfnisorientierte Pädagogik geht doch nur mit kleinen Kindergruppen und gutem Personalschlüssel.

Eine große Sorge ist, dass Kinder nur bedürfnisorientiert begleitet werden können, wenn die Kinderzahl sehr gering ist. Schließlich ist es herausfordernd und für einige Fachkräfte nahezu unvorstellbar, gleichzeitig auf die Bedürfnisse verschiedener Kinder einzugehen. Vorweg: Das Ziel der Bedürfnisorientierten Pädagogik ist es nicht, die Bedürfnisse aller Menschen ununterbrochen und sofort zu erfüllen. Es geht darum, jedem einzelnen Teil der Gemeinschaft mit Interesse und Neugier zu begegnen. Jeder Einzelne darf gesehen werden und sich zeigen. Allein die Wahrnehmung und Benennung der Bedürfnisse sind ein wichtiger Schlüssel und lassen das Kind spüren: Ich bin wichtig, ich bin wertvoll und darf sein, wie ich bin. Es geht vielmehr um die Haltung der Fachkraft gegenüber den anderen Mitgliedern der Lerngemeinschaft. Diese ist zugewandt, wertet nicht und nimmt wahr. Die Fachkraft kann die Bedürfnisse beobachten, benennen und priorisieren. So sagt sie beispielsweise: »Ich sehe, Luis hat großen Hunger, ich möchte ihm zuerst etwas zu essen geben, und im Anschluss nehmen wir uns einen ruhigen Moment zum Lesen.«

2. Um Kinder gut auf die Schule vorzubereiten, müssen sie lernen, sich zu konzentrieren und still zu sitzen. Dafür benötigen sie eine klare Führung.

Kinder großzuziehen mit dem ständigen Blick auf die Zukunft wird ihnen und ihrer Realität nicht gerecht. Sie leben im Hier und Jetzt. Die Sorge der Erwachsenen übt Druck aus auf die Kinder und ist bezogen auf etwas, das für sie noch nicht greifbar ist. Die Zukunftsangst der Erwachsenen versperrt dann unter Umständen echte Beziehung und den Blick auf das, was der Moment bietet.

Die Frage ist zudem, welche Kompetenzen Kinder in einigen Jahren überhaupt benötigen. Klar ist, die Welt befindet sich in einem starken Wandel, und in einigen Jahren sind wahrscheinlich Kompetenzen gefragt, die heute noch gar nicht absehbar sind. Fähigkeiten, um ein glückliches Leben zu führen, sind sicherlichEmpathie, Kooperation, Dialog, Konfliktfähigkeit und andere menschliche Eigenschaften.

Still sitzen, wie es in deutschen Schulen häufig noch üblich ist, entspricht nicht der Natur von Kindern. Sie haben einen ausgeprägten Bewegungsdrang und lernen sehr unterschiedlich: Manche brauchen Ruhe, manche Bewegung, manche lernen nebenbei, manche hoch konzentriert. Auch die Impulskontrolle ist noch wenig ausgereift und so fällt das Stillsitzen bis zum Grundschulalter neurophysiologisch betrachtet vielen Kindern schwer.

Ja, Kinder brauchen Führung, schließlich handelt es sich dabei um ein Grundbedürfnis. Der Blick muss dabei jedoch auf die Kinder gerichtet sein und nicht darauf, was die Erwachsenen für Ziele im Kopf haben. Lernen ist am besten durch positive Emotionen und Selbststeuerung möglich. Die Erwachsenen können lediglich den Rahmen dafür bieten.

Es braucht Vertrauen der Erwachsenen, dass Kinder lernen werden, still zu sitzen und sich zu konzentrieren, auch wenn es im Kindergarten manchmal noch nicht klappt. Wer genau hinschaut, erkennt: Auch Kindergartenkinder können bereits hoch konzentriert an etwas dranbleiben, nur vielleicht nicht genau dann, wenn die Erwachsenen es von ihnen wünschen. Wenn die Aktion, das Essen, das Spiel nicht in ihrem Interesse liegt, werden sie auch nicht still sitzen können. Folglich sind die Fachkräfte gefragt, etwas anzubieten, das einen Flow (vgl. Kapitel 5.4) und damit eine ausgeprägte Konzentration beim Kind hervorruft.

3. Wenn auf die Bedürfnisse der Kinder immer geachtet wird, dann werden sie verwöhnt und entwickeln keine Frustrationstoleranz.

Der Organismus eines jeden Kindes ist darauf ausgerichtet, sich Bedürfnisse zu erfüllen, um zu überleben. Aus diesem Grund zeigen Kinder Signale, die Erwachsenen verdeutlichen, dass sie Unterstützung bei der Erfüllung ihrer Bedürfnisse benötigen. Je kleiner Kinder sind, umso schneller benötigen sie darauf eine Antwort. Je älter Kinder werden, umso mehr lernen sie, Bedürfnisse auch mal hinten anzustellen. Bleiben Bedürfnisse jedoch lange Zeit unbeantwortet, so werden Kinder ärgerlich, wütend, frustriert oder sogar krank – genau wie Erwachsene. Wird immer wieder passend und verlässlich auf die Bedürfnisse der Kinder eingegangen, zeigen sie häufiger positive Emotionen und sind ausgeglichener.

Es gibt jedoch einen Unterschied zwischen Wünschen und Bedürfnissen, der beachtet werden sollte. Wenn deutlich ist, dass Kinder ein echtes Bedürfnis haben, beispielsweise nach Körperkontakt und Bindung, sollte dieses Bedürfnis erfüllt werden. Äußert das Kind jedoch einen Wunsch (alleine rausgehen, eine bestimmte Schere) ist eine sofortige Erfüllung nicht notwendig. Bei Verweigerung kann Frust ausgelöst werden, der im Anschluss begleitet werden sollte. Dadurch lernen Kinder, ihren Frust zu überwinden. Frustrationstoleranz und Bedürfnisaufschub können also geübt werden, indem Kinder immer wieder aus natürlichen Gegebenheiten heraus warten müssen. Im Alltag treten nicht zuletzt wegen des Personalmangels immer wieder Momente auf, in denen Kinder Frust aushalten lernen müssen. Aber nochmal: Handelt es sich um echte Bedürfnisse (vgl. Kapitel 1.3), müssen diese, so schnell es geht, beantwortet werden. Ein Verwöhnen ist dann ausgeschlossen!

4. Die Fachkraft kann sich doch nicht alles gefallen lassen und muss auch mal Grenzen setzen.

Kinder brauchen keine Grenzen, sie brauchen ein Umfeld, das authentisch die eigenen inneren Grenzen zeigt. Grenzen tauchen zudem natürlicherweise auf (wenn die Kinder abgeholt werden, der Raum nicht größer ist und die Banane bereits zerschnitten ist). Durch natürliche Grenzen oder die bedürfnisorientiert formulierten Grenzen der anderen großen und kleinen Menschen lernen Kinder, Frustrationen auszuhalten und Ärger zu überwinden. Dabei brauchen sie Fachkräfte, die sich ihrer selbst und der eigenen inneren Grenzen bewusst sind, diese wahrhaftig und friedvoll kommunizieren sowie die Grenzen der Kinder achten. Durch das Vorbild der Fachkräfte lernen die Kinder, Grenzen zu respektieren und nicht als Ablehnung zu verstehen. Kinder brauchen also keine Grenzen, weil Grenzen in der Erziehung wichtig sind. Vielmehr brauchen sie authentische Beziehungspartner, die freundlich, aber bestimmt ihre eigenen Grenzen wahren sowie die Grenzen der anderen Kinder nachvollziehbar erklären können.

5. Durch Bedürfnisorientierte Pädagogik tanzen die Kinder aus der Reihe.

Mit einer klassischen Erziehung passen sich Kinder aus Angst vor negativen Konsequenzen häufig den Erwartungen von Fachkräften an. Sie schützen auf diese Weise sich selbst und ihre Integrität. An dieser Stelle ist auch das Sprichwort »Ist die Katze aus dem Haus, tanzen die Mäuse auf dem Tisch« sehr passend. Aus Furcht ziehen einige Kinder sich zurück, und die aufgeschobenen Bedürfnisse suchen dann nach Erfüllung, sobald die Bedrohung aus dem Raum ist. Bei Fachkräften, die die Bedürfnisse der Kinder nach Bewegung, Autonomie, Selbstbestimmung etc. feinfühlig wahrnehmen, die Kinder annehmen, wie sie sind, zeigen sich die Kinder authentisch. Das kann bedeuten, dass sie sich auch vehement für ihre Bedürfnisse einsetzen. Aus diesem Grund sind Kinder bei manchen Fachkräften emotionaler und lebendiger als bei anderen. Es wirkt von außen also so, als würden sie nicht

»gehorchen«. Sie tanzen aus der Reihe, weil sie sich zeigen, wie sie sind. Es gibt eine Faustregel, die fast immer gilt: Wenn Kinder tiefe Akzeptanz und Geborgenheit empfinden, dann trauen sie sich, sich umso intensiver mit all ihren Gefühlen zu zeigen. Es zeugt daher nicht von Auflehnung, sondern vielmehr von tiefem Vertrauen, wenn sie sich offenbaren. Sie haben keine Angst, dass die Beziehung darunter leiden könnte, vielmehr fühlen sie sich sicher, dass sie Unterstützung und Begleitung erfahren.

Fachkräfte, die Kinder so annehmen, wie sie sind, haben es dadurch nicht leichter. Im Gegenteil, sie zeigen dem Kind durch bedingungslose Wertschätzung, dass sie für das Kind da sind, auch wenn es ein Verhalten zeigt, das ihnen missfällt. Die Persönlichkeit des Kindes wird unabhängig von seinem Handeln geachtet.

6. Die Kinder lernen ohne Erziehung nicht, dass sie sich unterordnen müssen und ein Teil der Gruppe sind.

Gerade durch die Bedürfnisorientierte Pädagogik lernen sie, Teil der Gruppe zu sein, sich in die anderen Kinder einzufühlen, sie zu achten, ihre eigenen Grenzen und die der anderen wahrzunehmen. Sie erfahren Diversität und lernen, sie zu respektieren. Jedes Kind strebt nach Verbundenheit und möchte Teil der Gruppe sein, also kooperieren. Wenn Kinder in besonderer Weise für ihre eigenen Bedürfnis sorgen (z. B. als Einziger beim Essen stehen), können andere Kinder das verstehen, ohne selbst von der Ausnahme Gebraucht machen zu wollen.

7. Kinder, die immer wieder stören, brauchen konsequente Reaktionen der Erwachsenen.

Tatsächlich weist ein auffälliges Verhalten oder eine Störung auf etwas hin, das dringend einer Reaktion bedarf. In der Regel sehnen Kinder sich nach Aufmerksamkeit ihrer Bezugspersonen. Statt also das Kind in die Schranken zu weisen, wäre eine stimmige Herangehensweise, das Kind mit Wertschätzung und Achtung zu beobachten. Es gilt, genau hinzuschauen, was das Kind zum Ausdruck bringen möchte und was es benötigt. Kinder zeigen in den beobachteten Momenten meist kaum auffälliges Verhalten, da sie die Präsenz und Aufmerksamkeit schätzen.

Werden Kinder hingegen aus Gruppen ausgeschlossen, beschämt oder anderweitig bestraft, fühlen sie sich unverstanden, einsam und in großem Stress. Das gezeigte Verhalten wird dann unter keinen Umständen langfristig abnehmen. Zudem fühlt sich das Kind von seinen Bezugspersonen abgelehnt und verliert das Vertrauen in sich und seine Umwelt.

8. Kinder lernen nur, wenn die Erwachsenen sie zu bestimmten Aufgaben auffordern.

Grundsätzlich lernen Kinder immer und überall und am besten dann, wenn sie sich innerlich motiviert fühlen. Das löst positive Gefühle aus und lässt sie in ein Flow-Erleben rutschen. Sie vergessen dann Raum und Zeit. Finden Kinder eine vorbereitete Umgebung vor, in der sie ihre Entwicklungs- und Lernanreize erhalten, gelangen sie in ein eigenständiges Tun. Eine Aufforderung ist dann in der Regel nicht notwendig, sie entscheiden selbst, welches Lerngeschenk sie annehmen möchten. Zudem spielen andere Kinder und Vorbilder eine große Rolle und geben viel Anreiz, Neues zu wagen. Kinder lernen immer, wenn das Lernen an ihren Interessen und Lebenswelten orientiert ist.

9. »Das Leben ist kein Ponyhof.« Wenn wir die Kinder verhätscheln, kommen sie im harten Leben nicht zurecht.

Tatsächlich müssen wir Kinder keineswegs abhärten, damit sie für die Welt stark werden. Im Gegenteil – sind sie sicher gebunden und gefestigt, werden sie sich weitaus widerstandsfähiger (resilienter) in ihrem Leben zurechtfnden können. Kein Kind sollte auf Krisen vorbereitet werden und von Bezugspersonen Abhärtung wie Strenge, Strafen, Liebesentzug, Verwehrung von Nähe etc. erhalten. Und erst recht nicht mit dem Ziel, damit es sich für den Ernstfall sicherer fühlt. Die Kinder werden dadurch gebrochen und verlieren das Vertrauen in sich selbst und in die Bezugspersonen, auf die sie so sehr angewiesen sind. Reich gefüllt mit Liebe, Sicherheit, Nähe und Vertrauen können sie Krisen besser meistern und tief in sich spüren, dass sie gut sind, so wie sie sind.

10. Wenn ich bei einem Kind eine Ausnahme mache, wollen das gleich alle!

Dieser Glaubenssatz hält sich hartnäckig. Wenn einem Kind etwas erlaubt wird, werden alle Kinder das Gleiche haben wollen. Dieser Glaube hängt einem alten Kindbild nach, dass Kinder Tyrannen wären, die gebändigt werden müssten. Aus bedürfnisorientierter Perspektive kann diese Angst genommen werden. Jedes Bedürfnis ist nur so lange da, bis es seine Erfüllung bekommt. Wenn Franz nach dem Essen gleich aufstehen und in den Schlafraum gehen möchte, weil er so müde ist, versucht er, sich sein Bedürfnis nach Schlaf zu erfüllen. Die anderen Kinder werden diese »Extrawurst« tolerieren, wenn sie nicht das gleiche Bedürfnis haben. Die meisten werden ihr Bedürfnis nach Hunger, Kontakt und Austausch befriedigen wollen und können gut verstehen, warum Franz bereits in den Schlafraum gehen darf.

Der Kita-Podcast (Folge 4, 5 und 6):
Bedürfnisorientierung in der Praxis mit Teresa Miss

Literatur

Ainsworth, M.; Blehar, M. C.; Waters, E. & Wall, S. (1978): Patterns of attachment: A psychological study of the strange situation. Hillsdale Erlbaum Associates.

American Mindfulness Research Association. Online unter: https://goamra.org/resources/reviewsmeta-analysis/ [letzter Zugriff: 15.01.2021].

Aldort, N. (2005): Von der Erziehung zur Einfühlung. Wie Eltern und Kinder gemeinsam wachsen können. Freiburg im Breisgau: Arbor.

Arendt, H. (1970): Macht und Gewalt. München: Piper.

Ballmann, A. (2019): Seelenprügel. München: Kösel.

Bauer, J. (2008): Prinzip Menschlichkeit. Warum wir von Natur aus kooperieren. Hamburg: Hoffmann und Campe.

Beste, B. & Jansen, S. (2020): Gemeinsam schlau statt einsam büffeln: So lernen Kinder und Eltern zusammen. Mit 188 Spielen und Ideen. Für die Jahre 5 bis 10. Berlin: Duden.

Blum, D. (2010): Die Entdeckung der Mutterliebe. Die legendären Affenexperimente des Harry Harlow. Weinheim, Basel: Beltz.

BMFSFJ (2006): Monitor Familienforschung. Werteorientierte Erziehung in Deutschland. Online unter: www.bmfsfj.de/resource/blob/76148/451a285183fcc1388d788c19da2b971e/werte-data.pdf [letzter Zugriff: 23.02.2021].

Boeckh, A. (2008): Methodenintegrative Supervision. Ein Leitfaden für Ausbildung und Praxis. Stuttgart: Klett-Cotta.

Boll, A. & Remsperger-Kehm, R. (2021): Verletzendes Verhalten in Kitas: Eine Explorationsstudie zu Formen, Umgangsweisen, Ursachen und Handlungserfordernissen aus der Perspektive der Fachkräfte. Opladen, Berlin, Toronto: Barbara Budrich.

Borg-Laufs, M. (2012): Die Befriedigung psychischer Grundbedürfnisse als Weg und Ziel der Kinder- und Jugendlichenpsychotherapie. Online unter: www.kinderpsychiater.org/fileadmin/downloads/forum/Weisse_Seiten_1-2012/Die%20Befriedigung%20psychischer%20 Grundbed%C3%85rfnisse_1-12.pdf [letzter Zugriff: 6.11.2020].

Borg-Laufs, M. & Spancken, A. (2010): Psychische Grundbedürfnisse bei gesunden und bei psychisch kranken Kindern und Jugendlichen: Ergebnisse einer empirischen Untersuchung. In: M. Borg-Laufs & K. Dittrich (Hrsg.): Psychische Grundbedürfnisse in Kindheit und Jugend. Perspektiven für Soziale Arbeit und Psychotherapie. Tübingen: DGVT, S. 23–38.

Brazelton, B. & Stanley, G. (2008): Die sieben Grundbedürfnisse von Kindern: Was jedes Kind braucht, um gesund aufzuwachsen, gut zu lernen und glücklich zu sein. Weinheim, Basel: Beltz.

Deci, E. L. & Ryan, R. M. (2008): Self-determination theory: A macrotheory of human motivation, development, and health. Canadian Psychology/Psychologie canadienne, 49 (3), 182–185.

Deci, E. L. & Ryan, R. M. (1993): Die Selbstbestimmungstheorie der Motivation und ihre Bedeutung für die Pädagogik. Zeitschrift für Pädagogik 39, 2, 223-238. Online unter: https://www.pedocs.de/volltexte/2017/11173/pdf/ZfPaed_1993_2_Deci_Ryan_Die_Selbstbestimmungstheorie_der_Motivation.pdf [letzter Zugriff: 13.05.2022]

Dittmar, V. (2017): Gefühle & Emotionen. Eine Gebrauchsanweisung. München: edition est.

Dollase, R. (2015): Gruppen im Elementarbereich. Entwicklung und Bildung in der frühen Kindheit. Stuttgart: Kohlhammer.

Dornes, M. (2013): Die frühe Kindheit. Entwicklungspsychologie der ersten Lebensjahre. Frankfurt am Main: Fischer.

Duckworth, A. (2011): The significance of self-control. Proceedings of National Academy of Sciences of the United States of America (PNAS), 108 (7), 2639–2640.

Duckworth et al. (2007): Grit: Perseverance and Passion for Long-Term Goals. Journal of Personality and Social Psychology 92 (6), 1087–1101.

Egeland, B. (1988): Breaking the cycle of abuse: Implication for prediction and intervention. In: K. Brown, C. Davis & P. Stratton (Hrsg.): Early Prediction and Prevention of Child Abuse, New York: John Wiley & Sons, S. 87–99.

Eser, K.-H. (2014): Lernen in Beziehungen – Bildung braucht Bindung. Lernen fördern, 3, 12–21.

Fernow, H., Hauser, M. & Huber, B. (2017): Values & Visions 2030. Was uns morgen wichtig ist. G.I.M. Gesellschaft für innovative Marktforschung mbH. Online unter: www.g-i-m.com/_Resources/Persistent/66d61998174290542fd5952b250cb01cd4eb6755/VV2030_Kurzversion.pdf [letzter Zugriff: 12.01.2021].

Fishbach, A. & Choi, J. (2012): When Thinking about Goals Undermines Goal Pursuit. Organizational Behavior and Human Decision Processes, 118 (2), 99–107.

Focali, E. (2011): Aggressionen und Gewalt begegnen. Konfliktbewältigung in der Kita. Köln: Bildungsverlag EINS.

Fonagy, P. & Target, M. (2003): Frühe Bindung und psychische Entwicklung. Gießen: Psychosozial-Verlag.

Fonagy, P.; Gergely, G.; Jurist, E. L. & Target, M. (2004): Affektregulierung, Mentalisierung und die Entwicklung des Selbst. Stuttgart: Klett-Cotta.

Fritsch, G. R. (2012): Der Gefühls- und Bedürfnisnavigator. Gefühle und Bedürfnisse wahrnehmen. Paderborn: Junfermann.

Fröhlich-Gildhoff, K. (2009): Ausgangspunkte: Das Selbst als handlungsleitende Struktur. In: K. Fröhlich-Gildhoff, C. Mischo & A. Castello (Hrsg.): Entwicklungspsychologie für Fachkräfte in der Frühpädagogik. Kronach: Carl Link, S. 30–40.

Gordon, T. (2014): Die neue Familienkonferenz. Kinder erziehen ohne zu strafen. München: Heyne.

Grawe, K. (2004): Neuropsychotherapie. Göttingen: Hogrefe.

Grossmann, K. E. & Grossmann, K. (2004): Bindungen – das Gefüge psychischer Sicherheit. Stuttgart: Klett-Cotta.

Gumz, A. & Hörz-Sagstetter, S. (2018): Psychodynamische Psychotherapie in der Praxis. Weinheim, Basel: Beltz.

Hall, E. T. (1976): Die Sprache des Raumes. Düsseldorf: Schwann.

Harris, C. R. (2007): Die Pein der Verlegenheit. Spektrum der Wissenschaft, 5, 25–31. Online unter: www.spektrum.de/artikel/869368 [letzter Zugriff: 12.01.2021].

Haug-Schnabel, G. (2011): Aggression bei Kindern. Praxiskompetenz für Erzieherinnen. Freiburg im Breisgau: Herder.

Haug-Schnabel, G. (2020): Umgang mit aggressivem Verhalten von Kindern. Praxiskompetenz für Kitas. Freiburg im Breisgau: Herder.

Hay, D. (1984): Social conflict in early childhood. In: G. Whitehurst (Hrsg.): Annals of child development, 1–44.

Helle, G. & Fløgstad, T. R. (2020): Schaut mal, wie ich lerne! Das Zusammenspiel von Körper und Gehirn in der frühkindlichen Entwicklung. Berlin: Bananenblau.

Hohmann, K. (2018): Konflikte im Team. Online unter: www.kita-fachtexte.de/de/fachtexte-finden/konflikte-im-team [letzter Zugriff: 23.01.2021].

Hohmann, K. (2020): Aggressionen von »unbelehrbaren« Grundschulkindern. Kita-Fachtexte, 2. Online unter: www.kita-fachtexte.de/de/fachtexte-finden/aggressionen-von-unbelehrbaren-grundschulkindern [letzter Zugriff: 22.01.2021].

Hohmann, K. (2021): Gemeinsam durch die Wut. Wie ein achtsamer Umgang mit kindlichen Aggressionen die Beziehung stärkt. Limbach-Oberfrohna: Edition Claus.

Hohmann, K. (2022): Augenhöhe statt Strafen. Beziehungsstark in Kita, Krippe und Kindertagespflege. Freiburg im Breisgau: Herder.

Hörmann, K. (2014): Die Entwicklung der Fachkraft-Kind-Beziehung. Kita-Fachtexte. Online unter: www.ece-in-germany.info/fileadmin/Redaktion/Publikationen/KiTaFT_hoermann_2014.pdf [letzter Zugriff: 05.11.20].

Hornung, B. (2009): Glücksforschung und Glückswissenschaft. Standardwerk der

Glückswissenschaft. München: Institut für Glücksforschung.

Jebb, A. T.; Morrison, M.; Tay, L. & Diener, E. (2020): Subjective Well-Being Around the World: Trends and Predictors Across the Life Span. Online unter: https://journals.sagepub.com/doi/abs/10.1177/0956797619898826 [letzter Zugriff: 16.01.2021].

Jonas, K.; Stroebe, W. & Hewstone, M. (Hrsg.) (2014): Sozialpsychologie. Berlin, Heidelberg: Springer.

Juul, J. (2013): Dein kompetentes Kind: Auf dem Weg zu einer neuen Wertgrundlage für die ganze Familie. Hamburg, Berlin: Rowohlt.

Juul, J. (2016): Nein aus Liebe. Klare Eltern – starke Kinder. Weinheim: Beltz.

Kelch, G. (2009): Teamkonflikte gemeinsam lösen. Beispiele aus der Kita mit praktischen Lösungshilfen. Freiburg im Breisgau: Herder.

Killingsworth, M. A. & Gilbert, D.T. (2010): A wandering mind is an unhappy mind. Science 330, 932.

Kißgen, R. & Suess, G. J. (2005): Bindungen in Hoch-Risiko-Familien. Ergebnisse aus den Minnesota Parent Child Project. Frühförderung interdisziplinär 24, 10–18.

Knauf, H. (2019): Die intensive Elternschaft als neues Paradigma für die Erziehung in Familie? Eine empirische Studie zu Familienblogs im Internet. Online unter: https://doi.org/10.1007/ s12592-019-00315-3 [letzter Zugriff: 01.01.2021].

Köhler, H. (2004): Kinder, die aus dem Rahmen fallen. Verteidigungsrede für nicht funktionierende Kinder. Online unter: www.erziehungskunst.de/fileadmin/archiv_alt/2004/ez1004-1059-1066-Koehler.pdf [letzter Zugriff: 23.11.2020].

Kohn, A. (2019): Liebe und Eigenständigkeit. Die Kunst bedingungsloser Elternschaft, jenseits von Belohnung und Bestrafung. Freiburg im Breisgau: Arbor.

Kolbe, B. & Bergmann, W. (2016): Trotzphasen bei Kita-Kindern. Berlin: Cornelsen.

Lammers, C.-H. (2011): Emotionsbezogene Psychotherapie. Grundlagen, Strategien und Techniken. Stuttgart: Schattauer.

Largo, R. (2010): Babyjahre. Entwicklung und Erziehung in den ersten vier Jahren. München: Piper.

Leitner, B. (2020): Gewaltfreie Kommunikation in der Kita. Wertschätzende Beziehungen gestalten – zu Eltern, Kindern, im Team und zu sich selbst. Paderborn: Junfermann.

Lepper, M. R.; Sagotsky, G.; Dafoe, J. L. & Greene, D. (1982): Consequences of superfluous social constraints: Effects on young children's social inferences and subsequent intrinsic interest. Journal of Personality and Social Psychology, 42, 51–64.

Leu, H. & Fläming, K. (2007): Bildungs- und Lerngeschichten: Bildungsprozesse in früher Kindheit beobachten, dokumentieren und unterstützen. Berlin: verlag das netz.

Lindner, U. (2018): Welche Werte möchten wir vermitteln? Über Werte sprechen. Online unter: www.nifbeam.de/component/themensammlung?view=item&id=794:welche-werte-moechten-wir-vermitteln&catid=70 [letzter Zugriff: 15.01.2021].

Luerweg, F. (2023): Seelisches Leid. Gehirn & Geist, Spectrum der Wissenschaft 9, 54–59.

Mahr, C. (2018): Praxisbuch integrative Psychotherapie. Ein methodenorientiertes und wegweisendes Grundlagenwerk. Berlin: Springer.

Maslow, A. H. (1962): Some basic propositions of a growth and self-actualization psychology. Perceiving, behaving, becoming: A new focus for education. National Education Association, S. 34–49.

Maslow, A. H. (1987): Motivation and personality (3rd ed.).. New York: Pearson.

Mayer, B. (2007): Die Dynamik der Konfliktlösung. Ein Leitfaden für die Praxis. Stuttgart: Klett-Cotta.

Maywald, J. (2013): Kinderschutz in der Kita. Ein praktischer Leitfaden für Erzieherinnen und Erzieher. Freiburg im Breisgau: Herder.

Maywald, J. (2018): Ein Kinderschutzkonzept für die Kita erarbeiten. kindergarten heute – das Leitungsheft 4/2018, 26–29.

Maywald, J. (2019): Gewalt durch pädagogische Fachkräfte verhindern. Die Kita als sicherer Ort für Kinder. Freiburg im Breisgau: Herder.

Mierau, S. (2021): Frei und unverbogen. Weinheim Basel: Beltz.

Mischel, W.; Shoda, Y. & Rodriguez, M. I. (1989): Delay of gratification in children. Science, 244(4907), 933–938.

Moffit, T.; Poulton, R. & Silva, P. (2011): The Dunedin Multidisciplinary Health and Development Study: overview of the first 40 years, with an eye to the future. Social psychiatry and psychiatric epidemiology, 50 (5), 679–693.

Münder, J. (1991): Beratung, Betreuung, Erziehung und Recht. Handbuch für Lehre und Praxis. Münster: Votum.

Neff, K. & Germer, Ch. (2022): Selbstmitgefühl. Das Übungsbuch. Ein bewährter Weg zu Selbstakzeptanz, innerer Stärke und Freundschaft mit sich selbst. Freiburg im Breisgau: Arbor.

Nentwig-Gesemann, I.; Fröhlich-Gildhoff, K.; Harms, H. & Richter, S. (2012): Professionelle Haltung – Identität der Fachkraft für die Arbeit mit Kindern in den ersten drei Lebensjahren. WiFF-Expertise. München: DJI.

Omer, H. & Streit, Ph. (2019): Neue Autorität: Das Geheimnis starker Eltern. Göttingen: V&R.

Petermann, F. & Wiedebusch, S. (2016): Emotionale Kompetenz bei Kindern. Göttingen: Hogrefe.

Posth, R. (2016): Gewaltfrei durch Erziehung: Versuch einer Pädagogik des friedlichen Zusammenlebens. Das Konzept der bindungsbasierten frühkindlichen Entwicklung und Erziehung (2. Auflage). Münster: Waxmann.

Prengel, A.; Heinzel, F.; Reitz, S. & Winkelhofer, U. (2017): Reckahner Reflexionen zur Ethik pädagogischer Beziehungen. Rochow-Edition: Reckahn.

Prengel, A. (2019): Pädagogische Beziehungen zwischen Anerkennung, Verletzung und Ambivalenz. 2. Auflage. Opladen, Berlin, Toronto: Barbara Budrich.

Reddemann, L. (2005): Selbstfürsorge. In: O. Kernberg et al. (Hrsg.): WIR: Psychotherapeuten über sich und ihren ›unmöglichen‹ Beruf. Göttingen: Hogref, S. 563–568.

Regner, M. & Schubert-Suffrian, F. (2018): Partizipation in der Kita. Freiburg, Basel, Wien: Herder.

Remsperger, R. (2011): Sensitive Responsivität. Zur Qualität pädagogischen Handelns im Kindergarten. Wiesbaden: VS Verlag.

Reggio Children (Hrsg.) (2002): Hundert Sprachen hat das Kind.

Renz-Polster, H. (2013): Kinder verstehen. Born to be wild: Wie die Evolution unsere Kinder prägt (6. Auflage). München: Kösel.

Richard, M.; Ryan, R. M. & Deci, E. L. (2000): Self-Determination Theory and the Facilitation of Intrinsic Motivation, Social Development, and Well-Being. American Psychologist 55, 68–78.

Richter, S. (2013): Adultismus: die erste erlebte Diskriminierungsform? Theoretische Grundlagen und Praxisrelevanz. Kita Fachtexte. Online unter: www.kita-fachtexte.de/fileadmin/Redaktion/Publikationen/KiTaFT_richter_2013.pdf [letzter Zugriff: 14.02.2024].

Ritz, M. (2008): Huch, Diskriminierung. Teil 2–3. Betrifft Kinder, 5/2008; 10/2008.

Roediger, E. (2009): Raus aus den Lebensfallen! Das Schematherapie-Patientenbuch. Paderborn: Junfermann.

Rosenberg, M. B. (2016): Gewaltfreie Kommunikation. Eine Sprache des Lebens. Paderborn: Junfermann.

Rubin, K. et al. (2003): Predicting preschoolers Externalizing Behaviours from Toddler Temperament, Conflict and Maternal Negativity. Development Psychology 39 (1), 164–176.

Sautter, C. (2005): Wenn die Seele verletzt ist. Trauma – Ursachen und Auswirkungen. Wolfegg: Verlag für systemische Konzepte.

Schäfer, G. (2004): Bildung beginnt mit der Geburt. Berlin: Cornelsen.

Scherwath, C. (2021): Liebe lässt Gehirne wachsen – Wie Bindungsbeziehungen Kinder in ihrer Entwicklung stärken: Ratgeber für Erzieher und Erzieherinnen in Krippe, Kita und Ganztag. Berlin: Cornelsen.

Schiefele, U. & Schreier, I. (1994): Intrinsische Lernmotivation und Lernen. Ein Überblick zu Ergebnissen der Forschung. Zeitschrift für Pädagogische Psychologie, 8, 1–13.

Schmidt, N. (2019): Erziehen ohne Schimpfen. Alltagsstrategien für eine artgerechte Erziehung. München: GU

Shanker, S. (2016): Das überreizte Kind. Wie Eltern ihr Kind besser verstehen und zu innerer Balance führen. München: Mosaik.

Siegel, D. J. & Bryson, T. P. (2017): Achtsame Kommunikation mit Kindern. 12 revolutionäre Strategien aus der Hirnforschung für die gesunde Entwicklung Ihres Kindes. Freiburg: Arbor.

Siegel, D. J. & Bryson, T. P. (2018): The Yes Brain Child: Help Your Child be More Resilient, Independent and Creative. New York: Simon + Schuster UK.

Singer, E. & Hännikäinen, M. (2002): The teacher's role in territorial conflicts of 2- to 3-year-old children. Journal of Research in Childhood Education, 17 (1), 5–18. Online unter: www.researchgate.net/publication/248909298_The_Teacher's_Role_in_Territorial_Conflicts_ of_2-_to_3YearOld_Children [letzter Zugriff: 22.02.2021].

Spitzer, M. (2007): Lernen: Gehirnforschung und die Schule des Lebens. Heidelberg, Berlin: Spektrum.

Stahl, S. (2015): Das Kind in dir muss Heimat finden: Der Schlüssel zur Lösung (fast) aller Probleme. München: Kailash.

Stangl, W. (2021): Modelllernen. Online Lexikon für Psychologie und Pädagogik. Online unter: https://lexikon.stangl.eu/1881/modelllernen-lernen-am-modell/ [letzter Zugriff: 18.01.2021].

Strüber, N. (2019): Risiko Kindheit. Die Entwicklung des Gehirns verstehen und Resilienz fördern. Stuttgart: Klett-Cotta.

Suess, G. J. & Pfeifer, W.-K. P. (1999): Frühe Hilfen. Die Anwendung von Bindungs- und Kleinkindforschung in Erziehung, Beratung, Therapie und Vorbeugung. Gießen: PsychosozialVerlag.

Tremblay, R. E. (2002): Development of Physical Aggression from Early Childhood to Adulthood. In: R. E. Tremblay et. al. (Hrsg.): Encyclopedia on Early Childhood Development, Centre of Excellence for Early Childhood Development, S. 1–6. Online unter: https://citeseerx.ist.psu.edu/viewdoc/download?doi=10.1.1.569.3682&rep=rep1&type=pdf [letzter Zugriff: 16.02.2021].

van Kaldenkerken, C. (2014): Wissen was wirkt. Modelle und Praxis pragmatisch-systemischer Supervision. Hamburg: tredition GmbH.

Vermeer, H. J. & van Ijzendoorn, M. H. (2006): Child & Family Studies and Data Theory. Leiden University, The Netherlands. Early Childhood Research Quarterly 21, 390–401.

Vollmer, K. (2021): Ko-Konstruktion. In: K. Vollmer: Fachwörterbuch für Erzieherinnen und pädagogische Fachkräfte (12. Auflage). Freiburg im Breisgau: Herder, S. 142–143.

Warneken, F. & Tomasello, M. (2006): Altruistic helping in human infants and young chimpanzees. Science 311, 1301–1303. Online unter: www.eva.mpg.de/documents/AAAS/Warneken_Altruistic_Science_2006_1555118.pdf [letzter Zugriff: 11.12.2020].

Watzlawick, P.; Beavin, J. H. & Jackson, D. D. (2017): Menschliche Kommunikation. Formen, Störungen, Paradoxien. Bern: Hogrefe.

Weber, J. (2017): Ich fühle, was ich will. Wie Sie Ihre Gefühle besser wahrnehmen und selbstbestimmt steuern. Bern: Hogrefe.

Weber, J. (2018): Ich fühle was ich will! Verbesserung der Gefühlswahrnehmung mit dem Züricher Ressourcen Modell. Wiesbaden: Springer Fachmedien. Online unter: https://link. springer.com/article/10.1007%2Fs11613-018-0545-5 [letzter Zugriff: 02.01.2021].

Wedewardt, L. (2022): Wörterzauber statt Sprachgewalt. Achtsam sprechen in Kita, Krippe und Kindertagespflege. Freiburg im Breisgau: Herder.

Wedewardt, L. (2023): Ankommen dürfen statt loslassen müssen. Bedürfnisorientierte Eingewöhnung in Kita, Krippe und Kindertagespflege. Freiburg im Breisgau: Herder.

Wedewardt, L. & Cantzler, A. (2022a): Sich seiner

selbst bewusst sein. Biografische Selbstreflexion für pädagogische Fachkräfte. Freiburg im Breisgau: Herder.

Wedewardt, L. & Cantzler, A. (2022b): Sich seiner selbst bewusst sein. Workbook. Freiburg im Breisgau: Herder.

Weltzien, D.; Fröhlich-Gildhoff, K.; Rönnau-Böse, M. & Wünsche, M. (2016): Gefühl und Mitgefühl von Kindern begleiten und fördern. Freiburg im Breisgau: Herder.

Winkelmann, A. (2019): Machtgeschichten. Ein Fortbildungsbuch zu Adultismus für Kita, Grundschule und Familie. Limbach-Oberfrohna: Edition Claus.

Wolff, M.; Schröer, W.; Winter, V. (2018): Die Gefährdungsanalyse – das zentrale Element von Schutzkonzepten. In: Oppermann, C. et al. (Hrsg.): Lehrbuch Schutzkonzepte in pädagogischen Organisationen. Weinheim, Basel: Beltz.

Wustmann, C. (2004): Widerstandsfähigkeit von Kindern in Tageseinrichtungen fördern. Berlin: Cornelsen.

Young, J. E. & Klosko J. (2010): Sein Leben neu erfinden. Wie Sie Lebensfallen meistern. Paderborn: Junfermann.

Young, J. E.; Klosko, J. & Weishaar, M. (2005): Schematherapie – ein praxisorientiertes Handbuch. Paderborn: Junfermann.